当代中国教育改革与创新
总主编 朱永新

教育的突破
上海优质教育的关键

Breakthrough in Education
The Key to Providing Quality Basic Education in Shanghai

张民选　徐士强　主编

中国人民大学出版社
·北京·

总 序
见证中国教育的成长

改革开放 40 年以来，中国发生了翻天覆地的变化。40 年前的 1978 年，中国的国内生产总值（GDP）只有 3 600 多亿元；2017 年，中国的 GDP 达 827 122 亿元，增长了近 230 倍。中国奇迹、中国速度、中国故事，已经成为世界关注的重要话题。

在中国奇迹、中国速度的背后，中国教育的贡献是不言而喻的。如果没有中国教育为中国经济的发展提供重要的人力资源与智力支撑，这一切是不可能发生的。但是，中国教育一直没有引起真正的关注，直到一个偶然的事件，中国教育才为世界所瞩目。

2009 年，上海学生代表中国首度参加经济合作与发展组织（OECD）的国际学生评估项目（Programme for International Student Assessment，PISA）就拿了一个大满贯，包揽了数学、阅读和科学 3 个冠军。2013 年，上海学生以数学 613 分、阅读 570 分和科学 580 分的成绩，在所有 65 个国家（地区）中位居第一，再次夺魁。这一次，86.8% 的上海学生的成绩达到或超过 OECD 的平均成绩 494 分，呈现出上海义务教育校际差异小、均衡程度高的特点。一时间，"养在深闺人未识"的中国教育成为世界教育的焦点。许多关注中国教育的人不断追问："上海为什么能？""中国教育到底有什么秘密武器？"

一直埋头学习别国教育的我们，也开始仔细地打量自己。有着重视教育的深厚文化传统的中国，这些年来，在"穷国办大教育"的背景下，用世界最快的速度推进了学前教育，普及了义务教育，实现了高等教育的大众化。中国教育的悄然变革，让我们也重新认识了自己。

在国家教育投入上，中国的教育投入连续多年占 GDP 的比重达 4％，2016 年中国教育经费总投入已达 3.89 万亿元，其中国家财政性经费投入首次超过 3 万亿元。

在教育普及上，2016 年，中国的学前教育毛入园率为 77.4％，小学净入学率为 99.9％，初中毛入学率为 104％，九年义务教育巩固率为 93.4％，高中阶段毛入学率为 87.5％，高等教育毛入学率为 42.7％。这些数据均超过中高收入国家的平均水平。

在信息化建设上，全国中小学生基本实现了电子学籍管理，各级各类学校互联网的接入率，从 2012 年的 20％左右，增加到 2017 年的 90％多。6.4 万个教学点实现数字教育资源全覆盖，惠及 400 多万偏远农村地区的孩子。

在推进教育公平上，90％以上残疾儿童享有受教育机会，80％以上的农民工随迁子女在流入地公办学校就学。全国 2 379 个县（市、区）通过了义务教育发展基本均衡督导评估，约占全国总数的 81％，11 个省份整体通过。高考录取率最低省份与全国平均水平的差距从 2010 年的 15.3％缩小至 2017 年的 4％以内。

在教育国际化上，我国已成为世界第三、亚洲最大的留学目的国，来华留学人员突破 44 万人，生源地国家和地区总数为 205 个。80％的出国留学人员选择了毕业后回国发展、为国服务。我国已与 188 个国家和地区建立了教育合作与交流关系，与 46 个重要国际组织开展了教育交流，与 47 个国家和地区签署了学历学位互认协议。

我们每个人都见证了中国经济的高歌猛进和中国教育的快速成长。40 年来，中国的教育成就是全方位、开创性的，中国的教育变革是深层次、根本性的。从"有学上"到"上好学"，从普及教育到均衡发展再到内涵发展，从教育大国迈向教育强国，中国教育进入了一个新时代。

在看到这些成就的同时，我们也要清晰地意识到中国教育面临的困难与问题，看到人民群众日益增长的对于美好教育的需求与我们教育自身发展的不均衡、不充分之间的矛盾，看到中国教育与世界先进国家教育之间的差距。

看到，是一种见证。见证，是为了建设。这就是我们编写"当代中国教育改革与创新书系"的初衷。一方面，我们希望通过这套丛书系统总结中国改革开放 40 年以来教育发展的经验和教训，梳理我们在幼儿教育、基础教育、职业教育、高等教育、国际教育，以及区域教育改革和民间教育实验等方面取得的成果；另一方面，我们希望把中国教育正在发生的故事介绍给世界，让世界了解真实的中国教育，并在与世界交流的过程中丰富和完善我们自己的教育。

  "当代中国教育改革与创新书系"是一套开放的丛书，既有宏观层面的研究，也有微观层面的叙事。丛书既囊括了荣获首届"基础教育国家级教学成果奖特等奖"的情境教育，又分享了在全国具有广泛影响力的新教育实验的最新成果；既介绍了在科技不断发展和互联网革命背景下不断快速发展的职业教育、国际教育，也总结了日新月异的家庭教育、学前教育进程；既以在 PISA 评比中崭露头角的上海教育为典型探讨了如何通过教师教育培训提升教学质量，也分析了海门作为县级市在改变区域教育生态方面所做的内容和制度创新。我们希望尽可能全面地反映改革开放 40 年以来中国教育改革与创新的成果，但由于多种原因，难免有遗珠之憾，因此，欢迎各个领域的专家积极联系我们，为我们出谋划策，提出宝贵建议，帮助我们发现优秀的教育案例与故事，也欢迎读者毛遂自荐提供相关的素材，更欢迎相关专家指导和参与这套丛书的编写工作。

朱永新

于北京滴石斋

2018 年 6 月 4 日

前　言
上海基础教育发展的时代步伐

上海一直是全国的教育高地，尤其是基础教育的改革在全国有着重要地位，起着一定程度的引领作用。

一、1949年以前上海基础教育发展的概述

教育的发展与社会经济发展密切相关。口岸通商以后，上海经济发展比较快，逐渐拥有一个包括产业工人、民族资产阶级和知识分子等在内的城市化中坚力量的新上海市民群，这一人群化合出一种认同现代工业先进文明与传统农业文明的混合文化，"海派文化"就是这种化合的产物。它一般指文化概念上的多元性和包容性，反映在教育领域里，表现为各种教育流派和模式的杂生。人口迅速扩容的同时上海又集聚了一大批知识分子，文化引领人才、人才带动发展成为上海城市发展的一个要素。当时的知识分子中集聚了大量教育人才，一流校长和一流教师多，繁衍了上海基础教育的革新思想和办学实践。

以基础教育学校类型为例，大致有三类学校互相吸引和促进：一批既有中国传统又引入西学后加以改造的学校、爱国人士创办的新式学校、外籍人士创办的教会学校。办学体制比较灵活，私立学校占主要地位。据1948年统计，上海共有公私立中学218所，其中公立中学18所，私立中学200所，整个中等教育体系共有256所学校，私立学校与公立学校比例为11∶1。

1949年，上海总人口达到545.5万，上海成为中国第一大城市。当时全国总人口中80%以上是文盲和半文

盲，1948 年，全国共有 140 万人接受中学教育，上海达 9 万人，占 6.4%。上海基础教育无论数量还是质量都处于全国领先地位。

二、1949 年至 20 世纪 80 年代上海基础教育的稳步发展

1949 年以后，在党和人民政府的大力推动下，全国教育规模迅速扩大，60 年代教育进入"调整、巩固、充实、提高"阶段。上海是全国工业中心，经济发达，教育整体水平高，基础教育的实力强，质量不断上升，一些局部的改革如育才中学教改经验通过中宣部的推广在全国有相当大的影响。

"文革"期间，教育受到毁灭性打击。"文革"后，教育百废待兴。80 年代上海基础教育改革的迫切任务为：通过治理整顿，迅速规范教育秩序，提高教育质量。当时上海在地方教育法规、规程建设上为全国提供了一些成功经验。如 1981 年，市教卫办下发《关于上海市中等教育结构改革意见》，开始职业技术教育改革的探索。1985 年，颁布《上海市普及义务教育条例》，以地方人大立法形式先行推行义务教育制度。1989 年，上海市人民政府颁布《上海市中小学教师进修规定》，提出全市中小学、幼儿园在职教师继续教育的具体要求等。

上海教育改革与发展一直重视前瞻性的教育发展战略研究。按照《中共中央关于教育体制改革的决定》，1985 年起，市教卫办开展跨系统、跨学科、为期三年的教育发展战略研究，提出"先一步，高一层"的总体要求，确定"坚持方向，深化改革，增加投入，提高质量，注重效益，适度发展，社会参与，双向协调"的指导思想，全面勾画了到 2000 年上海教育发展的前景。

自上而下的改革与自下而上的探索紧密结合，区县政府管理职能逐渐健全，农村教育体制改革加快。上海、川沙、青浦三县 74 个乡成立乡镇教育委员会，进行分级管理，嘉定首创教育费附加办法，调动了社会支持教育的积极性。农村在教育管理、经费筹措、改变办学条件、提高教育质量等方面都形成典型经验。市区（县）两级政府加大了学校改造力度。"六五"时期，市政府对中小学投资以年均 12% 的速度增长；1985—1987 年，市区（县）共完成 26 万平方米农村危房校舍改造，全市共改造 986 所中小学。

提高教育质量是改革的核心任务，1980 年颁发了《上海市一九八〇学年度中小学教学计划（试行草案）和说明》，规定了中小学必修课程，随后逐步调整教学大纲。上海在教学中狠抓基础知识和基本能力，丰富了学校的教学改革。上海向教育部争取了地方高考改革自主权，为深化基础教育课程教学改革拓展了空间。1988 年上海成立中小学课程教材改革委员会，启动了第一期课程改

革，确定了课程的"三个板块"，选修课、活动课的开设极大地丰富了教学活动和学生的能力发展。

三、20 世纪 90 年代上海基础教育在全国的地位与主要优势

20 世纪 90 年代上海市委市政府提出建设"一个龙头、三个中心"国际化现代大城市目标，城市基础设施大量上马，产业结构和城市形态急剧调整。为了适应新的发展形势，1994 年全市教育工作会议提出教育"体制、机制、投资"三位一体改革的思路，随后市教委制定建设一流基础教育发展规划，提出六大内涵：（1）用先进的教育思想观念指导一流基础的建设；（2）未来的上海市民享有高标准的受教育水平；（3）精简和高效的基础教育管理体制；（4）注重全体学生素质发展的教育教学体系；（5）形成全社会关心和参与基础教育的大教育体系；（6）开拓基础教育的国际交流与合作，形成上海基础教育的对外开放格局。这个规划对整个 90 年代包括进入 21 世纪后的上海基础教育发展起到重大的导向作用。

在大规模的城市基础设施建设中，教育部门利用农村撤乡并镇的结构调整机遇，重新对村小设点布局；创新运用"土地级差"置换和银行贷款等新的融资方式等，建设一批新的现代化寄宿制学校，盘活了基础教育学校存量，获得了新的发展增量。同时连续滚动实施薄弱学校改造工程，启动"达标工程""加强初中建设工程"等，迅速扩充优质教育资源，一定程度上缩小了学校办学条件上的差异，逐步适应人民群众日益增长的接受优质教育的需求。

在教育内涵发展方面，上海充分发挥区县和学校教育改革的主动性、创造性，区域性整体推进素质教育。如静安区以政府优先行动、管理改革为突破，以制度创新为特色，推行学校的人事、分配制度改革，其校长职级制、校企分离等制度改革很快在全市推广，辐射全国。闵行区政府以文件形式强势推进素质教育，大胆改革中考，实行"两考分离"，小学取消留级制、百分制，改变传统的课堂授课座位排列，建立教育质量监测制度，初中不准按能力编班、大面积补课、加班加点、随意增减课时，确保音体美劳技课、理化生实验课开足，规范校内管理等，在制度和体制机制改革中保证素质教育的整体推进。虹口区积极探索"政府宏观管理，社区积极参与，学校依法自主办学"，极大地调动了校长和教师改革的积极性。这些改革在全国都有相当大的影响，成为区域素质教育改革的旗帜。

面对 21 世纪社会新发展，20 世纪 90 年代中后期，上海滚动实施了二期课

程改革。"二期课改"以"学生发展为本"理念为指导，确定了发展学生的"三种学力"的目标，设计了基础型课程、拓展型课程和研究型课程（义务教育阶段称为"探究型课程"）的新课程结构。值得注意的是，上海"二期课改"的实施一开始就明确与现代信息技术的整合，因此全市的教育信息网络建设、生机比例、教学资源的开发和利用，都在全国处于领先水平。

为了推动教育、教学的整体改革，上海研究和推行了学校发展性督导评估，制定了《上海市学生评价手册》，进行学生综合评价改革。义务教育推行"就近入学"，中考采取"两考分离"，高中阶段入学采用"多次机会、双向选择、多元评价、多元录取"，还率先实行高中会考制度，探索部分大学和部分中学联手"提前录取、提前培养"的高校录取机制等。

制定《上海市中小学、幼儿园教师培训工作"九五"计划和2010年远景规划》，首先在教师来源上形成多元化渠道，推进"跨世纪园丁工程"，推行"研训一体化"策略，加强教师继续教育，以科研促教研、促管理，加强骨干教师队伍培养，强化干部队伍建设。在教育的人力资源开发、集聚上为新发展做好准备。

上海基础教育改革重心不断下移，学校自主改革成效显著。一师附小"愉快教育"、闸北八中"成功教育"、大同中学"学分制改革"、和田路小学与向明中学"创造教育"等，发端于80年代、完善、发展于90年代，被称为素质教育改革的学校"典型"；而晋元中学的"走班制、套餐式课程"以及大学教授亲自实验的"新基础教育"等，在全国都有相当大的影响力。全市面上推行的"小班化教育""二期课改"等，对基础教育持续发展起着奠基作用，其成效将是长久、深远和深刻的。

四、进入21世纪以后上海基础教育发展的态势

面对21世纪的挑战，上海基础教育发展进入到一个高位运行以及内涵发展的攻坚阶段：继续加大学校硬件设施建设和经费投入的力度仍然十分重要，但硬件设施和经费方面的问题已经不再是制约教育发展的突出矛盾；保持良好学业成绩依旧重要，但已经不再是学生终身发展的唯一追求；仅仅是教育入学机会的均等、教育硬件设施的统一配置、教育质量的标准化并不能深刻反映发展内涵和均衡的本质，也不能满足人民群众对高质量、多样化教育的新诉求，更不是教育改革的全部价值追求。对上海基础教育改革而言，深层次内涵发展任务比学校建设和硬件资源配置更加紧迫，改革的着力点正在向效益、质量转移，

改革的发生越来越深入到学校、课堂、教师、学生等内核之中。

全力推进高层次的优质均衡，实现让每一个学生充分发展的目标，这是"上海特点"的具体表现。

上海通过"新优质学校推进项目"，以"办好每一所家门口的学校"为目标，积极回应社会对义务教育优质教育资源的诉求和普通学校改革发展的权益。其价值在于：一所家门口的学校，一些最普通的学校，只要尊重学生的需求，遵照教育规律办学，都能成为上海基础教育的品牌学校。创新"委托管理"和"城乡携手共进计划"，打破以往区域分级管理中的制度壁垒，让城区义务教育优质学校与农村学校缔结契约，转移办学责任，开展全方位的托管。健全制度提高效能，加强教学诊断提高教学效益，十多年下来取得显著成效。开展学区化、集团化优质教育资源共享改革，优化区域教育生态，共创共享课程教学资源和经验，活跃分享教师专业智慧，缩小校级差异，整体提高教育效益。

深化课程改革，不断提高教育质量是教育发展的永恒主题，因为一切教育改革的终端都在学校、课堂，一切的教育要素包括课程标准、课程资源都需要经过具体的校本化的解读、执行与改造才能发挥作用。只有学校的课程领导能力、实施能力、研究能力共同提高，教育过程与质量才可能实现相对均衡。目前上海以基地校为龙头，以课题和项目为抓手，整合行政、督导、教研、科研、高校和中小学校等部门与机构的力量开展研究与实践。这项改革是一场艰巨的持久战，考验着全体教育工作者的智慧和创造性。

2009年起，上海连续参加了经济合作与发展组织（OECD）组织的国际学生评估项目（PISA），对15岁完成义务教育的学生能否掌握参与社会所需要的知识与技能进行了国际范围的参照评价，上海学生在阅读、数学、科学素养领域表现优异，这些成绩引发了国际社会对中国教育经验的重视，更为重要的是上海从中分析不足，加大创新人才培养的试点改革并且逐步推广经验，促进了特色学校建设和实验性示范性高中攀登新的改革高峰。同时，在PISA以及国家义务教育质量评价反馈的基础上，上海推行义务教育"绿色指标"评价改革，改变以往单一的分数判断体系，用一种比较综合、科学的方法反映学生的学业成就和能力，并且通过评价改革正确引导学校的课堂教学变化。

2014年，上海落实党中央精神，启动教育综合改革，为全国深化教育发展先试先行，其中重点探索新高考改革的难题。2017年，上海在教育部和市委市政府领导以及全体教育工作者的共同努力下，平稳试行了"文理不分科"、按照学生自主意愿进行选科的学业水平考试、学业水平考试+高考成绩+学生综合评价组合录取等改革，初见成效，为全国高考改革和改变人才培养模式提供了有益样本，这既是上海的贡献，更是上海的责任，上海需要在全国的发展和与国际先进水平的参照中不断寻找差距，争取更大进步。

大跨度梳理上海基础教育发展的历程是非常必要的，教育每一阶段的变化背后都有深刻的时代烙印。历史可以告诉我们一些基本的经验与教训，提示明天发展的方向。但是，历史发展有其独特的规律和痕迹，正如教育的前进必须遵循人本质的身心规律和教育最基本规律以及知识体系演变的特殊性一样。今天的教育并不是昨天教育的简单延续，明天的教育更面临智能时代的挑战，未来的变数我们远未掌握。面对未来种种可预见和不可预见的机遇和挑战，上海基础教育只能脚踏实地去探索。不断改革——这是我们唯一的正确选择。

目 录

第一章 以科学规划引领教育改革发展 …………… 1
 引言 ……………………………………………… 3
 第一节 前瞻规划，勾画面向新世纪的教育战略
    愿景 ………………………………………… 4
 第二节 着眼新世纪新挑战的一流基础教育规划 … 9
 第三节 起步新世纪的教育现代化发展规划 …… 13
 第四节 从战略和全局高度描绘2020年教育
    发展蓝图 ………………………………… 17

第二章 课程教学改革 …………………………… 25
 引言 ……………………………………………… 27
 第一节 "一期课改"：开创三板块课程结构，
    实现两个改变与三大突破 …………… 28
 第二节 "二期课改"：以学生发展为本的多维度
    课程体系建设 …………………………… 35
 第三节 研究性学习的创立与实践 …………… 42
 第四节 以"绿色指标"对学校定期开展
    体检 ……………………………………… 51

第三章 教师专业发展与改革 …………………… 59
 引言 ……………………………………………… 61
 第一节 打造人才高地的"双名工程" ……… 63
 第二节 抬升底部的"新农村教师培养" …… 69
 第三节 重心下沉的在职教师"校本研修"
    制度 ……………………………………… 76

第四节　重心下沉的"教师专业发展学校"建设 …………………… 82
　　第五节　推行见习期教师规范化培训 …………………………………… 89

第四章　招生考试制度改革 …………………………………………… 95
　　引言 …………………………………………………………………………… 97
　　第一节　高中毕业会考基础上的高等学校招生考试制度改革 ……… 98
　　第二节　高校自主招生改革 ……………………………………………… 103
　　第三节　教育考试招生管理体制改革 …………………………………… 109
　　第四节　高校招生考试"立交桥"建设 ………………………………… 112
　　第五节　以"学业水平考试"为基础的考试招生制度综合改革 …… 121

第五章　教育管理的变革与发展 ……………………………………… 129
　　引言 …………………………………………………………………………… 131
　　第一节　率先把义务教育纳入法治轨道 ………………………………… 131
　　第二节　重建学校生态，尊重规律管办教育 …………………………… 136
　　第三节　让校长成为学校发展的舵手与领头雁 ………………………… 151

第六章　办学体制改革 ………………………………………………… 161
　　引言 …………………………………………………………………………… 163
　　第一节　民办学校兴起与公办转制学校 ………………………………… 163
　　第二节　率先建立公共财政扶持民办教育制度 ………………………… 170
　　第三节　推行年金制缓解民办学校教师社保瓶颈问题 ………………… 173
　　第四节　"纳民"管理和成本补贴，发展随迁子女学校 ……………… 175
　　第五节　率先发展行业组织探索多元治理 ……………………………… 177

第七章　以对外开放促进教育改革发展 ……………………………… 181
　　引言 …………………………………………………………………………… 183
　　第一节　改革开放以来上海教育对外开放的历史发展 ………………… 183
　　第二节　对国外教育理论的引进与借鉴 ………………………………… 186
　　第三节　教育对外开放本土化实践的典型案例 ………………………… 191
　　第四节　国外对上海教育的引入与借鉴 ………………………………… 196

第八章 以科学的评估与督导助推教育改革发展 ·················· 203
    引言 ·· 205
    第一节 上海教育督导的历史发展 ·································· 205
    第二节 教育综合督政：区县政府落实教育法定责任 ············· 211
    第三节 学校发展性督导评价："一校一品牌" ····················· 216
    第四节 督学资格制度：发挥"蓄水池"作用 ······················ 225
    第五节 中小学校责任督学挂牌督导：延伸督导触角 ············ 231

参考文献 ·· 240

后记 ··· 247

第一章
以科学规划引领教育改革发展

第一节 前瞻规划，勾画面向新世纪的教育战略愿景

第二节 着眼新世纪新挑战的一流基础教育规划

第三节 起步新世纪的教育现代化发展规划

第四节 从战略和全局高度描绘 2020 年教育发展蓝图

引　言

　　规划是集体智慧的结晶，规划以其前瞻性、系统性、科学性和实践性的特征，在当下的各个发展领域发挥着不可替代的作用。以系统规划引领教育改革发展是 20 世纪 80 年代以来上海基础教育发展的重要战略手段，也是上海基础教育在全国发挥引领和示范作用的重要方面。回顾改革开放以来上海基础教育以规划引领改革发展的若干篇章，其中几项重要的战略规划具有举足轻重的地位和价值，可以说是上海基础教育突破性发展的重大推力和主要见证。

　　一是基于前瞻性发展战略研究勾画面向 21 世纪的教育愿景。从 1985 年起，上海市教卫办牵头建立 20 个课题组，开展跨系统、跨学科、为期三年的教育发展战略研究，全面勾画了 2000 年上海教育发展的前景。以规划引领教育改革发展，具有两大影响深远的意义：一个是反映了上海教育战略决策和管理方式的重大转变。通过对教育发展中带有长期性、根本性、全局性的问题进行系统研究，确定教育改革发展的重大战略，一切教育决策和管理要服务这个战略；另一个是为上海教育，尤其是基础教育注入了"先一步，高一层"的总体要求，这个思想始终贯穿在以后的各项教育战略决策规划中，成为支撑上海基础教育全国领先的战略基因。

　　二是《上海市建设一流基础教育"九五"规划及 2010 年远景目标》（简称"一流基础教育规划"）。1997 年，上海制定了"一流基础教育规划"，高举深化素质教育的大旗，同时规划了"九五"改革发展重点和 2010 年战略愿景。这个规划由上海市委、市政府领导层直接推动，具有非常明显的政府主导推进改革的特征。同时，借规划编制和推进，上海建立了基础教育决策咨询系统，为教育科学决策拓展了思路，提供了智力支持。所以在改革的全局整合力度、在基础教育各学段关键点上的改革力度、在推进素质教育核心领域上的突破力度、在教育发展的人力和技术支持协同力度上等，超越了上海以往水平，当时在全国领先。

　　三是教育现代化发展规划。这是上海进入 21 世纪后第一个以"现代化"为主题的教育战略规划。着眼于建设社会主义现代化国际大都市和国际经济、金融、贸易、航运中心的重要使命和发展机遇，坚守百年大计、教育为本的思想，

2004年上海市召开全市教育工作会议，提出到2010年，上海要率先基本实现教育现代化，为上海率先全面建设小康社会、率先基本实现现代化提供强大的智力支持的发展目标。自此，上海教育迈入了改革发展的新阶段。

四是从战略和全局高度描绘2020年教育发展蓝图。2010年10月，《上海市中长期教育改革和发展规划纲要（2010—2020年）》（简称"上海规划纲要"）正式颁布实施，树立"为了每一个学生的终身发展"的核心理念，为上海教育到2020年的改革发展描画了宏伟蓝图，提供了一份上海全面实现教育现代化的行动纲领。这个规划在新的时代，着重思考三大发展命题：如何推动处于改革发展深水区的上海教育不断提升和完善？如何更好地服务上海市城市发展战略？如何更好地服务国家教育发展战略？

第一节　前瞻规划，勾画面向新世纪的教育战略愿景

从1985年起，上海市教卫办牵头建立20个课题组，开展跨系统、跨学科、为期三年的教育发展战略研究。以规划先行，充分体现了政府对教育的高度重视，同时也反映出这段时间上海教育改革具有的前瞻性、整体性和科学性的特点。

一、主要背景

在国外，从20世纪60年代开始，教育科学研究发生了一系列重大变化，取得了许多新的进展，例如从"传统教育"逐步向"现代教育"转变，从"人力资本理论"趋向全面研究社会发展、人的发展与教育发展的关系等。进入80年代以后，经济、科技的竞争已经突出地表现为人才素质的竞争。对此，许多国家和政府十分重视对未来教育发展的战略进行研究。美国、日本、苏联、法国等发达国家分别提出了一系列重要的教育战略研究报告，概括地说，国际教育发展的特点是：世界各国都已普遍意识到教育问题的严重性，产生了强烈的危机感，同时把教育作为一个突出的战略课题来抓，加快了教育改革的步伐，并把目标瞄准21世纪的人才培养。[1]

---

[1] 张光坼. 上海教育发展战略研究情况简析[J]. 上海教育科研，1987（6）：6-7.

同时，国内教育界也进行了各项探索，其主要是为了使教育适应经济、政治体制改革和社会主义现代化建设的现实。但是，单项改革具有较大局限性，它不能实现新旧教育体制的根本转换，不能解决教育发展面临的总体性问题。总之，教育面临着如何在社会主义初级阶段实现现代化的问题。这就势必要求从战略全局研究相应的整体改革，探索建设社会主义现代化教育的道路。

上海教育发展的外部环境与内部状况提供了战略研究的基本条件，也引人注目地反映出鲜明的特点：20世纪80年代，上海先后制定了经济发展战略、科技发展战略、城市建设总体规划和文化发展战略，基本确定了上海经济社会发展的方向和目标，描绘了改造、振兴上海的宏伟蓝图，指明了城市发展的结构性和功能性变化的前景。这种深刻的历史转折，对人才培养和教育发展提出了新的要求。可以说，上海相继制定的这"三张蓝图"，为研究教育事业中长期发展战略提供了必要的社会背景资料。上海于1981年开展了全市性人口普查，1983年率先进行了全市专门人才的现状调查与需求预测，1985年市委组织大型调研组对人才培养与智力开发进行比较全局的调查研究，这为教育战略研究准备了基础材料。[①]

其中，1983年市政府就社会和经济发展对人才的需求及其变化的预测报告表明，上海的人才优势正在逐步丧失，解决潜伏着的人才危机已成为未来全市经济、科技与社会发展中的首要问题。围绕人才培养问题，上海一方面以地方人大立法形式颁布《上海市普及义务教育条例》（见图1-1）；另一方面，从1985年起，在市委、市政府的关怀下，由市教卫办、市委研究室、市计委、市科委牵头建立了20个课题组，开展跨系统、跨学科、为期三年的教育发展战略研究。[②]

因为上海具有比较雄厚的教育力量，课题组参加人员的智力结构比较完善。上海主要的师范院校除有一批在国内外较有影响的专家、学者外，还有相当数量的青年教师和博士、硕士研究生，市级教育部门设有智力开发研究所、高等教育研究所、教育科学研究所、职工高教研究室和成人教育研究室，拥有150多人的专职研究队伍，全市30多所高校设有高教研究所（室），还有经济、组织、人事等部门的教育研究人员。参加这次课题研究的共有80多个单位200多人，初步形成了全市性的教育研究网络，也充分体现了这是一项跨系统、跨部

---

① 张光坼. 上海教育发展战略研究情况简析[J]. 上海教育科研，1987(6)：6-7.
② 傅禄建. 回顾与展望：上海基础教育发展分析[J]. 教育发展研究，2007(9)：46-55.

图 1-1　当时《上海市普及义务教育条例》的学习宣传材料

门、高度综合、涉及面广的科学的系统工程和社会工程。[①] 此外，课题组还从上海图书馆及有关高校图书馆搜集了大量的图书资料，包括上海解放前后的各种教育资料及国外有关教育趋势预测、发展战略、规划、教育科研及各种重要的教育文件、报告，进行广泛的纵向和横向的比较研究。

二、主要改革内容和举措

教育发展战略是研究教育发展中带长期性、根本性、全局性的问题。[②] 上海教育发展战略研究的基本要求是：按照教育要面向现代化、面向世界、面向未来的总要求，从调查上海教育事业发展的历史和现状入手，预测上海经济、科技、文化、社会发展对教育事业的影响和要求，从全社会的大教育着眼，力争在教育理论和思想观念上有所创新和突破；认真研究经济、政治改革对教育发展提出的新问题和新要求，深入推进教育改革以及与此相配套的劳动人事制度的改革，使教育事业的发展适应社会改革和对外开放的新形势，系统分析教育发展的内部关系和外部关系，探讨 2000 年前后上海教育发展的战略思想、战

---

① 张光圻. 上海教育发展战略研究情况简析 [J]. 上海教育科研，1987（6）：6-7.
② 王厥轩. 上海教育发展战略研究综述 [J]. 人民教育，1987（1）：13-14.

略目标以及结构、体系、模式，研究人才培养与使用的若干特殊政策和灵活措施，创造人才成长良好的社会环境，努力使上海的教育事业到下世纪初，能够做到超前发展，适应上海经济、社会发展的需要，更好地为社会主义物质文明建设和精神文明建设服务。

《上海教育发展战略研究》提出"先一步，高一层"的总体要求，"先一步"，即上海实现普及九年制义务教育和高中阶段教育的时间应比全国平均水平早10~15年；"高一层"，即上海技术管理人员和工人、农民的平均文化程度，应比全国同类型岗位上的人高一个层次。如果说20世纪末全国沿海地区应达到初中毕业文化水平，那么上海的普通劳动者要把达到高中毕业文化程度作为奋斗目标。[①] 此外，还确定了"坚持方向，深化改革，增加投入，提高质量，注重效益，适度发展，社会参与，双向协调"的指导思想，全面勾画了到2000年上海教育发展的前景。

上海市教委原副主任、上海教育学会会长张民生认为："先一步，高一层"是动态的、与时俱进的战略思想。一要做到"先"和"高"，就要对形势发展的各种征兆保持敏感，及时洞察社会和老百姓的需求；二要解放思想，能够针对现状中的不足选择最佳的变革之策。总体来说，就是要"先一步"读懂现在，"高一层"预见未来，这样才能预见领先，规划超前，让上海基础教育始终处于领先地位。

三、重大突破与意义

研究制定上海教育发展战略，从根本上说，是为了更好地坚持四项基本原则和改革、开放、搞活两个基本点，落实教育要实现"三个面向"的要求和"两个必须"的指导方针，适应上海经济、社会发展以及建设社会主义现代化教育的需要，探讨社会主义现代化教育的重大理论问题，为创立具有中国特色的社会主义教育战略体系奠定基础，迎接世界性经济、科技、人才竞争的挑战，为改造、振兴上海，实现经济发展战略、科技发展战略、城市建设总体规划和文化发展战略"三张蓝图"做好充分的人才准备。[②]

商品经济的发展，给我们带来的是巨大的精神冲击波，把时间、效益、竞争、创造性融入了时代的意识，原先的压抑学生主动性、积极性、创造性的统

[①] 上海教育发展战略课题组. 上海教育发展战略研究［M］. 上海：复旦大学出版社，1988：241.
[②] 张光圻. 上海教育发展战略研究情况简析［J］. 上海教育科研，1987（6）：6-7.

一教育模式势必同新的观念、新时代的要求发生矛盾和冲突。更为重要的是，新的教育观念比以往任何时候都更加重视人。过去，人们总是把教育看作谋生的手段，而现今，受教育与个人的愿望，个性充实，个人的和谐、充分、全面发展联系起来。人的受教育是社会文明发展的标志。社会现代化—人的现代化—教育现代化已成为历史发展趋势。随着教育观念的突破，我国的教育理论也大大地向前迈进了一步。

在"先一步，高一层"战略思想的指导下，该阶段上海教育值得回味的改革创新突破点有：一是中小学教育科研。当时的上海市教科所率先成为拿到国家课题最多的地方教科所。通过典型引领，政策引导，上海群众性教育科研蓬勃展开，同期出现了愉快教育、成功教育、青浦实验、分层递进教学等一大批改革实践经验。与此同时，上海又在教师培训中普及科研基本知识，要求教师巧干科研。二是师资队伍建设。20世纪80年代末，上海基本完成了大规模学历补偿教育，但教师的知识与能力仍显不足，教师队伍的不稳定现象非常严重，因此上海在全国率先推出了社会招聘。与此同时，由时任上海市市长的朱镕基签署"市长令"，在全国最早出台《中小学教师进修规定》，提出每位教师在5年内必须接受240学时培训，高级教师接受540学时培训，有力推动了教师学历达标后的继续教育。另外，20世纪80年代末开始的中小学"一期课改"更加具有突破意义，上海成为首个得到原国家教委支持和允许进行整体设计并独立实施课改的省级单位，之后进行了一系列改革，这在全国具有创新意义。可以说，上海基础教育在之后乃至当下，仍然是按照"先一步，高一层"的要求发展的，事实证明这个要求也是十分正确的。上海市大同中学于1987年在全市乃至全国率先开展"减少必修课，增设选修课，加强活动课"的高中课程整体改革试验（见图1-2）。

图1-2 上海市大同中学

以规划先行，充分体现了政府对教育的高度重视，同时也反映出这段时间上海教育改革具有的前瞻性、整体性和科学性的特点。这份规划在全国教育改革与发展中具有非常重要的地位，在研究方式、发展思路等方面都为 1993 年《中国教育改革和发展纲要》的制定提供了蓝本和支持，也为上海 20 世纪 90 年代基础教育发展的宏观思考进行了前期探索。[①]

常常听人这样评价：上海基础教育之所以能够领先，很重要的原因就是始终在"先一步，高一层"地设计教育蓝图和确立实现步骤。而要实现这样的"始终领先"，需要一代代教育决策者在继承中突破，既要对经济和社会发展的宏观走势有非常清醒的认识与预判，也要对微观领域的改革状态和实现可能有非常深刻的洞悉和精准的把握。

第二节 着眼新世纪新挑战的一流基础教育规划

1997 年，在调查研究并广泛征求意见的基础上，上海确立了有重点、分阶段、分步建设一流基础教育的指导思想，历时半年，制定了"一流基础教育规划"，并于当年开始实施。城市变化带动了教育变化，教育的创新改善了城市投资环境，两者紧密相连，非常协调。"一流基础教育规划"中，非常明显的是强势政府主导推进改革，上海市委、市政府领导层直接推动，上海市教委决策层用先进的教育思想以及发展的思路统领全局，对基础教育改革与发展进行了有力的宏观调控和指导；上海下辖区县政府解放思想，大胆创新实践基础教育改革的态势。借规划编制和推进，上海建立了基础教育决策咨询系统，为教育科学决策拓展了思路，提供了智力支持。

一、主要背景

1. 上海基础教育达到一定发展水平

20 世纪 90 年代中后期，上海已经普及九年义务教育。小学在全市城市建设中，布局得到调整，办学条件有了很大的改善，教育质量提高，人民群众的满意程度也越来越高。从 20 世纪 80 年代中期开始，上海对初中教育投入大量

---

① 傅禄建. 回顾与展望：上海基础教育发展分析［J］. 教育发展研究，2007（9）：46-55.

经费,连续几轮进行了相对薄弱学校的改造,并将其纳入上海市政府的实事工程。经过改造后的初中学校,在硬件设施、管理、师资队伍建设等软件方面都得到了极大提升,体现了"办好每一所学校"的教育平等精神,基本实现了"高质量、高标准普及九年义务教育"(双高普九)的工作目标。全市高中阶段教育基本普及(见表1-1),同时,教育面向每一位学生,残疾儿童少年入学率达98.74%,在全国处于领先水平。[1]

表1-1 各阶段教育实施情况(2000—2003年) (%)

	指标	2000年	2001年	2002年	2003年
小学	小学学龄儿童净入学率	99.99	99.99	99.99	99.99
	小学学生辍学率	0.01	0.05	0.01	—
初中	初中学生净入学率	99.99	99.99	99.98	99.90
	初中学生辍学率	0.24	0.21	0.77	0.88
高中	初中毕业生升学率	97.00	98.00	99.30	99.80
	普通高中招生比例	51.00	54.30	55.20	57.30
高校	普通高校录取率	67.40	75.90	81.20	81.50

资料来源:http://www.stats-sh.gov.cn/html/sjfb/201701/1000190.html。

2. 高水平的上海基础教育如何再次提升

处于较高水平的上海基础教育如何实现进一步提升,该向何处走?这是面向21世纪上海基础教育首要考虑的战略问题。

教育发展,必须为社会经济发展服务,为实现现代化战略目标服务。改革开放带来的变化,已是举世公认。但是这些成就离我们面向21世纪的现代化战略目标还有距离,因此需要实施科教兴国战略和可持续发展战略,使教育成为国家发展的有力支点。而人民群众在物质生活水平不断提高的同时,对教育也有了更高层次的要求。基础教育是为人才和国民素质提高奠定基础的,也是千家万户老百姓利益所在,所以建设一流基础教育势在必行。建设一流基础教育,是教育面向21世纪,为实现现代化战略目标服务的需要。[2]

二、主要改革内容和举措

1. 提出教育发展的若干新观念

教育行为取决于教育观念,推进素质教育必须以先进的教育思想和观念为

---

[1][2] 张民生. 推进素质教育 建设一流基础教育[J]. 上海高教研究,1998(12):46-49.

先导。

在教育观方面,明确基础教育的任务是从 21 世纪社会经济发展需要出发,提高全体中小学生的整体素质,即从过去注重培养少数升学有望的学生转变为面向每一个学生,把全体学生培养成有理想、有道德、有文化、有纪律的社会主义新人。

在培养观方面,实现以"知识教育为本"向以"学生发展为本"的转变,从单纯的学校教育的目标向使学生获得终生持续发展能力的目标转变。

在办学观方面,针对计划经济体制下"千校一面"和政府包揽一切的弊端,提出下放权力,让校长有更多的办学自主权,逐步建立"以校为本"的管理体制。确立全方位开放办学的观念,拓展社会、家庭、学校的综合教育能力,开发和优化配置教育资源,推动教育社会化进程。[1]

2. 明确了建设一流基础教育的主要目标

到 2010 年,上海的基础教育发展目标是:

全社会确立以素质教育为核心的基础教育主导观念:以提高全体学生素质为根本的培养观;以学生全面而有个性的发展,具有健全人格为核心的质量观;以增加投入与提高效益并重,办好每一所学校为目标的办学观;以注重教育综合化和终身化为特征的大教育观。

适龄儿童与青少年享有高标准、高质量的基础教育,受教育年限达到发达国家水平;教育投入与需求基本相适应;学校布局合理,教育设施先进,校长教师队伍素质优良。

建立和健全注重学生素质全面提高的教育教学体系。形成系统完善的素质教育运行机制、强有力的青少年德育体系、现代化的课程教材体系和教学体系。

建立简明高效的基础教育分级管理体制。各级管理机制设置合理、健全,职责权限清晰,政策法规完备;以政府为主办学,社会多方参与;政府高效宏观管理,学校依法自主办学。

形成全社会关心、参与基础教育的大教育网络。学校、家庭、社会形成协调的综合教育能力,基础教育成为人的终身教育的有机组成部分。

形成基础教育与国内外广泛交流和联系的开放格局。及时吸收国内外教育发展的有益经验,促进上海基础教育的创新与发展。

3. 明确了基础教育各学段改革发展主线

确定各学段的工作抓手,各有着力点地推进素质教育。小学学段的着力点

---

[1] 张民生. 推进素质教育 建设一流基础教育[J]. 上海高教研究,1998(12):46-49.

是积极鼓励小班化教育等教改试验,全面推进素质教育;初中学段的着力点是按照办学标准,办好每一所学校,全面提高义务教育的质量;高中学段的着力点是发展各类教育,把重点高中改革引导到实验性示范性高中建设轨道上,建设大型寄宿制高中,使高中成为素质教育的示范。

4. 确立了建设一流基础教育分三步走战略

第一步:1990—2000年为启动阶段,重点是理顺体制和机制,健全有关法规,基本实现向素质教育的转变,奠定一流基础教育的体系框架。

第二步:2001—2005年为重点推进阶段,有重点地推进一流基础教育建设,社会的人才观、教育质量观等有较大转变,学校办学条件标准化程度得到很大提高,学生素质发展和教育效益提高得到初步体现,一批高质量、现代化学校以其先进的办学思想与教育水平,带领全市中小学向一流水平迈进。

第三步:2006—2010年为初步建成阶段,中小学和幼儿园办学条件、教育质量与效益的整体水平达到国际先进水平,基础教育各项功能得到全面发挥,基本形成一流基础教育的格局。

三、重大突破与意义

1. 中小学建设软硬结合,显著提升上海基础教育整体水平

素质教育的首要工作是办好每一所学校。根据本市建设一流基础教育的需求,我们确定了"中小学标准化建设"工程。根据这一工程的要求,首先修订原有的办学标准。在这个标准中除对中小学进行标准化配置外,还突出了学校管理和干部、师资队伍等软件建设标准。通过新建寄宿制高中建设的示范作用,带动上海基础教育整体水平的提高。

2. 以学生发展为本,在全国率先启动新一轮课程教材改革

实施素质教育的主渠道是教育教学领域,其中课程教材是教育目的、教育思想、教育内容的直接体现,也是教与学的基本依据。从1988年开始的第一期课程教材改革到现在,几次调整教学内容,最近又全面梳理了教材,累计删减约30%陈旧、烦琐和太深太难的教学内容,必修课突出了基本知识和能力要求,选修课、活动课加强了拓展性内容和探究性内容。1997年开始启动第二期课程教材改革,将以学生发展为本作为指导思想,突出培养和发展学生创新精神和创造能力的要求。形成学科改革的行动纲领,制定新的课程标准,并编写新的教材。与课程教材改革相协调的是教学模式、教学方法的改革,通过继续推广成功教育、愉快教育、张思中外语教改和青浦县教改的经验,以及开展小

班化教育试点、教育评价改革（包括等级评定制和学分制）等工作，促进教育质量全面提高，形成素质教育运行机制。

3. 面向未来，信息科技教育和信息化建设应用取得空前成效

首先是中小学信息科技教育空前加强。从 1998 学年起全市初中阶段教育全部开设计算机必修课；2000 年在市区小学和有条件的郊区（县）小学开设计算机必修课；2002 年起在全市小学基本普及计算机教育。除规定的必修课外，各学校可根据本校的师资、设备等条件，开设计算机选修课程和活动课程。必须保证全市中小学按上述时限配齐配足教学用计算机。同时，加强计算机的教材建设，并对中小学师资进行超前培训，提供足够数量和质量的师资。通过计算机教育增强中小学的信息意识，激发学习兴趣，使学生具有信息获取、检索、处理、传输的能力，以适应信息化社会的发展需要。

其次是中小学教育信息系统建设全国领先。1998 年到 2000 年，以"建网、建库、建队伍"为抓手，建成全国一流、与国际水平同步的包括 20 个区县教育信息中心、200 个校园网、2/3 中小学入网的上海市中小学教育信息网；建成覆盖中小学所有课程的文字、声音、图像同步运行的教育、教学信息资料库；形成一支训练有素的掌握现代教育技术的干部、教师骨干队伍。同时，大力推进中小学应用现代教育技术的研究工作，形成一批领头学校，以点带面，促进中小学教育手段的现代化。

第三节　起步新世纪的教育现代化发展规划

一、主要背景

现代化的本质是人的现代化，而人的现代化离不开教育的发展。教育对人的现代化的根本性作用，业已为诸多发达国家和地区的现代化经验所证实。在目前仍在为实现现代化而不懈努力的众多国家和地区，教育基础性、先导性、全局性的地位和作用也已经成为广泛的共识。

作为中国现代化建设的前沿，长期以来，上海在奔向现代化的征途中始终将优先发展教育作为至关重要的一项基本战略。20 世纪 80 年代，上海高举改革开放旗帜，确立了"先一步，高一层"的教育发展战略，使上海教育发展获得了长期战略的高起点。20 世纪 90 年代，顺应浦东开发和中央对上海"三个

中心、一个龙头"的部署与要求，上海正式吹响"一流城市、一流教育"的号角，大力推进教育体制和机制改革，积极探索具有中国特色、时代特征、上海特点的教育发展新路，各项教育改革有了较大突破，各类教育办学条件有了明显改善，教育质量有了进一步提高，为教育的进一步改革和发展积累了许多有益经验，也成为中国教育改革发展当之无愧的排头兵。世纪之交，上海精心勾勒了"构建学习型城市"的教育发展蓝图，为21世纪的上海教育新发展奠定了坚实的基础。[①]

然而，21世纪初上海教育的发展和现代化国际大都市的功能还不匹配，与完善社会主义市场经济体制的要求还不适应，与广大市民日益增长的教育需求还有差距。与此同时，中央把上海作为教育综合改革试验区之一，为上海教育改革发展提供了难得的机遇。对上海来说，加快教育发展比以往任何时候都显得重要和紧迫。此外，本世纪头20年是上海建设社会主义现代化国际大都市和国际经济、金融、贸易、航运中心的重要战略机遇期，上海肩负着率先全面建成小康社会、率先基本实现现代化的重大使命。百年大计，教育为本。实现城市现代化，必须率先实现教育现代化。

二、主要改革内容和举措

为充分发挥教育在城市现代化建设中的先导性、全局性、基础性作用，上海市委、市政府就全面实施教育综合改革，率先基本实现上海教育现代化提出：

今后一个时期上海教育改革与发展总的指导思想是：以邓小平理论和"三个代表"重要思想为指导，树立和落实科学发展观，全面实施科教兴市战略和人才强市战略；全面贯彻党的教育方针，坚持教育为社会主义现代化建设服务，为人民服务，与生产劳动和社会实践相结合，坚持教育面向现代化、面向世界、面向未来，培养德智体美全面发展的社会主义建设者和接班人；围绕上海经济社会发展和建设"四个中心"的目标，按照统筹协调、开放创新、发展内涵、追求一流、服务全国的要求，全面实施教育综合改革，扩大教育开放，不断推进教育现代化，为我国全面建设小康社会及上海改革开放和社会主义现代化建设做出积极贡献。

到2010年，率先基本实现教育现代化。主要是建立以开放多样、高标准高质量为特点的现代国民教育体系和以学习型城市为标志的终身教育体系；各类

---

① 薛明扬. 不断将上海教育现代化推向新的高度[J]. 上海教育，2011 (6A)：11.

教育确立先进的教育理念和科学的人才观，使受教育者得到全面而有个性的发展；形成以政府办学为主体、社会各界积极参与的多元化办学格局；学校办学条件基本达到现代化水准；形成科学合理的教育结构和学校布局结构。到2010年，上海各类教育发展要达到以下基本要求：有效提供0～6岁婴幼儿学前教育服务；实现普及、优质、均衡的义务教育（见表1-2）；高中阶段教育普及率达到98%以上；高等教育在校生规模达到约90万人，毛入学率达到70%左右；职业教育、职业培训、继续教育和老年教育等各类社会教育普遍开展；社会弱势群体中适龄儿童、青少年的受教育权利得到充分关注和保障；全市新增劳动力平均受教育年限达到14.5年。

表1-2 各阶段教育实施情况 （%）

	指标	2000年	2009年	2010年
小学	小学学龄儿童净入学率	99.9	99.9	99.9
初中	初中学生净入学率	99.9	99.9	99.9
高中	高中阶段教育入学率	97.0	97.0	96.5
	普通高中招生比例	51.0	50.8	51.0
高校	普通高校录取率	67.4	84.4	85.1

资料来源：http://www.stats-sh.gov.cn/tjnj/nj11.htm?d1=2011tjnj/C2004.htm.

今后几年，上海教育要在全面发展的基础上进一步突出重点，主要任务是：(1) 进一步加强和改进青少年学生思想道德建设，构建学校德育体系和评价体系，构建有针对性的德育内容体系，充分发挥课堂教育主渠道作用，加强学生课外实践活动，以师德建设为核心不断提高教师的整体素质；(2) 促进学前教育健康发展，完善学前教育体系，改革学前教育办园体制和机制；(3) 全面推进义务教育均衡发展，切实落实政府在推进义务教育均衡发展中的职责，切实减轻中小学生过重课业负担，优化义务教育投入和资源配置，认真做好进城务工就业农民子女的义务教育工作；(4) 运用多种资源扩大普通高中教育，整体提高普通高中教育质量，调动社会力量参与发展高中教育的积极性；(5) 促进高等教育走内涵发展之路，加快高校布局结构调整，加强重点学校和重点学科建设，推动高校与经济科技紧密结合，切实提高高校教学质量；(6) 推动职业教育面向市场办学，加快发展职业教育，坚持面向就业市场的办学导向，加强知识型技能人才培养，推进职业教育社会化办学；(7) 大力发展和创新继续教育，推动继续教育发展，建立开放灵活的继续教育体系，增强企事业单位主动实施继续教育的积极性，充分利用现代信息和网络技术推进继续教育。

此外，要全面实施教育综合改革和扩大教育对外开放，努力在若干领域取得新突破：(1) 深化课程和招生考试改革，促进素质教育的全面实施；(2) 进一步改革教育管理体制，增强统筹协调管理和优化资源配置的能力；(3) 改革办学体制，支持和促进民办教育健康有序发展；(4) 推进教育投资体制和机制改革，放大投资效应；(5) 扩大教育对外开放，促进上海教育水平迅速提升。

三、重大突破与意义

上海是中国最大的经济中心和对外开放城市之一，在大踏步迈向世界城市的征程中，上海教育改革与发展一直走在全国前列，对推动全国教育事业的改革发展做出了贡献。特别是进入21世纪，上海市委、市政府提出全面实施教育综合改革，首次提出率先基本实现教育现代化的目标，是富有远见的战略决策，具有重大现实意义和深远历史意义。它既是城市现代化发展的重要组成部分，也是城市教育发展进入新阶段后实现转型发展的迫切内在需求。人才和智力是上海发展的"第一资源"，教育现代化是关系上海城市未来的重要基础。教育现代化，更体现为教育理念现代化，其核心是培养具有现代素养的高素质人才。这种素质培养是全面的、综合的，不仅是知识传授，更是人格养成。

在上海吹响率先基本实现教育现代化的号角后的5年中，上海清楚地认识到对于一个城市和地区而言，经济可以飞速发展，财富可以短时积聚，但人素质的提高、教育内涵的发展、文化的积淀却不能一蹴而就。在励精图治向着教育现代化目标迈进的过程中，上海教育工作者一刻也没有放松提升教育发展的"软实力"——抓准机遇，超前谋划，优先发展，积淀和锻造着教育可持续发展的后劲。上海已认识到教育适度超前发展的必要性，超前才能适应未来人才培养的需要，超前才能引领各行各业发展，超前才能带动城区现代化建设。

任何改革要获得成功，都需要相应的外部环境和内在动力，而这种外部环境与内部要求的最佳结合点，正是所谓的机遇。上海教育之所以能始终保持在全国的先进行列，其重要原因就在于具有极强的机遇意识。抓准发展的机遇，坚决果断地推进改革，使上海教育改革的大戏始终精彩纷呈。[①]

---

① 焦苇，沈祖芸. 教育让这座城市越来越美好　上海宣告：2010率先基本实现教育现代化[J]. 上海教育，2010 (9B): 25-27.

第四节　从战略和全局高度描绘 2020 年教育发展蓝图

一、主要背景

2010 年 10 月,"上海规划纲要"正式颁布实施,树立"为了每一个学生的终身发展"的核心理念,为上海教育到 2020 年改革发展描画了宏伟蓝图,吹响了上海全面实现教育现代化的号角。

"上海规划纲要"的诞生有其宏大和特定背景。21 世纪第一个十年即将结束之际,全球知识经济方兴未艾、国际竞争日益激烈、国家和上海经济社会改革发展任务艰巨等形势,使上海教育必须在继承和弘扬优良传统的基础上,自觉顺应时代发展要求,以促进人的终身发展为根本,以改革创新为动力,在新的历史起点上更好地实现科学发展,不断满足人民群众的教育需求,不断增强主动适应、服务和引领经济社会发展的能力,为支撑经济转型、推动自主创新、引领文化发展、促进社会和谐做出更大的贡献,率先实现教育现代化,创造上海教育新辉煌。上海教育一方面要思考如何完善自身提升内涵质量,另一方面要思考如何更好地服务国家教育发展战略和上海市城市发展战略。

如何服务国家教育发展战略?2008 年 8 月,《国家中长期教育改革和发展规划纲要(2010—2020 年)》(简称"国家规划纲要")编制工作正式启动,温家宝总理担任领导小组组长。温家宝指出,教育是国家发展的基石,事关民族兴旺、人民福祉和国家未来,涉及千家万户,关乎群众切身利益。研究编制"国家规划纲要",是本届政府必须着力做好的一件大事。根据刘延东国务委员的指示和教育部总体部署,上海和其他 8 个省市与国家同步编制地区教育规划纲要。根据国家对中长期教育发展战略的初步设想,我国到 2020 年要基本实现教育现代化,基本形成学习型社会,进入人力资源强国行列。但同时我国地区发展不平衡,国家将支持东部地区率先发展,对发达地区予以政策支持,提高教育现代化水平,并发挥发达地区对全国教育的带动作用。中央领导和教育部都希望上海教育领先发展,为全国教育发展多做贡献。因此,上海教育发展战略需要新谋划,在坚持率先发展中更好地服务国家教育发展战略大局。

如何支持上海城市"四个率先"战略?到 2020 年的未来十年中,上海将全面推进"四个率先"(2006 年胡锦涛总书记在参加十届全国人大四次会议上海代表团的审议时，对上海提出的要求和期望。具体内容是：希望上海率先转变经济增长方式，把经济社会发展切实转入科学发展轨道；率先提高自主创新能力，为全面建设小康社会提供强有力的科技支撑；率先推进改革开放，继续当好全国改革开放的排头兵；率先构建社会主义和谐社会，切实保证社会主义现代化建设顺利进行），基本建成"四个中心"（2007年上海市第九次党代会提出，上海要努力率先转变经济增长方式、率先提高自主创新能力、率先推进改革开放、率先构建社会主义和谐社会，开创上海国际经济、金融、贸易、航运中心建设的新局面）和社会主义现代化国际大都市。要实现这一宏大目标，关键是人才，基础在教育。为此，上海教育发展战略需要进一步梳理思路，强化服务国家和城市发展使命，为经济社会发展提供强有力的人才支撑、智力支持和精神引领。

进入改革发展深水区的上海教育如何实现科学发展？目前，上海教育综合水平和主要指标走在全国前列，有的还进入世界先进水平，但在素质教育、教育公平、教育管理体制、人才培养质量和结构、知识创新和服务能力等方面，依然存在薄弱环节，与上海城市定位与办好"让人民满意的教育"的要求还有差距。上海教育发展战略需要更加准确地定位，把握教育改革发展规律，在改革创新中破解难题，实现教育现代化。

二、主要改革内容和举措

"上海规划纲要"由"序言""正文""实施与评估"三个板块构成，正文共包括"总体战略""重点任务""体制改革""重大项目""领导和保障"五个部分。

在"序言"中，提出未来上海教育的改革发展，要以育人为本，把"为了每一个学生的终身发展"作为贯穿上海教育改革发展的核心理念。

在"总体战略"部分，立足上海教育和上海经济社会发展的实际，针对教育改革发展中的主要矛盾和突出问题，提出了上海教育中长期改革发展"促进公平、追求卓越、推动创新、服务发展"的16字工作方针。同时，确立了上海教育中长期改革发展的总体目标——到2020年，"率先实现教育现代化，率先基本建成学习型社会，努力使每一个人的发展潜能得到激发，教育发展和人力资源开发水平迈入世界先进行列"。该目标具体有四个方面的主要标志：一是形成终身学习的教育新体系，二是形成激发受教育者发展潜能的教育新模式，三是形成多元开放的教育新格局，四是形成均衡协调可持续发展的教育新布局。

在"重点任务"部分，围绕上述核心理念和总体目标，着眼于学生终身发展的内在需要，确立了 11 个方面的教育中长期改革发展重点任务。德育方面，提出要"让学生具有理想信念、公民素质和健全人格"。学前教育方面，提出要"为儿童幸福和发展实施快乐的启蒙教育"。义务教育方面，提出要"让所有孩子获得公平而高质量的教育"。高中教育方面，提出要"为学生的成长、成人、成功提供知识和能力准备"。高等教育方面，提出要"让学生更具创新精神和实践能力"。职业教育方面，提出要"让学生成为适应工作变化的知识型、发展型技能人才"。特殊教育方面，提出要"让残障和超常学生在理解、关爱中发展"。继续教育方面，提出要"为成人发展提供更多的学习机会和智慧源泉"。教师队伍方面，提出要"为学生成长发展培养高素质的引路人"。教育国际化方面，提出要"让学生具备国际交流、理解、合作、竞争能力"。教育信息化方面，提出要"为学生提供更加开放、便捷的学习环境"。

教育要发展，根本靠改革。"上海规划纲要"不仅在 11 项重点任务中贯穿了改革的要求，而且用一个专门的部分，突出强调教育体制改革和制度创新。在"体制改革"部分，提出推进教育体制改革的关键是正确处理政府、学校、社会、市场之间的关系，提高政府教育公共服务能力，增强各级各类教育机构办学活力，建立政府与各类社会组织分工协作、市民广泛参与的教育公共服务新体制。为此，"上海规划纲要"具体提出了教育公共服务机制创新、教育管理体制改革、办学体制改革、学校内部体制改革以及招生考试制度改革五个方面的改革思路和举措。

为贯彻落实中央领导关于教育中长期改革和发展规划纲要"边制定边实施"的要求以及韩正市长关于"上海规划纲要"应当区分中期和长期目标并聚焦本届政府任务的指示，在"重大项目"部分，围绕上海教育改革发展的总体目标和任务，聚焦关键领域和薄弱环节，以本届政府的目标任务为重点，规划设计了上海教育改革发展的重大项目，提出从 2010 年到 2012 年启动实施 10 个教育综合改革重点试验项目和 10 个重点发展项目。这些项目基本覆盖了上海教育改革发展的全部重要领域和关键环节。

为确保"上海规划纲要"提出的各项目标、任务和项目的贯彻实施，在"领导和保障"部分，提出必须坚持党对教育事业的领导，落实各级政府的责任，健全教育法制环境，加大教育经费投入，为教育改革发展构建良好环境。

在"实施与评估"部分，强调"上海规划纲要"是指导上海未来教育改革发展的纲领性文件，必须切实建立健全实施机制、明确目标任务、落实工作责任、完善监督考核，有效推进"上海规划纲要"的贯彻落实和组织实施。

"上海规划纲要"主要指标见表1-3。

表1-3 "上海规划纲要"主要指标

序号	指标	2009年	2012年	2015年	2020年
1	学前三年毛入学率（%）	95.5	97.0	98.0	99.0
2	义务教育阶段毛入学率（%）	99.5	99.7	99.99	99.99
3	残疾儿童义务教育阶段毛入学率（%）	95.5	96.5	97.5	99.0
4	高中教育阶段毛入学率（%）	90.0	95.0	97.0	99.0
5	每10万人口在校大学生数（人）	4 318	5 100	5 140	5 200
6	普通高等学校在校生中留学生比例（%）	6.2	9.0	11.0	15.0
7	义务教育专任教师中本科及以上学历人员比例（%）	69.9	80.0	85.0	95.0
8	小学建网学校比例（%）	82.4	94.0	96.0	100.0
9	新增劳动力平均受教育年限（年）	13.8	14.5	14.7	15.0
10	25～64岁大专及以上学历人口比例（%）	24.0	29.0	35.0	47.0

资料来源：http://old.moe.gov.cn/publicfiles/business/htmlfiles/moe/s4604/201010/110458.html。

三、重大突破与意义

"上海规划纲要"的正式颁布实施，树立了"为了每一个学生的终身发展"的核心理念，为上海教育未来10年改革发展描绘了宏伟蓝图，吹响了上海全面实现教育现代化的号角。

1. 21世纪以来上海第一份立意高远、战略宏大的教育规划

这是进入21世纪后上海教育发展历史上第一份立意高远、战略宏大的规划。从着手编制"上海规划纲要"的那一天起，上海就树立了高远的立意，遵循"世界眼光、国家战略、上海特点、全局高度、人民满意"的基本原则，既实事求是，又追求创新，精心描绘出上海未来10年教育改革发展的清晰蓝图。

——坚持"世界眼光"。要体现知识社会与创新时代对人才和教育发展的新要求，直面全球化、信息化背景下国际人才激烈竞争态势，顺应世界教育发展趋势，吸收借鉴世界教育发展成功经验。

——坚持"国家战略"。要服从并服务于科教兴国、建设人力资源强国以及建设创新型国家等国家战略，坚持与国家教育改革发展的整体战略相衔接。

——坚持"上海特点"。要围绕上海推进"四个率先"、建设"四个中心"

和现代化国际大都市的战略，继承弘扬上海教育的优良传统，针对已有基础和存在的问题，走具有上海特色、上海风格、上海气派的现代化教育发展之路。

——坚持"全局高度"。要从市委、市政府统揽上海经济社会发展全局的高度出发，突出教育与经济社会总体的联动发展，突出教育的基础性、先导性、全局性地位和作用。

——坚持"人民满意"。要顺应人民群众对于教育事业的新需求和新期待，重点解决人民群众高度关注的突出问题，让老百姓从中得到实惠，努力办好让人民满意的教育。

清晰的顶层设计和完备的编制原则为"上海规划纲要"的成功出台创造了有利条件。各级领导和编制专家运筹帷幄，周密部署，群策群力，"上海规划纲要"编制工作全面有序展开。

2. 树立了"为了每一个学生的终身发展"的核心理念

上海将"为了每一个学生的终身发展"作为"上海规划纲要"的核心理念，这一理念包含着丰富的内涵：一是要求教育坚持以人为本，公平惠及所有学生，让每一个人具有健全人格、良好素质和终身学习能力；二是要求教育激发学生的发展潜能，培养和造就高素质人才，增强教育提升人力资源水平和服务经济社会发展的能力；三是要求教育遵循教育发展规律，顺应世界教育发展趋势，率先实现现代化。这一理念贯穿在上海教育改革发展的战略规划和行动方案之中，体现了上海对教育未来的深入思考和长远谋划。

在这一理念的引领下，"上海规划纲要"坚持"促进公平、追求卓越、推动创新、服务发展"的工作方针，为2010—2020年上海教育改革发展制定了目标。到2020年，上海将率先实现教育现代化，率先基本建成学习型社会，努力使每一个人的发展潜能得到激发，教育发展和人力资源开发水平迈入世界先进行列。这一总体目标的实现有四个标志，即形成终身学习的教育新体系、激发受教育者发展潜能的教育新模式、多元开放的教育新格局、均衡协调可持续发展的教育新布局。

3. 提供了一份上海全面实现教育现代化的行动纲领

"上海规划纲要"注重内涵和长远行动。"上海规划纲要"提出要坚持"促进公平、追求卓越、推动创新、服务发展"的16字工作方针。促进公平，就是要坚持以人为本，以满足人民群众的多样化、高质量教育需求为宗旨，使每一个受教育者都得到发展。追求卓越，就是要确立现代教育理念，瞄准世界先进水平，提高培养创新型人才水平，推动各级各类教育办出特色。推动创新，就是要坚持解放思想，全面推进教育综合改革，不断增强教育活力，建立与人的终身学习、终身教育和终身发展相适应的教育新体制。服务发展，就是要完善知识创新和知识服务体系，推进教育与科研、产业的紧密结合，增强教育服务上海经济社会发展的能力。

"上海规划纲要"务求实事求是的实际行动。"上海规划纲要"确定了德育、学前教育、义务教育、高中教育、高等教育、职业教育、特殊教育、继续教育、教师队伍、教育国际化、教育信息化11个方面的教育改革发展重点任务；聚焦关键领域和薄弱环节，提出了10个教育综合改革重点试验项目和10个重点发展项目。覆盖面广，重点突出，为不同层次、不同形态的教育指明了前行的方向。

针对"实效性"问题，"上海规划纲要"提出德育让学生更具理想信念、公民素质和健全人格；

针对"入园难"问题，"上海规划纲要"提出学前教育要为所有儿童幸福和发展实施快乐的启蒙教育；

针对"公平性"问题，"上海规划纲要"提出义务教育要让每一个孩子获得公平而高质量的教育；

针对"同质化"问题，"上海规划纲要"提出高中教育要为学生的成才、成人、成功提供知识和能力准备；

针对"促内涵"问题，"上海规划纲要"提出高等教育要让学生更具创新精神和实践能力；

针对"需求度"问题，"上海规划纲要"提出职业教育要为变革着的工作世界输送知识型、发展型技能人才。

4. 一份采取了创新方法和策略编制的文本

"上海规划纲要"实行"广集众智、平行起草、问计于民、科学决策"的编制策略，倾心打造经得起历史检验的纲要文本。

在编制"上海规划纲要"过程中，市委、市政府领导高度关注，专家和普通老百姓协同参与，广集众智、广纳群言、科学决策，使"上海规划纲要"文本经得起历史和人民的检验。

"上海规划纲要"的整个编制过程分为调研准备、形成初稿、研究修改、征求意见、完善送审五个阶段。其中在调研准备阶段的方法创新最为明显。调研准备阶段自2008年10月至2009年4月初，主要任务是开展调查研究。上海向社会公开发布了11项重大战略、45项专项研究课题，各民主党派、专家学者和政府部门参与研究。采取"平行研究起草""上海规划纲要"的新方式，由上海社会科学院、华东师范大学和教育主管部门三家独立起草"上海规划纲要"

草案文本。此外，召开了人大代表、政协委员、民主党派、教育工作者、学者、企业界人士等各方面座谈会约 30 次，当面直接听取意见和建议约 300 人次。

　　"上海规划纲要"与"国家规划纲要"的精神保持高度一致。在发展理念、改革举措等方面，"上海规划纲要"又立足市情、教情，体现出鲜明的地方特色。2009 年 6 月 18 日，国务委员刘延东在 9 省市规划纲要编制工作座谈会上，对编制工作予以充分肯定，特别是对上海"平行研究起草"的工作方法、五项编制原则以及核心理念给予了好评。

第二章
课程教学改革

第一节 "一期课改":开创三板块课程结构,实现两个改变与三大突破

第二节 "二期课改":以学生发展为本的多维度课程体系建设

第三节 研究性学习的创立与实践

第四节 以"绿色指标"对学校定期开展体检

引 言

基础教育既是国民教育体系的奠基阶段，又是个人发展的奠基阶段。基础教育课程改革关系着学生的终身幸福、广大市民的根本利益和城市的未来发展。通过改革基础教育课程，提高教育质量，是21世纪以来世界上大多数国家和地区的普遍做法与成功经验。

上海于1988年和1998年两次启动中小学课程改革，2003年经国务院、教育部批准，上海在全国率先全面启动教育综合改革试验。

1988—1997年的课程教材改革，后又被称为一期工程，即"一期课改"。"一期课改"以实施素质教育为理念，着重解决如何"全面提高学生素质"这个大问题，实现"两个改变，三个突破"，即改变"升学应试教育模式"，改变"统一化、单一化课程模式"，突破"加强基础与培养能力"的矛盾，突破"提高质量与减轻负担"的矛盾，突破"全面发展与个性发展"的矛盾。"一期课改"不仅使人们对人才、素质、基础等方面的观念有了更新，且打破了长期以来只在教学方法领域改革的局面，对一些学科的教材体系也进行了不同程度的改革探索。

1998年，上海启动了课程改革二期工程，史称"二期课改"。上海提出以德育为核心，以培养创新精神和实践能力为重点，全面推进素质教育的课程改革思路，首次提出了"以学生发展为本"的理念；设计了"基础型课程""拓展型课程""研究型课程"三类功能性课程，其中研究型课程及研究性学习全国首创；确立了"知识与技能、过程与方法、情感态度与价值观"三维目标，在保证为学生奠定终身学习和发展基础的前提下，为学生提供可供选择的多样化、个性化课程，提供培育创新意识和开展探究实践的机会；重视为学生提供品德形成和人格发展、潜能开发与认知发展、身体与心理发展、艺术审美、综合实践五种学习经历，建立起以学生发展为本的现代课程体系。

2007年教育部将上海列为全国中小学课程改革试验地区之一，把中小学课程改革作为其中一个重要项目来推进。"十三五"以来，上海启动了"二期课改"深化行动。上海抓住课改这条主线，以促进学生素质全面与可持续发展为目标，以德育为核心，以培养创新精神和实践能力为重点，全面推进素质教育的课程改革。

自"一期课改"以来,上海着力建设与国际化大都市相适应的基础教育课程体系,不断探索新的课程实施手段和平台,信息技术的应用、"绿色指标"评价为教育定期体检、研究性学习认证平台开发等,不断增强基础教育应对新形势和新挑战的能力,不断提升基础教育的品质。

第一节 "一期课改":开创三板块课程结构,实现两个改变与三大突破

起始于1988年的上海课程改革都是围绕提高学生素质这个目标展开的。由于社会的发展和课程改革的发展,需要解决的大问题不同,课程改革的发展可以分为两大阶段。1988—1997年是课程改革的第一阶段,即"一期课改"。课程是实现全面提高学生素质的重要载体。从课程结构上来看,"一期课改"一是加强德育课程,构建多渠道、全方位的德育课程体系;二是保证基础,同时增加技艺学科等;三是限制考试、考查,控制作业量,加强非智力因素培养等;四是引进职业技术因素,加强劳技学科,开设职业导向学科;五是重视个性才能健康发展;六是体现发达地区特色。上海的"一期课改"初步改变了课程单一的形态,编制了各学科课程标准和教材,为教育部第八次全国性的课程改革提供了经验借鉴。[①]

一、主要背景

1. 适应国家社会和经济发展的需求

教育是社会发展的产物,又是推动社会发展的基础。社会发展到一定的程度,就会对教育提出新的要求,促使教育进行改革。党的十一届三中全会以后的改革开放,使国家发生了深刻的变化,社会的政治、经济、文化都有了巨大的进步;同时,世界范围的经济竞争、综合国力竞争,实质上是科学技术的竞争和民族素质的竞争,谁掌握了面向21世纪的教育,谁就能在21世纪的国际竞争中处于战略主动地位。无论是国内形势还是国际形势,摆在教育工作者面前的任务就是要加快教育的改革和发展,建立适应国家社会和经济发展需要的

---

① 王月芬. 课程改革:让上海教育从量变到质变[J]. 人民教育,2016(8):44-47.

教育体制，进一步提高劳动者素质，培养大批人才，更好地为社会主义现代化建设服务。上海中小学课程教材改革的一个重要动因，正是为了适应国家发展的需要。①

2. 顺应国际教育改革的潮流与趋势

20世纪80年代，以课程和教材改革为核心的基础教育改革逐渐成为世界潮流，探索21世纪人才的素质要求以及与这种素质要求相适应的新的课程结构与教材体系，并以此提高教育质量成为各国共识。当时，国际课程教材改革的趋势是：传统的课程与教材弊端外显，多板块课程、组合式课程、层次性教材、结构化教材等新的课程教材逐步出现；统一要求与个性发展的关系、知识与能力要求的关系以及现代化手段的引入成为国际课改关注的焦点。国际性的中小学课程教材改革的潮流，既给上海带来挑战和压力，也是促进上海于1988年决策进行中小学课程教材改革的动力。②

3. 响应国家基础教育发展的改革要求

20世纪80年代，随着《义务教育法》的颁布，实现"双基"、提高全民素质成为时代主旋律。我国在基础教育领域实施的课程教材"一纲一本"模式，已不适应"一大、二多、三差异"的国情，探索"一纲多本"成为国家课程教材改革的新要求。1988年3月，国家教委委托上海市编制一套九年义务教育教材，供全国经济发达地区使用。③ 按照国家课程改革总体部署，根据国际教育发展趋势以及国内经济社会发展的时代需要，上海于1988年启动了中小学"一期课改"。

4. 应对上海基础教育发展的核心问题

1977年全国恢复高校招生考试后，片面应试教育的现象也跟着恢复。为改变这种现象，1979年上海市教育局向全市提出"加强基础，培养能力，发展智力"的教学改革方针，从总结中小学各门学科教学的经验和问题开始，并抓点试验，进行中小学教学改革。经过几年改革的发展，上海市的学校在实践中碰到了几大难题：一是教学大纲和教材的要求及内容、教材的体例、教材中的实验和作业等方面不适应培养能力、发展智力、培育非智力因素的教学和学习，必须进行调整和改革。二是能力的培养、智力的发展和非智力因素的培育，需要相关的教学内容、学生亲身的实践和体验，必须在教学理念、学科设置与活

---

① 孙元清，徐淀芳，张福生，赵才欣. 上海课程改革25年（1988—2013）[M]. 上海：上海教育出版社，2016：7-8.
② 上海市教育委员会. 上海"两期课改"实施情况调研总报告[R]. 2015.
③ 王月芬. 课程改革：让上海教育从量变到质变[J]. 人民教育，2016（8）：44-47.

动及课时安排、教学方式、学科测试与评价等方面进行调整和改革。上海教育人深刻地认识到课程改革是上海教育改革的核心问题。[①] 20 世纪 80 年代中期，上海直面国际环境变化和自身发展要求，确立了"先一步，高一层"的教育发展战略思想，这对上海市的基础教育提出了很高的要求。为此，上海市九届人大《政府工作报告》提出了"必须加强基础教育"，"抓好中小学课程、教材改革"的任务。1988 年，上海启动了"一期课改"。值得一提的是：1985 年，上海高考单独命题权的获得，也在政策上为推动课改创造了条件。[②]

二、主要改革内容和举措

"一期课改"提出了"以社会需求、学科体系、学生发展为基点，以全面提高学生素质为核心"的指导思想，基于三角形教育学模型和"基础学力观"，设计了由必修课、选修课、活动课组成的"三个板块"课程结构，设计了"四个学科群"的学科课程系统和课程标准，更新传统课程，增设新课程，构建了"三线一面"（即思想政治学科、校班会、社会实践三条线，各学科各类活动一个面）和"三位一体"的德育体系，支持学生素质全面而有个性地发展。

1. 设计"三个板块"的课程结构，优化课时配比

基础教育的课程通常有两类，一类是学科课程，一类是活动课程。根据贯彻国家教育方针的大前提和"两个改变""三个突破"的课程改革期望目标，以及既要有良好的基本素质，又要有健康的个性的培养目标，"一期课改"把学科课程和活动课程设计在一个课程结构中，有一定的配比，相互配合，成为一个整体。在学科课程中，从打好共同基础和个性选择相结合的角度，分别设置必修课程和选修课程，把它们称为板块，连同活动课程一起，形成"两类课程、三个板块"的课程结构（见图 2-1）。[③]

在设计"三个板块"的课程结构的基础上，"一期课改"适当调整和合理优化了课时配比。与过去教学计划中的周总课时数大体相同，但新方案的必修课程课时由过去占总课时的 3/4 减少为占 2/3 左右，而活动课程加选修课程的课时由过去占总课时的 1/4 增加到占 1/3 左右。必修课程的课时占总课时的较大比例，可以使学生获得扎实的共同的基础学力；而较为充分的选修课程和活动

---

① 孙元清，徐淀芳，张福生，赵才欣. 上海课程改革 25 年（1988—2013）[M]. 上海：上海教育出版社，2016：4.
② 上海市教育委员会. 上海市"两期课改"实施情况调研总报告[R]. 2015.
③ 同①59.

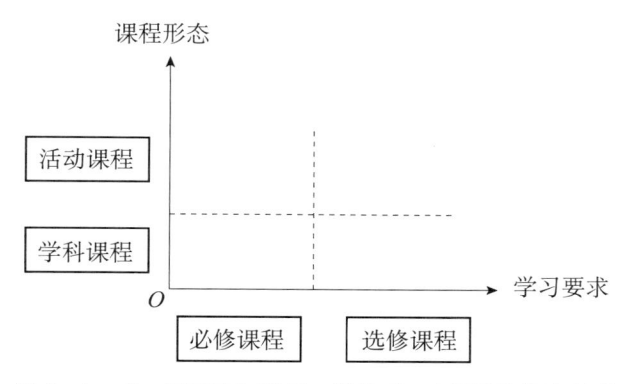

图 2-1 "一期课改"基于二维的"三个板块"课程结构

课程，一方面可以使学生的基础学力有进一步的发展，另一方面又能使学生个性在自己有兴趣、有爱好、有潜能的方向上得到健康发展。[1]

2. 建立德育、工具、知识和技艺四个学科群

根据学科的本质及其属性和功能的相近或相似，"一期课改"课程改革方案将必修课程分成德育、工具、知识和技艺四个学科群。建立四个学科群，不是为了精确分类，而是为了达到四个目的：(1) 重视课程的全面性，认识每一个学科群的性质、价值和学习方法及其代表，便于学习和把握；(2) 加强学科群中学科之间的联系；(3) 发挥学科群的整体效应，减少内容不必要的重复；(4) 体现学科的可选择性，培养学生的个性特长。各学科之间、学科群之间乃至各板块之间，都互为影响，互相配合，对学生进行德、智、体、美、劳诸方面的教育，产生一种结构互补的综合效应，使学生的素质得到全面提高，个性得到健康发展。德育学科群包括小学的思想品德学科和中学的思想政治学科；工具学科群包括语文、数学和外语学科；知识学科群包括社会学科方面的历史、地理或综合文科，以及自然学科方面的物理、化学、生物或综合理科；技艺学科群包括计算机、劳动技术与职业导向、音乐、美术、体育与保健等。[2]

3. 改进课程设置，更新教学内容

新编九年制义务教育课程方案同过去小学、初中的教学计划相比，改进了课程设置，更新了教学内容。改进课程设置的主要做法：一是增设新学科，二是革新原有学科。增设新学科，主要是增设了综合性的社会学科和理科，分别

---

[1] 孙元清，徐淀芳，张福生，赵才欣. 上海课程改革25年（1988—2013）[M]. 上海：上海教育出版社，2016：63.

[2] 同①64-68.

把历史、人文地理、社会学综合为社会学科，物理、化学、生物、自然地理综合为理科，供学校选择试验，替代分科性社会学科和分科性自然学科。更新教学内容，是课程改革方案对各门学科的共同要求。各科都做了很多努力，共同的做法有三：（1）各科都注意改变理论偏深、内容偏多、习题偏繁偏难、知识面偏窄、作业偏难、过分强调系统性完整性的学术化理论化倾向，适当降低难度，删减烦琐陈旧的内容，充实新知识，拓广知识面，增加联系社会、联系生活的内容；（2）各科都重视加强思想政治教育、国情教育和情意领域（情感态度与价值观）的各种教育；（3）各科都力求加强实践性、应用性和人文性，加强学科之间的联系，建立学科的新体系，体现学科课程的新特色。①

4. 建立"三线一面"的德育网络和"三位一体"的德育机制

在"一期课改"课程新格局中，德育系统是一个分布在"三个板块"上的网络，由显性的三条线以及显性与隐性相结合的一个面构成。三条线就是必修课程中的思想品德和思想政治课、活动课程中的班队团活动、每学年1~3周的社会实践活动。一个面，就是各门学科、各项活动都要贯穿和渗透德育，成为显性或隐性的德育工作阵地。为了保证上述"三线一面"的德育工作取得应有的效果，课程改革方案还提出建立以学校教育为主的学校、家庭、社会一体的"三位一体"的大德育机制，积极开发德育资源，拓宽德育渠道，优化德育环境，变封闭式教育为开放式教育，以更有效地克服德育脱离社会实际、脱离学生实际的弊端。②

三、重大突破与意义

上海"一期课改"是一项涉及上海基础教育不同学段的教育结构、内容、教法、学法和考法等全面改革的复杂工程，是一场具有重大突破的国际水平试验。"一期课改"不仅使人们对人才、素质、基础等方面的观念有了更新，且打破了长期以来只在教学方法改革的局面，对一些学科的教材体系也进行了不同程度的改革探索，其突破与意义主要表现在：

1. 率先将素质教育的思想应用到课改之中

"一期课改"提出了由"升学—应试"教育的轨道转到提高国民素质教育的

---

① 孙元清，徐淀芳，张福生，赵才欣. 上海课程改革25年（1988—2013）[M]. 上海：上海教育出版社，2016：69.
② 同①63.

轨道上,率先将素质教育的思想应用到课改之中。① 这主要体现在:一是把素质教育落实到中小学培养目标中。"一期课改"课程方案明确提出了使学生"具有良好的思想道德素质、文化科学素质、身体心理素质和劳动技能素质,个性得到健康发展"的总的培养目标。这四大素质中的心理素质、劳动技能素质和个性健康发展等都是上海课改方案首先提出的,已经被《中国教育改革和发展纲要》肯定。二是把素质教育落实到中小学课程结构中。"一期课改"课程方案将学科类和活动类两类课程分为必修课程、选修课程、活动课程"三个板块",这个课程结构能保证学生的思想品德素质、文化科学素质、身体心理素质、劳动技能素质得到全面提高,个性得到健康发展。三是把素质教育落实到中小学教材内容中。上海的新教材非常重视德育,重视基础知识、学习态度和学习能力等基础学力的培养,在改革各科教材体系的基础上,在编写教材时还注意强化教材的基础性、先进性、实践性、应用性和教育性等。这样的教材,能够为实施素质教育提供较好的思想资料和教学资料。四是把素质教育落实到中小学教学评价中。新课程教材建立了新的教学评价系统。根据四大素质的要求,将教学评价的领域与教学目标系统相呼应,做了相应的改革:评价目的包括发展和选择,评价性质包括诊断、形成和终结,评价领域包括认知、操作和情感,评价方式包括定性与定量。这种对教育评价与教育测量的改革,已从日常的评价改革发展到大规模的高中招生考试与高中会考的改革。②

2. 创建了地方课程教材改革组织架构的雏形

"一期课改"探索了上海课程教材改革的组织架构,成立了上海市课程教材改革委员会,下设办公室("课改办")和教材编审委员会,后又增设了上海市课程教材改革试验办公室等,为后来的课改工作在组织架构上奠定了基础。③上海市课程教材改革委员会主要由政府官员、校长、专家学者等组成,具有很强的科学决策力、推动力和协调性,为课程改革的顺利推进提供了有力的保障。"课改办"设在市教委教研室并由市教委教研室主任兼任主任,具体负责日常工作、规划、协调、管理和组织指导课程教材研究、教材编审以及课程改革基地学校的试验工作等。1995年成立上海市教育委员会后,"课改办"与市教委教研室实行"一套班子两块牌子"。"课改办"建立了一个阵容庞大的专家资源库,基本囊括了上海市教育教学领域所有的专家。以此为基础,"课改办"组织了两

---

① 上海市教育委员会. 上海市"两期课改"实施情况调研总报告[R]. 2015.
② 孙元清,徐淀芳,张福生,赵才欣. 上海课程改革25年(1988—2013)[M]. 上海:上海教育出版社,2016:76-77.
③ 同①.

支队伍——教材编写组和教材审查组，实行编审分离。

3. 建立了以"素质"为中心的平面三角形课程论模型

"一期课改"以社会的需要、学科的体系、学生的发展为建立新课程体系的基点，以提高学生的整体素质为核心，求得三个基点的平衡，形成了"三个基点，一个中心"的平面三角形课程论模型（见图2-2）。[①]

图2-2所示的三角形课程论模型的三个顶点表示：以社会需求为出发点，以学生发展为依据，以学科体系为基本线索；三角形的重心表示学生素质，三个顶点围绕这个中心，力图提高学生素质。在不同学习阶段有不同的侧重：小学阶段突出学生发展，初中和高中阶段突出学科体系与社会发展的需要并逐步增强。这个三角形教育学模型的核心是提高学生素质，发展学生个性。[②]

图2-2 "一期课改""以提高学生素质为核心"的三角形模型

4. 创新性地设计了"三个板块"课程结构

"一期课改"课程结构设置为学科类课程的必修课程、选修课程和活动类课程"三个板块"，突破了原有课程功能，特别是设置了选修课程和活动课程，可以说是一场破冰之旅。[③] 以往学校的教学，主要通过必修课程和选修课程来完成教学目标，学科的知识性、系统性很强，而对学生的个性发展不够重视。上海的课程改革提出和实施了三个板块的课程结构。在这个课程结构中，必修课程、选修课程侧重于学生基础学力的培养与提高，而活动课程则侧重于培养学生积极参与的意识、综合运用文化科学知识的意识以及团队合作的意识，强调培养和提高学生的学习能力、动手能力、交际能力、创造能力等，或者说，活动课程强调学生潜能的开发，强调知识的综合运用，强调学生的活动与实践，

[①] 上海市教育委员会. 上海市"两期课改"实施情况调研总报告[R]. 2015.
[②] 孙元清,徐淀芳,张福生,赵才欣. 上海课程改革25年（1988—2013）[M]. 上海：上海教育出版社, 2016: 17.
[③] 同①.

这也就是活动课程的本质——做中学，在实践中认知。[①]

5. 构建了多渠道、全方位的德育课程体系

实践证明，显性的德育课程是必须开设的，但如果理论脱离实际，缺乏针对性，就不易被学生接受。德育工作应在改革显性的理论教育的内容和方法的同时，充分重视潜移默化、情意效应的隐性教育的作用。"一期课改"的课程方案在现行德育课程的基础上进一步开发渠道、改革内容、改进教法、增强针对性、提高效益，设计了显性与隐性结合的"三线一面"的全方位、多渠道的德育课程体系。[②] 学校教育、家庭教育、社会教育"三位"有机结合。[③]

第二节 "二期课改"：以学生发展为本的多维度课程体系建设

随着 21 世纪知识经济时代的到来，知识创新对教育提出了新的任务，要求学生素质全面和谐与可持续发展，为此，上海于 1998 年启动了"二期课改"。面向新的世纪，为建设与以"四个中心"为特点的现代化国际化大都市相适应的现代化基础教育，上海提出以德育为核心，以培养创新精神和实践能力为重点，全面推进素质教育的课程改革思路。由此设计了"基础型课程""拓展型课程""研究型课程"三类功能性课程，在保证为学生奠定终身学习和发展基础的前提下，为学生提供可供选择的多样化、个性化课程，提供培育创新意识和开展探究实践的机会；重视为学生提供品德形成和人格发展、潜能开发与认知发展、身体与心理发展、艺术审美、综合实践五种学习经历，建立起以学生发展为本的现代课程体系。[④]

一、主要背景

1. 从提高综合国力的高度，世界各国加大了课程改革的力度

20 世纪 90 年代末期，飞速发展的信息技术和知识经济时代的到来，迫切

[①] 孙元清，徐淀芳，张福生，赵才欣. 上海课程改革 25 年（1988—2013）[M]. 上海：上海教育出版社，2016：62.
[②] 王生洪. 上海中小学课程改革方案的基本特点[J]. 学科教育，1990（5）：15-17.
[③] 上海市教育委员会. 上海市"两期课改"实施情况调研总报告[R]. 2015.
[④] 尹后庆. 完善课程实施体系 提高基础教育品质[J]. 现代教学，2008（12）：6-8.

需要教育进行相应改革和调整，以培养大量的创新型人才和具有国际竞争力的人才，形成了新的世界性的面向21世纪课程教材改革浪潮。1997年东亚金融风暴，促使提高综合国力、加大课程改革力度、培养创新人才进一步成为全球共识。许多发达国家开始发展多样化的高中教育，日益重视特色与创新，如：日本的综合学科高中、理科高中，韩国的科技高中、英国的特色学校等。世纪之交国际课程改革的主要特点是：强调"以人为本"的教育理念；合理配置国家、地方和学校课程；注重课程内容的现代化、生活化、人性化、弹性化；重视道德教育，注重教育信息化、国际化；重视科学教育、环境教育，采取多种措施提高师资素质；改革考试和评价制度；等等。此外，从世界上许多国家教育改革的发展历史与趋势来看，差不多是每隔十年就更新一次基础教育课程。①

2. 教育部加快了课程改革的进度，响应国家教育改革要求

20世纪90年代末期，随着我国社会主义市场经济体制改革的不断深入，加快构建符合素质教育要求的、适应社会发展和科技进步的新的基础教育课程体系，引导学生积极主动学习发展成为迫切的时代要求。② 教育部自1997年开始了全国范围的课程改革，召集了全国的几百名专家学者，在2001年3月率先提出了九年义务教育的课程改革方案和各学科的课程标准，接着又组织编写了一系列的教材，并且选择全国50个区（县）进行了课程改革的试点。从教育部课改的一系列方案和学科课程标准看，在课程观、教育目标观、课程内容观、教材观、教学观、学生学习观、德育观、评价观等方面，有一系列非常重大的突破，在理念上有非常多的创新，给上海的"二期课改"以非常多的启示和借鉴。③

3. 上海城市功能的发展变化对教育提出了更高、更新的要求

20世纪90年代中期，"一流城市、一流教育"目标的提出以及实现国际化、多功能、现代化特大城市的功能定位，迫切需要教育切实成为培育创新精神和创新人才的摇篮，为上海全面、协调、可持续发展提供强大智力支撑。这就要求上海的基础教育必须从精英教育转向全面的素质教育，真正以学生发展为本，让课程适应和促进每一位学生发展。随着国家第八次基础教育课程改革的启动，教育部也希望上海作为全国基础教育课程改革的一个试点，在全国先走一步，成为全国课改的一个"窗口"。于是，1998年，上海市第二期课程教材改革工程正式启动。④

---

①② 上海市教育委员会. 上海市"两期课改"实施情况调研总报告［R］. 2015.
③ 王厥轩. 上海二期课改的历史地位及深远影响［J］. 卢湾教师进修学院学刊, 2002（2）.
④ 同①.

二、主要改革内容和举措

"二期课改"在"一期课改"素质教育理念的基础上,确立了"以学生发展为本"的基本理念,提出课程要为学生提供多种学习经历,丰富学习经验,构建了以基础型课程、拓展型课程、研究型课程等功能性课程为主干的多维度课程结构。同时,"二期课改"也提出,要以德育为核心,注重培养学生的创新精神、实践能力和积极情感;要完善学习方式,拓展学习时空。

1. 在落实"两纲"的基础上,注重大中小德育一体化建设

上海对德育的内涵进行了新的拓展和深化,提出把"民族精神教育"和"生命教育"(即"两纲教育")作为未成年人思想道德建设必须突破的两个关键点。在实施方式上,"二期课改"继承和发展了"一期课改"采用的"三线一面"和"三位一体"德育途径,学校教育与家庭教育、社区教育密切配合,不仅注重学校课程与社会实践的联系,注重开发利用社会教育资源实施新课程,充分拓展学习时空、丰富学生学习经历[1],还拓展了德育的载体,由以往德育主要在课外,转变为德育要落实到课堂、教师、学生和课程教材上,把课堂作为德育的主渠道和主阵地,坚持贯彻落实"两纲教育"和学科课程改革相融合,与新课程的三维目标相融合,与创新精神紧密联系在一起。[2] 随着课程改革的深入推进,上海在教育综合改革方案中明确提出,要把"构建德育一体化体系,优化全面育人机制"作为改革的重点任务之一。为此,上海又在整体上构建了大中小学德育一体化体系,科学构建了中小学德育顶层内容体系,并以"学科德育"推进德育与诸育有机融合。同时,还构建了"校内外育人共同体",加强了校内外教育统筹协调和顶层设计,完善了学校、家庭、社会三结合的教育网络,建立起了职责分明、协同合作的德育工作体系,增强了整体育人合力。

2. 以课程功能和学习领域为依据构建了纵横交错的课程结构

"二期课改"将课程从"一期课改"的"三个板块"性质分类上升为按功能分类,从纵向上将课程设置为三类功能性课程,增强课程的基础性、拓展性和研究性(见图2-3),以便体现课程的不同功能,更好地从不同的侧面为提高学生的素质服务,更好地为学生的全面发展和个性发展服务,同时在课程标准中

---

[1] 上海市教育委员会. 上海市"两期课改"实施情况调研总报告[R]. 2015.
[2] 尹后庆. 完善课程实施体系 提高基础教育品质[J]. 现代教学, 2008(12): 6-8.

凸显了涵盖知识与技能、过程与方法以及情感态度与价值观的三维目标（见图2-4）。

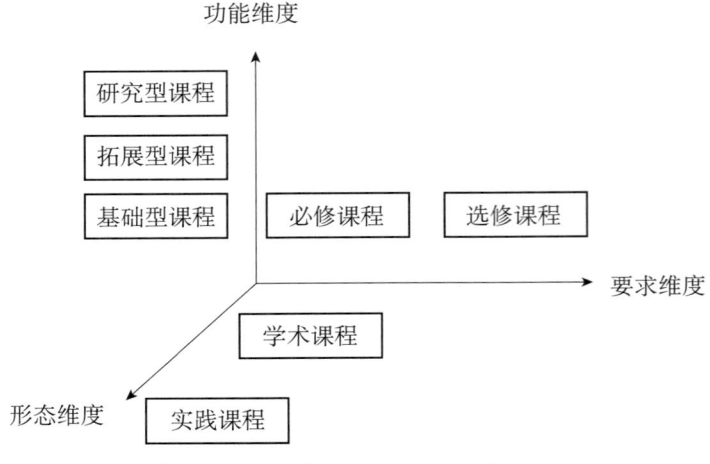

图2-3　"二期课改"以功能性课程为主干的多维课程结构

图2-4　"二期课改"课程三维目标

同时，"二期课改"还将课程从"一期课改"的四大学科群进一步扩大，从横向上将课程细分为八大学习领域，学习领域又再细分为科目，每个科目进一步细分为模块或主题（见图2-5）。

3. 引进、改编和自主开发各类教材

上海在教材建设方式上采用多种途径，主要包括如下四种方式：一是采用"一纲多本"，开发不同特色的教材，供学校根据实际灵活选用。如小学的《自然》有引进的牛津上海版、科教版和上教版等，初中的《科学》有牛津上海版、上教版。二是尝试从国外出版社引进和改编原版教材。如从牛津大学出版社引进《英语》、小学《自然》、初中《科学》和高中《劳动技术》等教材，并将其

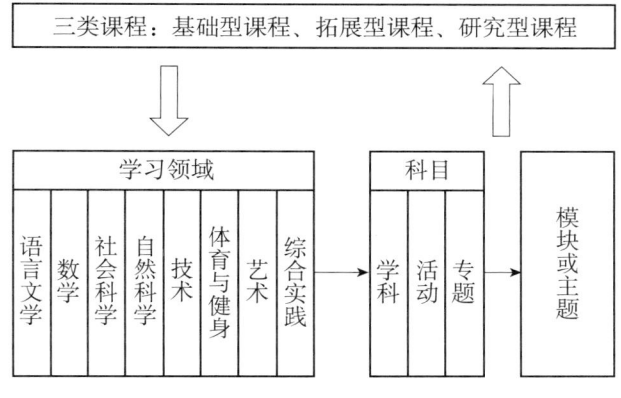

图 2-5 "二期课改"课程结构示意图

改编成牛津上海版。三是与国外教育公司合作开发教材。如与多飞公司合作开发了具有鲜明特色的《信息科技》教材。四是设计和开发特色课程教材。例如，上海尝试开发了一些特色综合课程教材，如小学的《科学与技术》，初中的《科学》和高中的《科学》，初中的《社会》和高中的《社会》，中学的《艺术》等。①

4. 改变学生的学习方式，创设丰富多彩的学习环境

"二期课改"倡导自主探究、实践体验、合作交流的学习方式与接受性学习方式的有机结合，倡导"做""想""讲"有机统一的学习过程，倡导合理灵活地利用各种课程资源和信息技术进行学习，实现学习方式的多样化，通过多种途径满足学生多样化和个性化发展的需要。同时，"二期课改"加强学校、社会和网络教育资源的同步建设，重视课内、课外多种学习途径的结合，重视学校课程与更广泛的社会实践的有机结合，形成丰富多彩的学习环境。②

5. 积极探索和构建基础教育质量综合评价体系

教育质量评价体系对学校教育和学生成长有着直接而重要的价值导向作用。"二期课改"过程中，上海在学生综合素质评价和招生考试制度改革上进行了积极大胆的探索。为实施学生综合素质评价，上海推出了《上海市中小学生成长手册》，并将学业水平考试和综合素质评价相结合，改变将考分作为衡量教育质量和招生录取唯一依据的做法，形成正确的社会导向。③ 此外，上海在构建和完善"绿色指标"评价体系的基础上，积极探索对教师和学校的评价体系，逐

---

①② 孙元清，徐淀芳，张福生，赵才欣. 上海课程改革 25 年（1988—2013）[M]. 上海：上海教育出版社，2016：93，81.

③ 尹后庆. 完善课程实施体系 提高基础教育品质 [J]. 现代教学，2008（12）：6-8.

步形成义务教育质量综合评价体系,并逐步推广到普通高中,形成基础教育质量综合评价体系。同时,加快推动各区县和学校构建以校为本、基于过程的教育质量综合评价体系,努力实现基于教育教学过程的真实性评价,把素质教育要求真正落到学校层面和课堂教学之中。①

6. 区域层面教育信息化环境及其与课程教学的融合初见端倪

"二期课改"明确提出了"以信息化带动课程教学现代化"的目标。在"二期课改"推进过程中,随着区域教育信息资源的建设与丰富,各区信息化环境不断优化,基于新型数字化环境的学生学习方式变革开始了一定的探索和尝试,一大批学校的教育信息技术应用特色项目正在形成。②

7. 赋予了学校合理的课程自主权,形成了有效的课程运行机制

"二期课改"实行国家、地方和学校三级课程管理,赋予学校合理的课程自主权,鼓励学校在遵循课程基本设计思想的前提下,结合实际,设计有特色的学校课程计划;重视校长、教师课程意识的培养,鼓励教师成为课程建设的参与者;形成校长、教师和学生积极创新与实践的课程管理和运行机制,提高学校的课程研究、设计、实施和评价能力。③

三、重大突破与意义

在"以学生发展为本"的新课程理念指导下,"二期课改"构建了"基础型、拓展型、研究型"三类功能性的课程结构,并将民族精神教育和生命教育落实到新课程的德育新体系之中。"二期课改"为新课程实施搭建了基于信息化平台的课程资源与技术支撑系统,实现了科普教育和历史文化等社会资源与课程有机整合。课程改革为学校教育带来了具有本质意义的变化。④

1. 构建了"以学生发展为本"的三棱锥课程论模型

基于"一期课改"的"以素质为中心","二期课改"顺应时代要求提出"以学生发展为本",强调学生素质的动态性与发展性,确立了"以学生发展为本"的教育理念,构建了"以学生发展为本"的三棱锥课程论模型。⑤ 从"一

---

① 孙元清,徐淀芳,张福生,赵才欣. 上海课程改革 25 年(1988—2013)[M]. 上海:上海教育出版社,2016:95.
② 上海市教育委员会. 上海市"两期课改"实施情况调研总报告[R]. 2015.
③ 同①82.
④ 尹后庆. 完善课程实施体系 提高基础教育品质[J]. 现代教学,2008(12):6-8.
⑤ 同②.

期课改"提出从"社会—学科—学生"的三角形"素质核心"论,到"二期课改"发展到三棱锥的"学生发展"论(见图2-6),这是课程理论在继承基础上的发展与突破,它更加强调课程要适应每一位学生的发展。

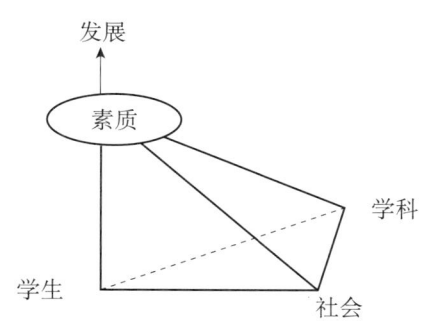

图2-6 二期课改"以学生发展为本"的三棱锥模型

2. 构建了注重学生全面发展的三维目标体系

以往在培养目标的设计上更多地考虑"知识与技能",而"二期课改"认识到应是"知识与技能"、"过程与方法"(科学探究的过程与方法)、"情感态度与价值观"(好奇心与求知欲,积极的学习态度,健康向上的人生态度,科学精神和正确的世界观、人生观、价值观,社会责任感与使命感)之间的整合。为此,"二期课改"构建了关注学生全面发展的三维目标体系

3. 建设了一批创新平台,研究性学习方式得到肯定和推广

"二期课改"提出了加强创新实践的要求,为适应创新型人才培养的要求,上海在2010—2013年,投入大量经费,在75%的高中学校和50%的义务教育阶段学校建设了一批创新实验室和创新活动平台。研究型课程教学实践积累了丰富的研究性学习经验,在全国产生了良好反响,并得到了国家的肯定和推广。[①]

4. 以"素养"为导向,进一步深化上海基础教育课程改革

20世纪末21世纪初,欧盟、联合国教科文组织、美国、新加坡等国际组织和国家都先后研制了各自的核心素养框架,以此为设计各个教育阶段课程的重要依据。根据未来社会发展对人才培养的要求、上海承担的国家教育综合改革试验任务以及建设具有全球影响力科创中心的城市发展定位,上海提出并围绕"如何培养学生创新精神和实践能力"这一核心问题,着手修订完善课程方案、课程标准、教材,探索教学、评价和教师专业发展等方面的改革。例如:

---

① 上海市教育委员会. 上海市"两期课改"实施情况调研总报告[R]. 2015.

在课堂教学方面，上海推出了"学习基础素养"研究与实践项目，引导教师在课堂教学中更加注重对于学生未来适应高度不确定社会和可持续性发展具有重要意义的素养培育；在评价方面，不仅仅关注学生的学业成绩和认知发展，更加关注学生终身发展所需的关键能力和必备品格并兼顾学生的个性特征，并将评价改革作为撬动整个基础教育改革和发展的重要杠杆，构建了针对学生、学校和区域教育环境质量的评价体系。这些举措，为上海深化"二期课改"、迈向未来新的课改奠定了坚实的基础。

第三节　研究性学习的创立与实践

上海"二期课改"推出研究型课程模块，将其作为课程三大模块之一。与研究型课程相伴，在学习方式上，上海推出了研究性学习，引导学生不仅通过接受性学习获得知识，还通过研究性学习提高创新意识和实践能力。

一、主要背景

1. 直面现实问题的校本探索

20世纪90年代，我国普通高中课程和教学依然以书本知识的传授为重心，以把学生送入高校为主要目的。课堂教学重视给学生提供完整的知识体系，学生处于一种被动接受的状态。以学科为中心的课程体系，易造成学科分割，知识的综合难以体现，这种学习不利于创新精神和实践能力的培养，要改变这种状况，路在哪里呢？

一如既往地开风气之先，上海再次成为另一个新事物的国内发源地——普通高中研究性学习。

20世纪90年代中后期，一批批上海的校长出国考察，发达国家以学习者为中心的跨学科主题式、综合实践性的教育理念和教学模式，让校长们心中萌发了改变学生现有学习方式的强烈愿望。

七宝中学在思考，能否在学校已有的"专题讲座、专题活动、专题实践"的基础上，开设一种新的课程，把学生真正置于学习的主体地位。

晋元高级中学提出："选择教育、充分学习、卓越发展"。在原有课外活动小组、活动课、研究性活动课的基础上，发展为"研究性学习"课程，为学生个性发展、学会选择开辟了一个广阔的天地。

市西中学基于学校长期办学中建立起来的基本理念，提出"以学习者为中心、以综合为特征、学会创造性学习"。很快，实验学校的"主题式学习煲"、市西中学的"高中自研式综合课"、华师大一附中的"跨学科研究活动辅导"、七宝中学的"开放性主题活动课程"、大同中学的"综合实践活动课"如雨后春笋般出现。

无论名称如何，这种学习使教育过程与学习过程结合起来，真正体现学生的主体地位，给学生提供更多的机会，体验主动学习和探索的"过程和经历"，让学生感受知识产生和发展的过程，使学生在自主学习、自主研究中获得一种新的学习体验。

2. "二期课改"提出研究型课程

学校的探索为同期正在酝酿推进的上海市"二期课改"注入了新的元素。

1998年上海正式启动中小学"二期课改"。"二期课改"的一个显著特色就是突出基础型课程、拓展型课程、研究型课程三类功能性课程的有机整合，将研究型课程作为全体学生的必修课程，要求所有学校保证每周两课时。"研究型课程"，是指在教师指导下由学生以个人或小组为单位，通过提出问题、材料收集、信息处理、实验比较、解决问题的方式，开展学习活动的崭新课程。

3. 研究性学习的明确和深化

研究型课程的设立，是基于原选修板块与活动板块中研究性学习和小课题研究等要求，在"二期课改"课程结构中，单列一类独立的课程予以保障，研究型课程是支持和落实研究性学习的重要载体。

"研究性学习"有广义和狭义两种理解。广义的理解，是指学生探究问题的学习。狭义的理解，是指学生在教师指导下，从自然、社会和生活中选择和确定专题进行研究，并在研究过程中主动地获取知识、应用知识、解决问题的学习活动。

"研究性学习"要求我们突破传统的认知性单一的课程目标，把情意目标提到与认知目标、能力目标并列的重要地位。上海赋予其三大特征：

一是体验性。研究性学习的实施过程特别强调"体验"这一心理过程，特别关注学生情感体验和积累，其目的在于通过实践体验，在改变学生的心理态度、价值观和生活方式这些人的发展最深层的指标上有所长进。

二是综合性。"研究性学习"不在学科知识的序列中构建课程，而是以学生的现实生活为基础发掘课程资源，注重以学生的直接经验和体验为基础运用学科知识。"研究性学习"的综合性，不是不同学科知识的简单叠加，而是通过对知识的综合运用去完整地认识作为有机整体的客观世界的一种途径。

三是实践性。"研究性学习"注重学生对生活的感受和体验，强调学生的亲身经历，让学生在实践中去发现和探究问题，体验和感受生活，发展实践能力和创新能力。丰富多彩的探究发现、个体各异的实践体验，能够克服基础教育课程和教学中脱离学生自身生活和社会生活的倾向，为学生的生活经验的积累和社会实践能力的锻炼开辟渠道。

从"研究性学习"以上三个特点分析，"研究性学习"是适应社会发展，尤其是学生个性发展需要的课程，也是综合程度最高的课程，是以学生实践并取得直接经验和体验为主要形式的课程，它不是其他课程的延伸或附属，而是与其他课程并存和互补的课程。①

二、主要改革内容和举措

1. 主要历程

在 1998 年拉开帷幕的上海"二期课改"突出基础型、拓展型、研究型课程三类课程的有机融合，在全国率先提出研究型课程及其学习，引导学生不仅通过接受性学习获得知识，还通过研究性学习提高创新意识和实践能力。

2003 年，上海市教委发布课程指南，又为基础型、拓展型、研究型三类课程的协调发展指明方向，经过十多年的推进和探索，三类课程融合已经取得积极成效。

2014 年，《上海市深化高等学校考试招生综合改革实施方案》公布，其核心内容是实施"两依据一参考"（依据统一高考成绩、高中学业水平考试成绩，参考高中学生综合素质评价信息）的高校考试招生改革。《上海市普通高中学生综合素质评价实施办法》明确把 4 个方面纳入评价范围：品德发展与公民素养、修习课程与学业成绩、身心健康与艺术素养、创新精神与实践能力。其中"创新精神与实践能力"重点记录学生参加研究性学习、社会调查、科技活动、创造发明等情况。2017 年起，上海市在推动高等学校自主招生过程中，开始试行把综合素质评价信息作为高等学校自主招生的参考。

2016 年，随着创新实验室建设的普及、创客教育联合体的兴起，以及高中生研究型课程自适应学习系统（MOORS，见图 2-7）的投入使用，上海高中生开展研究性学习的载体和平台日益丰富，而且该系统还获得了 2018 年基础教

---

① 尹后庆. 关于"研究性学习"若干问题的思考［J］. 上海教育，2001（17）：21-23.

图 2-7　上海市高中生研究型课程自适应学习系统（MOORS）
资料来源：研究型课程自适应学习平台．https://moor.shzhszpj.com/index．

育国家级教学成果奖一等奖。

2. 主要内容和举措

研究性学习主阵地在学校，关键在教师，学校开展了大量的探索，也形成了系列经验。政府及其教育部门主要担任的是推动者和支持角色。从政府及教育部门层面来讲，主要的改革内容和举措有：

(1) 纳入课程体系，明确学习要求。

上海"二期课改"将课程体系分为三类，分别是基础型课程、拓展型课程和研究型课程。上海率先推出研究型课程主要基于以下思考：研究型课程具有核心育人价值，能培养学生发现并解决实际问题的能力，使学生形成正确的规则意识、良好的做事习惯，掌握解决问题的关键技能，具备一定的高级思维能力。研究型课程已经成为三类课程（基础型、拓展型、研究型三类功能性课程）中通过问题导向发展学生解决实际问题综合能力的主要课程。

与研究型课程相伴，上海在全国率先提出研究型课程学习，引导学生不仅通过接受性学习获得知识，还通过研究性学习提高学生的创新意识和实践能力。研究性学习作为必修课每周 3 课时，三年共 288 课时，高中学生每学年一般要承担两个以上专题的研究。

(2) 加强研究性学习资源建设。

在各行各业实施创新驱动战略、加快转型发展步伐的时代背景下，"上海规划纲要"提出"加强研究性学习和实验实践环节，提高学生科学思维能力，培养激发学生的创新意识和实践能力"，将"建设若干个区域性中小学生创新实验室和 50 所高中专题创新实验室"列入重点发展项目。

2010 年起，上海市教委基于满足学生个性发展需求，开始实施创新实验室和创新活动平台项目。与传统的验证性实验为主的学科教学实验室不同，创新实验室通过与课程匹配的综合性实验条件，为开发学生创新潜质、激发学生创新意愿、实施研究性学习搭建综合性实践平台。上海"二期课改"设计了三类课程，其中基础型课程有统编教材，学校实施有依据，而拓展型、研究型课程没有统编教材，需要学校发挥自主创造力，进行校本开发和实施。可以说，创新实验室为学校拓展型、研究型课程的实施提供了优越的场所，体现了体验性、互动性和探究性等个性化学习特征，拓展了研究型课程的内容，提升了研究性学习的质量。

近年来，上海市通过创新实验室建设、创客教育联合体、研究性学习自适应学习系统等建设，为广大高中生创建开展研究性学习的良好载体与平台。

到目前为止，上海已建成 500 多个创新实验室，约 75% 的公办高中设立了创新实验室。根据上海市教委、市发改委联合下达的《促进本市城乡义务教育一体化的实施意见（暂行）》，到 2020 年，上海的每一所中小学至少要建立一个创新实验室。

（3）将研究性学习纳入学生综合素质评价。

虽然自 1998 年起，上海即在中小学广泛推行研究性学习，但受世俗根深蒂固的应试教育思想的影响，由于研究性学习和考试招生并不直接挂钩，好的理念在实施过程中打折扣或者执行不力。

如今上海市教育综合改革和招考制度改革，将学生研究性学习的经历作为综合素质评价的一个重要组成部分。上海 2014 年高考改革的核心内容是实施"两依据一参考"，即高校招生依据统一高考成绩、高中学业水平考试成绩，参考高中学生综合素质评价信息。《上海市普通高中学生综合素质评价实施办法》明确把品德发展与公民素养、修习课程与学业成绩、身心健康与艺术素养以及创新精神与实践能力等四个方面纳入评价范围。其中"创新精神与实践能力"重点记录学生参加研究性学习、社会调查、科技活动、创造发明等情况。

从 2017 年起，上海市推动高等学校在自主招生过程中，将综合素质评价信息作为高等学校自主招生的参考。今后每个高中毕业生都需要填写"综合素质纪实报告"，一共 7 张表格，其中表五记录的是学生在创新精神与实践能力方面的表现，主要是提交一份研究性学习专题报告。

研究性学习专题报告主要反映的是学生调查研究能力、动手操作能力和实践体验经历，要求学生从各类研究活动经历中选择一个最具代表性的调查研究课题或实践项目，对课题名称、关联的研究型课程、调查研究或实践的目的、调查研究或实践的内容和方法以及实施过程、研究结论和反思等进行如实描述。

学生须用书面报告介绍上述内容，此外还要报告个人在研究中承担的角色，是负责人还是参与者，具体任务是什么，研究过程中采访或请教过的重点对象，研究成果在什么范围内公开交流、获得过什么奖励，并提供佐证材料。

指导教师要对学生报告做出简要评价，学校研究性学习专家委员会对学生报告的真实性进行审核，发表认定意见。在信息录入阶段，则要求按照公示后由学校统一录入系统、参与科技活动情况由有关部门统一录入系统、取得创造发明专利情况由学校录入系统等程序加以实施，从而确保研究性学习成果和过程的真实有效。

上海力图借考试评价制度改革撬动教育综合改革，综合素质评价的实施将推动学习方式、评价方式的转变，促进研究性学习落实到每一位学生的学习生活中去。

（4）开发高中生研究性学习真实性认证平台。

为在上海高考改革推进过程中，确保高中生综合素质评价"创新精神与实践能力"板块研究性学习评价信息的真实性，更好发挥综合素质评价在高校招生录取环节中的参考作用，上海市教委组织指导上海市教科院普教所等相关力量开发了高中生研究性学习课题认证平台，积极探索利用信息化手段，通过学生自主上传研究性学习课题材料、文献重复率检测和借助移动终端应用软件开展专家在线视频答辩等方式，委托第三方专业机构开展研究性学习课题真实性认证。上海按照"校—区—市"三个层级逐步开展认证试点，采用"边试点、边总结、边改进"的方式，组织来自北京、江苏、浙江三地长期从事科研工作或高中生研究性学习指导的 350 余名高级职称专家，为学生提供认证和视频答辩，从研究性学习课题选题、过程和成果三个维度，主要面向有意愿报名参加高校综合评价录取的应届高中生提供研究性学习课题真实性认证服务（见图 2-8）。

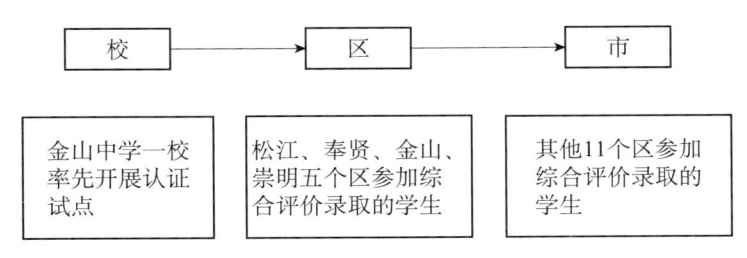

图 2-8　上海按照"校—区—市"三个层级逐步开展认证试点

从推出至 2017 年 6 月底,平台共为上海市 6 658 名高中学生提供了研究性学习课题真实性认证服务,累计完成和保存在线视频答辩总时长超过 1 100 小时,最终有 6 291 名学生确认将认证报告上传至综合素质评价平台,占认证学生总量的 94.5%。平台的建设和应用,有效地消除了研究性学习是否真实的疑虑。

(5) 加强研究性学习专业支持。

在研究型课程推行过程中,上海在教育理论和实践层面开展了大量的创意实践,为学校开好这门课程提供了有效的指导。在起始阶段,"做什么课题"成了基层学校在实施研究型课程中面临的首要困难。为此,上海专门组织一批相对有经验和积累的区县教研员、学校教师,于 2003 年先后编制了研究型课程指南、学习包、实施案例等系列教学资源,为全市中小学校顺利实施研究型课程创造了入门条件。

2015 年,上海借鉴国际标准的项目管理(PMP)模型,在试点学校试验如何规范研究型课程的每一个问题解决过程,并提出了规则意识与关键技能两大目标线,对研究型课程的教师职责做出界定,进一步提高了研究型课程实施的规范程度和专业水准。

三、重大突破与意义

1. 将研究性学习纳入国家普通高中课程计划

2000 年 1 月,教育部颁发《全日制普通高级中学课程计划(试验修订稿)》,首次列入"综合实践活动",这是我国基础教育课程改革在课程结构上的重要突破。综合实践活动包括社会实践、社区服务、劳动技术教育、研究性学习。"研究性学习"作为必修课每周 3 课时,三年共 288 课时,课程计划要求:高中学生每学年一般要承担两个以上专题的研究。通过自主性、研究性的学习和亲身实践,获取多种直接经验,掌握基本的科学方法,提高综合运用所学知识解决实际问题的能力。这项课程改革于 2000 年秋季开始在部分省市的高中试行。

2. 研究性学习成为学生成长利器

从 1998 年至 2016 年,上海推行研究性学习已有 18 年。2016 年一项针对上海高二学生课题研究活动的调研显示,全市高二学生拥有课题 12 057 个,188 所高中的高二学生做到了"人人有课题",约占全市高中总数的 74%。新高招政策将高中生综合素质评价信息作为"两依据一参考"的参考内容,其中创新精神与实践能力重点记录的就是学生参加研究性学习、社会调查、科技活动、创造发明等的情况。

研究性学习大大激活了学生的知识储存，引导他们利用所学知识解决生活中许许多多的问题。大同中学学生利用生物、化学课学到的知识，对学校草坪进行了施肥研究，提出利用循环施肥的方法，使学校昔日"斑秃"严重、枯黄的草坪变得绿草茵茵。晋元高级中学学生改进实验装置，解决了化学实验中氯气外泄的问题。在上海市治理苏州河的宏伟工程中，市西中学的学生贡献了他们的聪明才智，学生在生物老师的带领下，对苏州河水质进行了长达半年的分析研究，为苏州河的治理提出建议，学生的论文得到专家肯定。七宝中学在"人与自然"的主题中，确立了72个与生活息息相关的研究课题，例如，"生活垃圾的分类与处理""城市大气与绿化""热岛效应""节约用纸""废电池回收""城市光污染""耕地是如何减少的""闵行区酸雨监测"等。

研究性学习突破原有学科教学的封闭状态，把学生置于一种动态、开放、生动、多元的学习环境中，这种开放性学习，改变的不仅是学生学习的地点和内容，更重要的是提供给学生更多的获取知识的方式和渠道，推动他们去关心现实、了解社会、体验人生、完善人格。

3. 研究性学习是教师发展的新舞台

研究性学习为教师成长带来了新机遇，也提出了新挑战。上海市特级教师张治认为，研究性学习是教师成长的盛宴。上海的"二期课改"提出基础型、拓展型、研究型三类课程协同发展的架构，并没有提出要三类老师分别完成，现实中有限的办学成本也不可能引进这么多老师，三类课程由一套教师团队完成，就成为上海高中学校教师管理的必然选择。在上海的教师，尤其是高中教师，要能胜任2.5门课程的教学或指导。第一个"1"，即娴熟地在一个专业领域开展一门基础型课程教学，如语文、地理、化学等学科方向；第二个"1"，即围绕所在的专业领域和自身的兴趣特长，开设一门拓展型课程，如语文老师可以开设侦探小说赏析，地理老师可以开展旅游地理拓展，化学老师可以开展生活中的化学之类的拓展课程；"0.5"，即围绕所学的专业或利用自身的研究经验和技能，与他人合作，辅助学生开展研究性学习，如项目设计、课题研究、社会调查等，这门课程可以算作0.5门。面对研究性学习，教师要重新画像：教师不再是知识的权威，而是知识生产过程的同伴；教师不再是讲台上的智者，而是边上的向导；教师不再是资源单一供给方，而是课程综合解决方案的提供者。

4. 研究性学习为学校课程教学开辟新空间

如何让师生充分开展好研究性学习活动并真正有所收获？学校思考这些课

题的时候也是在开辟课程建设的新空间，打开学与教变革的新思路。

　　七宝中学于1998年起在教育专家指导下进行研究性学习的系统试验，成为全国研究性学习最早的探索与实践单位之一。学校以研究型课程建设培养学生研究性学力，采用教师指导与自主探究相统一，不断开发完善适合学生个性和潜能不断发展的高中课程体系。学校建立了"学生科学研究院""学子人文书院"后，具有人文特色的学校课程和与学生科学研究院匹配的科技教育课程也相继进入研究型课程序列之中，提供给学生在课程上充分选择和自主发展的更多机会和平台，与科研机构、自然博物馆、国家天文台、复旦大学、同济大学等单位的专家教授开展紧密协作，为学生的培养提供一流的软件支持。七宝中学的研究型课程面向全体，学生人人必修。高一"走进我们的人文书院"和"文化与人生"以讲座形式由教务处和学子人文书院协作完成。此为人文科技创新积淀期。这一阶段对全体学生进行通识教育，并从中发现有创新潜质的学生。高二"人与自然"和"智慧创造未来"以课程研究形式由教务处和学生科学研究院协作完成。此为自我创新发现拓展期。这一阶段对发现的具有创新潜质的学生进行跟踪培养，按人文与科技领域，根据兴趣与能力组建项目组，以PBL（基于问题的学习）团队研究的方式实施创新能力的培养。高三"走向社会"以社区挂职锻炼形式由教务处和学工部协作完成。到社区体验居委会干部和社区工作人员的艰辛，关注社会发展，关注国计民生，增强学生的社会责任感和使命感。2016年，七宝中学计划推行实施学生综合素质评价方案，建立学生创新精神与实践能力成长档案，研究型课程将根据综合素质评价模块的指引，进行课程的修订与完善，打造关注学生综合素养成长的核心课程。经过多年的探索，今天七宝中学已经成为上海市示范性高中的第一集团成员。

　　上海市第一所由上海市教委命名的特色普通高中曹杨中学，整合丰富的社会教育资源，并将其应用于学生的研究性学习。来自同济大学、香港科技大学、华东师范大学、复旦大学等高校的技术支持和专业指导，为学校的特色创新实验室建设、教师培训、项目开发、课程设置等提供了巨大帮助。学校把社会实践活动作为研究性学习的重要实施途径和形式。为此，曹杨中学开发了中国极地研究中心、上海市气象局、上海市老港垃圾处理厂、江苏常熟蒋巷村等社会实践基地，鼓励学生走出校门，让学生在自然、社会、生活中寻找感兴趣的研究主题开展探究互动，搭建起社会实践活动与研究性学习密切联系的广阔平台。

第四节 以"绿色指标"对学校定期开展体检

评价改革是教育改革的"牛鼻子",评价理念和手段是教育价值观和教育质量观的具体体现。在基础教育内涵发展阶段,不可回避地要树立科学的教育质量观,并采用科学的手段、依据科学数据形成对学生学业成就和学校办学质量的正确分析与判断。上海基础教育转型发展的重要突破口之一是在评价改革上,上海从探索建立上海中小学生学业质量"绿色指标"体系入手,对基础教育定期开展"健康体检",以期建立基于监测数据和科学证据的教育决策、教学改进及校本质量保障体系,深化素质教育和内涵建设,推动上海基础教育转型提升。

一、主要背景

上海开创性地实施"绿色指标"评价,是在教育内涵发展的关键时期的突破性之举,是对错综复杂的教育症结做出的针对性之举,归纳起来,主要有三大背景:

第一,义务教育质量评价面临顽结。主要表现为几个方面:一是评价手段和方法落后单一,掩盖了教育应有的丰富内涵。以纸笔考试为主要手段和形式的评价,主要评价内容被限制在所学科目和认知技巧上,无法测出教育过程中更丰富的内涵和收获。二是过度看重静态的考试分数,把学业成绩作为教育教学的根本的、唯一的目的,导致无视或轻视学生的全面发展需求。三是评价结果利用单一,一般应用于升学和评级,缺少对教育教学过程的反哺与改进。这些弊病使得基础教育教学体系架构在以高考、中考为龙头的环环相扣、层层相连的"严密组织"之中,用"结果制约过程"一直是思考和运作教学体系的惯例,并且成为了一种"社会标尺",使得素质教育难以真正落实。因此,要撬动评价这颗最重的砝码就要挑战根深蒂固的传统文化和行动惯性。

第二,课程改革深化的必然要求。从课程改革的角度看,上海早在 1988 年就启动了"一期课改",10 年后即 1998 年就启动了"二期课改",这在全国是率先并且有较大影响的。近 10 年来,上海在课程教学改革方面推出了一系列措施,如抓教学有效性、抓校长课程领导力、抓课程标准修订、抓作业方案设计,都取得了积极的改革成果。然而，事实表明：以学业分数和升学率为导向的评价仍然制约着课程教学改革的深入推进。通过优化课程与教学的实施，还不能明显改变学生学业负担过重的情况。究其原因，一个很重要的方面就在于原有的评价目的、标准、手段束缚着课程教学改革的深入推进。以考试成绩为标准的单一的评价体系，根深蒂固，无时无刻不在影响着办学考评、教师的教与学，已经成为阻碍教育内涵深层次变革的瓶颈，必须启动教育质量的评价改革，实现教育内涵发展目标和过程的完整与统一。

第三，国内外教育评价的借鉴与发展。"绿色指标"评价出台之前，上海参与了两大评价项目，一个是教育部课程中心"中小学生学业质量分析、反馈与指导项目"，另一个就是参与PISA。尤其是PISA带给上海众多反思。2009年，上海首度参加PISA测试，学生们在阅读、数学和科学三方面均列全球第一（3年后，即2012年，上海在PISA测试中再次实现三个第一）。但同时，学生每周课内外学习34.8小时，位列第12位，课业负担偏重。下一步上海教育怎么走？不仅要关注学业成绩，更要关注背后的付出；关注学业质量，更要关注快乐成长的过程。作为"国家教育综合改革试验区"，上海先行先试的教育探索让我们在率先获得"改革红利"的同时，也率先触及教育内涵发展中深层次的矛盾。在走过了仅仅依靠分数指标、物质计量、工具价值来判断教育效益的阶段以后，上海必须对学生全面发展、学校内涵建设、教育人本价值做深度审视和进行实践突破。内涵发展"深水区"的攻坚难题之一就是评价改革[①]，"绿色指标"应运而生。

二、主要改革内容和举措

"绿色指标"不是评价改革的单兵突进，而是课程、教学、评价、管理改革的协同推进，体现了牵一发而动全身的"链式效应"，形成了"检测依靠技术、结论源自证据、分析产生转变"的行动模式，让管理、教研、教学架构到科学的评价信息上来，推动了教育管理、教学研究、教学行为的转变，像舵盘一样，体现了科学指挥棒的引领作用。[②]

1. 构建综合全面的"绿色指标"体系

上海与教育部基础教育课程教材发展中心合作，在吸收国内外评价项目经

[①②] 尹后庆. 上海市"绿色指标"教育质量综合评价改革透视[N]. 中国教育报，2014-03-04(7).

验的基础上，提炼了一系列影响学生学业质量的敏感的、重要的指标，构建了以关注学生健康成长为核心价值追求的指标体系，称为学业质量"绿色指标"，包括：学生学业水平指数、学生学习动力指数、学生学业负担指数、师生关系指数、教师教学方式指数、校长课程领导力指数、学生社会经济背景对学业成绩的影响指数、学生品德行为指数、身心健康指数以及上述各项指标的跨年度进步指数共十个方面。这些指标将在使用过程中不断发展和完善。

中小学生学业质量"绿色指标"，之所以称为"绿色"，是因为评价指标的核心是促进学生全面发展和健康成长。与以往偏重学习成绩的质量标准相比，这套"绿色指标"的内涵更为广阔，是由学业水平及影响学业水平的相关因素所构成，既关注学生的学业，又关注学生为学业水平所付出的各种代价；既衡量学生一般认知能力水平，又衡量学生体质、品德、创新等高层次能力的水平；既以学生发展为中心，又兼顾教师、校长、学校乃至家庭对学生发展的影响。与学业水平测试相比，"绿色指标"所要进行的测试选取的是四年级和九年级以前的课程内容，测试本身也是"标准—教学—评价"这个教学循环系统的一个环节，旨在发现落实课程标准以及教学中的问题并加以改进，是教学内部的一项活动，不是终结性评价，不能与毕业、升学相挂钩，不应也不能增加学生的课业负担。与更加注重解决实际生活问题的 PISA 测试相比，"绿色指标"所要进行的测试是严格基于课程标准和针对教学内容的，是基于标准的水平测试的，对教学改进的指导性比较强。

2. "绿色指标"评价的实施

2011 年 10 月底，以"绿色指标"为依据，上海在小学和初中同时进行了首次抽样测试。2014 年再次在小学和初中进行了测试，经科学抽样，全市当时 17 个区（县）共有 317 所小学、237 所初中（一贯制学校按小学、初中分别计数）参加，有 21 800 名四年级学生参加小学语文、数学学科测试与背景问卷调查；33 265 名九年级学生参加初中语文、数学、英语、科学学科测试与问卷调查；995 名校长（含分管教学副校长）、7 285 名教师分别参加了校长和教师问卷调查。测评工具严格基于上海义务教育课程标准，施测严格按照国家考试的规范进行，测评工具各项指标均达到有关要求。2015 年、2016 年分别针对初中、小学开展"绿色指标"综合评价（见图 2-9）。

从 2014 年与 2011 年"绿色指标"综合评价的分析数据看，3 年间，上海义务教育阶段学生学业成绩保持较高水平，道德意识和体质健康水平得到提升，城乡之间教育水平差距总体在缩小，学生学习自信心、学习动机、对学校认同度明显提高，学生课业负担过重的情况得到有效抑制，师生关系、教师教学方

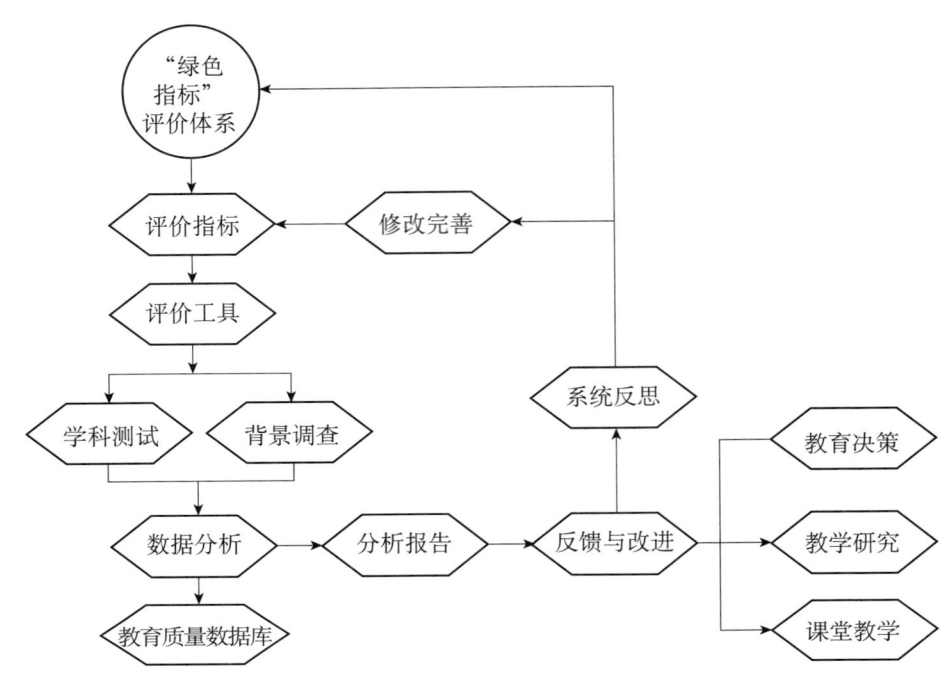

图 2-9　"绿色指标"综合评价线路图

资料来源：尹后庆.上海市"绿色指标"教育质量综合评价改革透视［N］.中国教育报，2014-03-04（7）.

式、学校课程领导力也有一定改善，上海市义务教育的全面质量和均衡水平总体呈上升态势。同时测试结果也表明，上海推进义务教育均衡、优质、科学发展还有一些问题需要研究和解决，比如初中学生的学习自信心、学习动机等问题需要给予更多的关注，教师的分层教学、组织学生小组合作学习的活动频率和能力有待加强。[①]

3. "绿色指标"评价结果的应用

应用评价报告的着眼点在于管理和教学模式的转变。评价本身不是最终目的，而是全面了解教育教学状况的一种手段、发现和诊断教学问题的一种方法、教学决策的一种依据。对此，我们有三个期待。

一是"绿色指标"成为提升区域教育专业领导力的重要抓手。上海基础教育进入内涵发展的新阶段，要实现顺利转型，教育行政部门不能仅仅依靠分数

---

① 吴善阳，焦苇.上海市中小学学业质量绿色指标综合评价报告发布［EB/OL］.（2015-10-28）.http：//news.xinhuanet.com/politics/2015-10/28/c_128368186.htm.

判定教育指令，必须用科学方法洞察教育质量；不能仅仅依靠经验做决策，必须具备更多基于实证的决策能力，着眼于优化顶层设计，下移教学管理重心，把更多的精力放在对学生学业质量的综合考量上，放在制定基于实证的有效教育决策上，放在建立专业化的教学质量评价队伍上。试行"绿色指标"，就是对专业领导教育发展能力的一次考验，也是提升专业领导能力的一次契机。

二是"绿色指标"成为提升教研员专业教学指导力的重要手段。在教学质量评价方面，教研员承担着双重使命，既要研究、掌握科学的评价理念、手段和方法，让教育教学实施过程更加连贯、系统，又要把评价作为指导教师教学的有效手段，引导学校和教师正确实施教育教学。通过掌握"绿色指标"评价的理念和方法，教研员可以逐步克服单纯依靠经验进行教学研究的弊病，有利于实现经验与实证的有效结合，提高教学研究的针对性，从而有效指导区域、学校、教师落实教学与管理的改进建议。

三是"绿色指标"成为建立以校为本教学质量保障体系的现实依据。宏观的评价结果只能呈现整体状况和趋势，不足以解决一所学校如何具体改进教育教学环节的问题。对学生学习过程的即时评价，并依据反馈用于下一阶段的教学改进，推动教育过程中的调节与矫正；这就需要以校为本的质量保障体系建设。以校为本的质量保障体系的建立一方面让学校能够关注到每一个学生在学习进程中出现的状况并及时加以补救或矫正；另一方面也让教师在这一过程中掌握评价方法和正确使用评价促进教学，提高教师敏锐洞察学生学习过程的能力，促进教师专业水平的提高。这也是以校长为核心的专业团队，不断提升课程领导力，提高教育教学质量，以评价促进教育教学改进，保障义务教育质量的重要方面。

4. "绿色指标"评价的自我完善

"绿色指标"并不是全面衡量教育质量的完整指标体系，也不是我们所要追求的终极质量评价标准，总会有这样或那样的缺陷和不足，需要在实践过程中不断发现新问题，积累新经验，使其不断完善和发展。"绿色指标"评价要持续引导基础教育科学发展，必须以开放的姿态不断兼收并蓄、自我更新，必须构建一整套完善的运行机制。

一是优化"绿色指标"体系。要根据时代要求和上海实际，不断丰富和完善"绿色指标"的内容和机构。一方面，要博采众长，积极吸收各方面，特别是心理健康、品德行为、社会实践等领域的评价成果，充实"绿色指标"中身心健康指数和品德行为指数的内容和评价手段，也要深入细致地研究其他指标的内容和要素；另一方面，要放眼世界，积极吸收国外教学质量评价先进经验，特别是要把 PISA 的理念、技术逐步融入"绿色指标"体系之中。只有这样，才能使"绿色指标"不断保持旺盛的生命力，持续发挥应有的引导作用。

二是健全评价运行机制。要从市、区县、学校三个层面开展综合评价机制的系统性研究，明确各部门的工作职责、合作机制，设计合理的制度与工作流程，逐步建立各级教学质量评价运行模式。还要注重信息化手段在教学质量评价中的应用，建立学生学业质量数据库和支持系统，实现数据抽样、试题管理、数据分析、报告生成、在线调查等功能的自动化运行，为"绿色指标"评价添翼。同时，要结合高中教育的特点，逐步将"绿色指标"评价推广到普通高中。

三是建设科学的评价文化。一方面要推进"绿色指标"与教育其他领域工作的深度融合，把"绿色指标"作为教育督政督学的重要依据，作为推进"新优质学校"建设的重要方面，作为推进学生德育、体育锻炼、家校互动、依法办学等工作的重要抓手，建设以"绿色指标"为基础的评价文化，发挥科学评价文化的渗透力和辐射力。另一方面要通过加大"绿色指标"评价的宣传引导，通过各种途径和手段向教师、家长、社区传递科学的教育评价观，改变社会对学校"好差"口口相传的主观评价状态，营造推进教育教学改革、实施素质教育的良好氛围。

三、重大突破与意义

"有质量的教育"是每个国家和地区对教育的基本要求和渴望，但对于究竟什么是高质量的教育，却是众说纷纭，建立比较科学的评价标准是政府的重要责任。今天我国中小学生学业质量评价改革的焦点并非改还是不改，而在于朝什么方向改、怎样改，开展什么样的评价、怎样实施评价，如何对待评价结果。上海的"绿色指标"已走出单纯理论研究范畴，探索了综合评价和全面"健康体检"的机制与技术，进行了"绿色指标"连续测试实践的完整运作，并对评价结果进行反馈，形成基于证据的行政决策和教学改进的共识与习惯，绿色评价的理念已进入校长和教师的话语系统，全面的教育质量观正在形成。①

"绿色指标"的主要突破表现在：

一是变单一维度评价为综合多维评价。"绿色指标"是由学业水平及影响学业水平的相关因素所构成，既关注学生的学业，又关注学生为学业水平所付出

---

① 尹后庆. 上海市"绿色指标"教育质量综合评价改革透视 [N]. 中国教育报，2014 - 03 - 04.

的各种代价；既衡量学生一般认知能力水平，又衡量学生体质健康、品德行为、高层次思维能力；既以学生发展为中心，又兼顾教师、校长、学校、家庭对学生发展的影响。"绿色指标"不仅反映质量水平和影响因素，还多方面考察教育公平，如通过学生社会经济背景对学业成绩的影响指数了解公立学校对家庭经济困难学生所做的贡献，学业水平指数要考察学校间、区县间和全市的均衡程度，跨年度进步指数主要看学校、区县、全市跨年度在指数上是否有所进步。

　　二是直接指向教育教学的实践改进。与更加注重解决实际生活问题的 PISA 测试相比，"绿色指标"所要进行的测试是严格基于课程标准和针对教学内容的，测试本身是"标准—教学—评价"循环系统的一个环节，通过"绿色指标"评价，就可以比较全面地了解各个层面课程标准的执行状况，实质就是了解义务教育课程目标的落实情况以及学生是否在这样的目标框架下得到了很好的发展，这样就可以发现落实课程标准以及教学中的问题并加以改进，对教学改进的指导性比较强。

　　三是有效回应人的发展和人民群众的诉求。人的全面、可持续发展是现代教育的共同追求，"国家规划纲要"强调要根据培养目标和人才理念，建立科学、多样的评价标准。"上海规划纲要"坚持"为了每一个学生的终身发展"的理念，提出要制定教育质量标准，建立义务教育质量评价和监测体系，实施教学质量综合评价改革试验，形成实施素质教育的导向机制。2011 年 3 月召开的上海市基础教育工作会议提出"在教育质量评价上，要从过度注重学科知识成绩转向全面发展的评价；必须重新审视教育质量评价标准，有所取舍，有所更新，更加科学地理解和追求教育质量"。"绿色指标"基本适应了国家和上海市对教学质量评价的要求，同时也可以通过评价结果实现区域内公众对义务教育教学质量的知情权，对社会呼声较高的"减负问题"做出积极回应，从而在全社会逐步树立正确的教育质量观。

第三章
教师专业发展与改革[①]

第一节　打造人才高地的"双名工程"

第二节　抬升底部的"新农村教师培养"

第三节　重心下沉的在职教师"校本研修"制度

第四节　重心下沉的"教师专业发展学校"建设

第五节　推行见习期教师规范化培训

---

① 本章第一节到第四节由上海市教育科学研究院杨玉东执笔，第五节由上海市师资培训中心杨洁执笔，杨玉东统稿。

引　言

　　高质量的教师队伍是保持上海基础教育水平与活力的主要支撑。上海市教师队伍建设围绕提升教师专业水平这一核心，在教师培养上以需求为导向，在队伍建设的机制上勇于创新，教师队伍建设的环境与资源得到优化，教师队伍的结构更加利于为了学生发展的终极目的，教师队伍建设的新格局正在形成。上海坚持以持续的基础教育教师队伍建设规划统领教师培养体系。上海市比较注重通过每五年的专项师资建设规划持续加强教师队伍建设。特别是自"十一五"以来，上海市教委制定了专门针对"基础教育"段的教师队伍建设规划。坚持"以教师发展为本，以教师有效学习为中心"的培养理念。中小学教师的培养和继续教育的目标，不仅要重视普遍的学历提升、基本专业知识和技能的掌握，更要重视建立于良好人文素养基础上的教育信念、责任感的形成和实践能力的提高。目前，上海市已经形成由必修课程、选修课程、自主研修活动相结合的教师继续教育课程体系，为在职教师既能达到统一的基本发展要求，又能实现个性化的自主发展，提供了必要的支持。坚持重心下沉的教师自主专业学习氛围营造和文化培育。上海教师队伍专业化的一个亮点在于师资培训重心下移，使在职培训成为教师生存的一种常态，用《教育法》《教师法》等法制来保证教师培训的"草根化"。其中，校本研修是基于学校、为了学校发展的教师研修形式，上海2006年制定的"十一五"规划纲要规定其学分比例不得少于总量[①]的50%，"十二五"期间继续坚持这一做法，重心下沉的校本研修仍然要求学分比例不少于总量的50%。上海建立和完善了服务全市教师的继续教育课程管理系统，建立了开放的、多样的、丰富的、可选择的全市教师培训课程资源体系和规范的、可操作的学分互认管理平台。健全市、区（县）和学校培训体系及课程体系，建立市区校联动的教师教育模式，唤起教师的专业自觉。

　　上海中小学师资队伍建设的理念和举措成为提升教师专业能力的重要支撑，积累了典型经验。在OECD开展的教师教学国际调查（TALIS）项目中，上海

---

　　① 按1989年颁布的《上海市中小学教师进修规定》，对参加职务培训的教师，其进修时间每五年累计应不少于240学时，其中具有中学高级职称的教师每五年应有540学时的进修时间。根据学时还计入相应的学分。实施多年后，上海市还建立了"学分银行"的管理制度。

教师展现了高水平、高素质的一面。

上海以持续提升教师育人能力为导向，以提高教师实施课程的专业水平为重点，以进一步整合优质资源为抓手，提升基础教育教师育人为本的教育境界和专业素养。上海的经验可以从不同角度概括，部分典型经验包括：(1)通过倾斜政策优化不同区域师资队伍配置，如2011年上海市出台《义务教育阶段促进人才有序流动优化人力资源配置的实施意见》，推动义务教育骨干教师轮岗流动。按照区县对口关系建立长期对口支教关系，中心城区每年至少选派20名符合条件的教师到对口郊区的农村学校、公建配套学校、人口集聚街镇增建学校支教。郊区每年选派校长前往市区优质学校进修，在实践中对结对郊区校长进行传帮带。2013年起推动特级校长、特级教师流动交流，目前已有三批40名特级校长、特级教师到郊区任职任教，致力于全面提高郊区学校办学水平。2015年底上海市政府印发《上海市〈乡村教师支持计划（2015—2020年）〉实施办法》，从制度上进一步完善对乡村学校教师的政策支持和专业扶持。(2)通过高端人才的精致培养实现专业引领和梯队建设，如上海市2005年启动实施"上海市普教系统名校长名师培养工程"，迄今已经坚持了三个五年规划。"双名工程"建立了名师和名校长研修基地，借助名师名校长的专业魅力和个人素养，吸引了一大批优秀教师和校长进入基地，开发创造了新的、个性化的优秀人才培养方式，以教育教学和学校管理实践中的重点难点问题及其对策为需求导向，引领区县学校教育教学改革。(3)通过见习期规范化培训保障入职教师基本教学质量。2012年4月1日，上海市教委颁布了《上海市中小学（幼儿园）见习教师规范化培训指导意见（试行）》，在全国首次推出"见习教师培训制度"，推行新任教师的教师资格证书和规范化培训合格证书"双证"注册制度。师范院校或其他高等院校相关专业的毕业生在一年见习期内，"浸润"在教师专业发展学校进行规范的、统一内容与标准的培训，培训合格的方能进行教师首次注册。这种见习期强调规范、管理为主内容的培训，保障了新入职教师的基本教学质量。(4)通过研训一体化工作为学校和教师校本研修助力。2014年上海市启动了聚焦教师课堂教学能力提升的"研修一体"网络课程建设与实施工作，立足解决教师一线课堂实践中的问题，通过构建"研修一体"的培训课程、创设有效的研训互通模式、建立课程开发与实施的新机制、共享优质的教育教学资源，借助信息化技术平台，实现"培训课程"与"教育教学研究"的有效联结。(5)通过教师专业发展学校建设，加强教师实践性学习。2009年上海市启动建设教师专业发展学校，在原有学校建制内，拓展学校功能——学校不仅是学生学习成长的地方，也是教师学习和成长的场所。上海市教师专业发展学校最初主要承担了见习期教师的入职学习任务，随着项目的推进，各区也设立了自己的区级教师专业发展学校，逐步开始承担在职经验教师的研修任务，教师专业发展学校成为了教师实践性学习的重要基地。

第一节 打造人才高地的"双名工程"

为建设高素质高水平的校长教师队伍，加快培养优秀校长教师，发挥骨干校长教师的引领和示范作用，上海市教委于 2005 年起启动上海市普教系统名校长名师培养工程，迄今已经历四期。

一、"双名工程"概述

上海市普教系统"双名工程"，以校长培养基地、教师培养基地以及校长高级研修班、教师高级研修班为平台，各基地和研修班采取对学员进行共性和个性相结合的培养。此项工作开展以来，各培养基地以学习研修为阶梯、以学校管理和课堂教学为阵地、以教育科研为载体，通过专家指导、教学研讨、名著研读、案例分析、课题研究、学术考察等培养形式，在促进学员的专业发展上取得了诸多成果，形成了独特的培养模式，为高端教育人才培养和学科高地建设提供了很好的经验。

以"双名工程"第一期为例。第一期于 2005 年启动。该期共选拔校长后备人选 212 人、名师后备人选 1 022 人；组建 8 个名校长培养基地和 23 个名师培养基地，4 个名校长后备人选高级研修班和 23 个名师后备人选高级研修班；启动课题资助、文库出版、国内外的进修培养等项目。其间，开设讲座 390 次，举办论坛 231 次（大型 10 次），举行展示课 1 044 人次，接受美国哈佛大学课程培训 4 期 515 人、出国培训 120 人（含影子校长工程 10 人），完成国家级、市级、区级课题 176 个（市级以上课题 74 个），发表论文 732 篇，汇编成果集 59 册出版，获资助课题 152 个，获文库出版资助 8 册，举办成果展示会 69 个，被评为特级校长 24 人，确定重点培养对象 135 人。名校长名师培养工程充分发挥引领和示范作用，在培育学科领军人物与辐射学校教学中得到完美体现。

前后三期概况如表 3-1 所示。

表 3-1 上海市普教系统"双名工程"培养概况

第一期	第二期	第三期
2005 年启动	2008 年启动	2011 年 12 月启动
培养期 2 年	培养期 3 年	培养期 5 年
979 名学员	83 位基地主持人	105 位基地主持人
8 个名校长基地，23 个名师基地	10 个名校长基地，45 个名师基地	13 个名校长基地，50 个名师基地
4 个名校长后备人选高级研修班，23 个名师后备人选高级研修班	108 位校长后备人选，563 位名师后备人选，总计 671 名学员	136 位名校长后备人选，682 位名师后备人选，总计 818 名学员

2018 年 12 月第四期"双名工程"启动，37 名人员入选"高峰计划"、109 人担任"攻关计划"主持人。

二、"双名工程"主要措施和特征

1. 以系统规划实现两级横向和纵向管理

"双名工程"被列为上海教育"十一五"师资规划重要行动计划之一。为实现这一目标，上海市教委于 2004 年出台《上海市普教系统名校长名师培养工程实施意见》，2005 年推出《上海市普教系统名校长名师培养工程实施方案》，在上海市科教党委和市教委领导下，成立了"上海市普教系统名校长名师培养工程"领导小组，下设办公室（简称"培养办"），办公室设在市教委人事处，由相关部门联合组成，这在组织和制度上保障了"双名工程"的稳步开展。"培养办"下设顾问组、专家组、项目管理组、名师培训组、名校长培训组和区县中心组。纵向实行市、区县培养责任制，横向实行项目负责制。顾问组建言献策，专家组指导策划，项目管理组搭建平台，培训组组织管理。依托教师教育资源联盟，探索优秀教师、校长的多种培养模式，采取集中培训、学历提升、双导师制、基地校挂职、课题资助、成果出版、教学展示、教育论坛、组团出国考察等一系列举措，培养一批有国际视野的专家型教育工作者。

2. 以教育家办学的精神为根本理念

"双名工程"的培养工作中，始终坚持将教育的精神引领放在首位，让学员们明确奋斗的方向。原教委副主任李俊修对教育家身上的特征做如下概括：第一，他们以教育家精神办学，秉承的是一种事业性的追求，而不是职业性的获取；第二，他们对办学的追求要外显特色，内涵质量；第三，他们在办学过程中，心态非常平和，潜心琢磨师生；第四，他们有比较深厚的学科基础，既是行政领导，又是学科领袖；第五，在管理方式上，他们最常用的管理方式是营造校园文化氛围。如第一期所遴选的基地主持人，都是教育系统颇有声望的校长、特级教师，如于漪老师、唐盛昌校长、刘京海校长等，他们的人格魅力、学识魅力对学员们有着直接的感染力、号召力；他们对教育事业的忠诚、对教育理想的追求，对学员们有着更为直接的影响力和震撼力。总之，学员们在名师的基地里学习，首先收获的是教育精神的洗礼。

3. 以研究名校长、名师的成长规律为基石

培养基地建在学校，基地的主持人成为学员们成长最厚实的基石，特级教师翁昌来如是说："站在巨人的肩膀上可以看得更远，我们主持人、带教导师虽然都不是巨人，但我们每一位承担培训任务的老师都愿以自己的身躯垫高培养对象的观察高度，以自己的经历让培养对象少走弯路，以自己的学术成就为培养对象学习研讨的载体和新腾飞的起点。作为中青年教师专业成长的引路人，我们期盼着他们有效学习、快速成长。"各基地的学员们非常珍视这些宝贵的教育财富，将"基地"作为学习与交流的大本营，以自己的"导师"（即主持人）为研究的对象，深刻领悟优秀校长和教师的人生理想、事业追求、成长轨迹。他们认为，"利用基地活动的机会，可以直接向导师、校长请教学校遇到的实际问题，而这些问题往往是一些理论工作者难以解答的。而且导师的成长之路与其管理的学校发展之路，都是'鲜活'的榜样，值得探究与学习"。学员们甚至觉得，如果哪一次活动因故未能参加，就是一次损失。为此，各基地也创设了多方面的学习空间，让学员更深刻地了解基地主持人的为师之理、治校之道。如基地主持人所在学校面向学员全面开放、与基地主持人的座谈交流、到主持人所在学校挂职锻炼、参加主持人所在学校的行政会议等。

4. 通过形成优秀学习团队锤炼学员的教育思想

为了提高学员们的师德和学识水平，"双名工程"各基地为学员提供了非常充分的学习资源，使培养过程成为刻苦学习的过程。除了安排名师大家的讲座，各基地还充分挖掘主持人的自身资源，在加强对学员的论著写作指导、理论学习引领等时，聚焦于教育思想升华的研修，使培养特色更加鲜明。上海中学唐盛昌校长基地关注学员的理性思辨能力提升，让学员直面教育改革中出现的新问题进行思考。七宝中学仇忠海校长基地以专题研讨为切入口，引导学员分析上海、全国教育改革的热点与难点。曹杨二中王志刚校长基地注重引导学员从学校文化提升的视野推进学校课程建设与管理改革。向阳小学洪雨露校长基地学员始终关注办学特色的实践与研究。杨浦小学张治校长基地以"校长可以这

样做"为主题，引导学员体验与感悟。南湖职校张云生校长基地聚焦学校自主发展，指导学员提出建议性意见与发展举措。

各个基地的主持人还十分重视学员的读书，用心向学员推荐书籍，要求学员写学习体会。于漪基地推荐了《中国哲学简史》等10多本读物，让学员懂得为人、为师、为学的基本道理；何亚男基地学员说，很多年没有静下来读书了，这次是动真格地沉下心来读书，写体会，进行交流；凤光宇基地要求学员自学多本专著，学员写出了6万多字的读书笔记。高级研修班的学员都是学校教学的业务骨干，在各自单位挑大梁，平时工作负担比较重，其中，相当一部分学员来自郊区，参加市区的培训活动交通很不方便，但是，由于学员从学习中深刻理解专业发展的方向，有专业发展的动力，因而他们能克服难以想象的困难，坚持参加培养活动。

5. 通过凸显"实战"，提高学员破解教育难题的能力

要成为名校长、名教师，学员首先应对学校教育教学实践问题有着自己的思考与理解，他们与理论工作者不同的是，要把教育实践问题的解决放在重中之重，形成的相关论著要对其他教育同行实践提供指导与帮助。校长基地每周三或周四安排半天乃至一天的时间，深入学员所在的学校考察，先由学员介绍自己学校发展的亮点及遇到的问题，主持人与基地的同学一起协助他找问题，找突破口，找解决的方案。不说"客套话"，鼓励思想的交锋，聚焦于办学水平的实训，让考察的与被考察的均有收获。各基地从各位学员与其所在学校的实际出发，引导他们关注学校实践问题的解决与实践经验的提升，加强相关方面的论著写作指导。思南路幼儿园基地主持人郭宗莉园长则创设了问题情境培养模式，譬如指导学员介绍学校课程特色后，要学员们进行深度思考，用2～3个词加以概括，接着用一句话来说明所探讨的课程问题，如果现场讨论不够，就利用搭建的"幼教名师工作沙龙"进行拓展交流，让学员们切入主题进行实践与思考。

高级研修班以问题为导向开展"学校工作改进"实训，围绕"以问题为导向，以实效为目标，关注学校改进"，帮助校长发现和寻找学校管理中存在的问题，针对问题开展有的放矢的研讨，同时运用研修团队中学员的资源差异开展互动，以集体的智慧解决难题。"扎根于学校教育实践，在实践问题的探究中成长"成为了培养的主线：重基于学校实践的问题解决，重扎根于实践的理性思考，重把握实际的学校诊断，重校长基于时代需要的实质性突破，重实实在在的经验提升。

6. 以模块化课程开展培养培训工作

为了确保培训工作的有效性、立体化，各基地积极创新培养模式，可以大致地概括为"公共、专题、实践和自主发展"四个模块，实行模块组合设计，分别配置菜单，穿插安排教学内容，在落实公共模块统一要求的同时，强调发

扬学科特色，既有共性发展，又有个性成长。

公共模块，采取相关研修班合并后上大课的形式，由区县中心组协调，共同安排市内外享有盛名的学者做师德和课改的专题讲座。为了提高专家讲座的针对性，在每次专家讲课后，该模块设计了专家与培养对象之间的互动交流以及由学员按要求填写意见反馈表等环节。同时，将思想政治教育、教育理论通识讲座与网络研讨有机结合，要求学员借助区县中心组博客群，开展跨学科的互动研讨。根据这一要求，学员们跨学科开展了广泛互动和思维碰撞，既有效地提高了师德修养，又拓展了教育视野，深化了课改理念，丰富了教学艺术。

专题模块，按一定的教学主题开展学习和研究活动，体现不同学科的教学特点。以思想政治学科高级研修班为例，该学科专题模块着眼于中小学德育课程改革的实际，解决培养对象作为德育课程教师专业发展的特殊性问题。主持人从两方面入手，使专题模块的培养活动在深度和广度上都有了很好的突破。

实践模块，主要是聚焦课堂，组织学员互相开课、听课，同时观摩优秀教师教学。围绕改进课堂教学，学员在主持人的引领下，或同课再构、同课异构、同文异读，或一课多说、好课人人说，扎实开展课堂教学研究。各高级研修班积极鼓励学员执教市、区、校三级公开课。实践发展的培养还表现在提高学员听课、评课能力上。要求对学员的教学展示课，每一个高级研修班都要组织认真的点评活动：首先是学员之间开展互评，其次是导师和专家要对展示课进行点评，也要对学员的课例点评进行"关于点评者点评的再点评"。

自主发展模块，高级研修班重视学员的自主发展，学员在各位主持人的指导下，普遍开展了个人教育教学特色的专题提炼总结工作。主持人一方面积极鼓励学员反思自己的教学实践，发现、分析、认识自己的教学优势、特色，在实践与理论两个层面上不断地提炼，确认自己的教学特色；另一方面帮助分析每一位学员的特色教学，肯定其特色与长处、优势，对学员发展提出科学建议。在学员认真总结经验特色的基础上，各高级研修班编辑出版了"教学创新与名师成长系列丛书"。

三、实践效果和理论意义

1. 实践效果

实施"双名工程"的目标是"培养一批具有良好师德修养、先进教学理念、厚实专业素养、开阔国际视野和较强国际交往能力，具有教育研究和教育创新能力，在上海市乃至国内有影响的优秀校长和教师。在此基础上，造就数十名在全国有较高知名度和影响力,有较强的教学能力、管理能力和研究能力,能参与国际教育交流的教育教学专家"。

据市教委介绍,目前"双名工程"学员在健康成长,普教系统"人才链"基本形成,正在成为上海市各级各类学校的领军人物、各学段的学科带头人和中坚力量。据2011年的统计结果,有15名学员担任上海市实验性示范性高中的校长或书记,有16名担任市素质教育实验校的校长或书记,有27名担任区实验性示范性高中或区素质教育实验校的校长或书记,有10名担任国家级中专的校长,有15名担任市示范性幼儿园的园长。有80名学员被华东师大正式录取为攻读硕士、博士学位的研究生。有500多人次被评为市园丁、市优秀教师、市优秀教育工作者、市劳动模范。2005年以来,有100名学员被评为特级教师,45名学员被评为特级校长。2008年评出的特级校长有40%来自校长基地,评出的81名特级教师中有60位是名师基地学员,占75%。基地主持人唐盛昌、刘京海、何金娣、仇忠海、叶佩玉、郭宗莉、鲍贤俊,被上海市人民政府命名为第一、二届"上海市教育功臣"。

"双名工程"从一开始就是19个区县全覆盖的联动,主持人、培养者都来自基层,在不长的时间内,迅速建立起市级、区级、学校队伍建设的三级网络,"双名工程"成为上海教师队伍建设的范例。这里非常值得一提的是教师进修学院工作的振兴,在整个工程实施中发挥了极其重要的作用,而且各学院之间的联系更加密切,成为推进教育改革的共同体。队伍组织起来、活动起来,教师队伍建设有活力、有生机,这就是最大的成效。可以肯定地说,上海"双名工程"在培养基地主持人的人生经历中有深深的印记,在年轻一代成长中有刻骨铭心的记忆,更重要的是"双名工程"的队伍将在未来上海教育的发展中有所作为。

2. 理论意义

(1) 以教育家精神为引领,为教师成长树立精神标杆。

从"校长""教师"走向"名校长""名教师",是一个长期的过程,其关键是以什么精神为这支队伍成长的精神支柱。改变一个人重要的是改变人的人生期待和精神状态。名校长、名教师培养,离不开良好的外部环境,也离不开内在的发展动力。"双名工程"实际上从一开始就是以教育家的精神为追求,定位高,起点也高,以普教系统已经广受认可的名师名校长的精神为引领,为培养对象奠定了精神追求的基础。

(2) 以"基地培养"为教师成长的最主要方式。

"双名工程"的开展始终坚持以"基地培养"为最根本的方式。例如,基地培养每年 124 课时，总计 620 课时。基地主要有八大任务式培训：主持项目、开设讲座、带教新人、研究课题、举办论坛、撰写专著、示范教学、策划活动。在日常管理方面，每个基地平均每月举办两次活动。每个学期初每个基地要向"培养办"上交《基地活动安排表》，学期末上交《基地活动小结》及《学员出勤情况表》。因此，基地培养成为了学员开展学习活动的最主要方式，其他方式作为补充。

（3）以"展示"和"成果出版"触动教师理性反思。

在"双名工程"实施过程中，"展示"发挥着提纲挈领和至关重要的作用，通过不同层面（基地内、基地间、区级、市级、中期评估、结业等）的展示活动，学员在压力之下不得不一次次对自己已有的教育教学经验进行理性提炼和梳理，从而得到了从经验性教师到研究型教师的飞跃。同时，"双名工程"培养工作为各基地搭建了专著出版的资助平台，推动了各基地理论的构建与实践领域的探索、提炼和总结。这些措施有力促进了教师加速成长为研究型教师。

第二节　抬升底部的"新农村教师培养"

2007 年 11 月，上海市教委发布《关于推进新郊区新农村教育改革和发展的若干意见》，就职业教育和基础教育两方面提出新农村教育改革和发展新措施。"新农村教师培养"项目正是在此大背景下展开，覆盖到上海市当时的 10 个郊区县（浦东新区、南汇区、奉贤区、金山区、松江区、青浦区、嘉定区、宝山区、闵行区、崇明县），旨在提高乡镇区域教师队伍的整体水平，保障师资均衡发展。

一、"新农村教师培养"概述

2008 年初，上海市教委实施新农村教师专业发展培训项目。该项目计划自 2008 年起，用 3 年时间，利用全市优质教师教育资源，全员培训郊区县中小学、幼儿园所有在职教师，其中重点培训农村地区义务教育阶段的初级职称教师和各郊区县全体初级职称教师。市教委以协议方式请相关高校量身定制培训方案和课程，政府通过购买服务形式加以开展。培训资源建设由华东师范大学、上海师范大学、上海外国语大学等学校组织力量下农村，进学校，深入课堂调查研究，把农村教师专业发展中最需要的纳入培训内容。培训内容分学科展开，每门学科包括学科知识经典与前沿以及课改背景下的学科新知识、学科教学策略方法、学科教学实践探索四大板块。重点通过培训帮助教师正确把握"二期课改"新教材，掌握课堂教学基本技能。培训采用"集中培训""校本培训""远程培训"等多元模式。其中对农村地区义务教育阶段的初级职称教师和各郊区县全体初级职称教师采用送教下乡、集中面授的方法，其他教师的培训以"远程培训"为主。参加培训的教师按不同板块要求进行集中测试、在线测试，完成培训和考核后，按规定计入相应学分。整个培训历时3年，采取分学科阶段性培训方式层层推进，到2010年完成。至2008年底，华东师范大学、上海师范大学、上海外国语大学开发85门课程，培训培训师346人；培训师面授培训教师6门学科5 112人，完成180门远程课程制作。

二、"新农村教师培养"主要措施和特征

1. 政府购买服务，高校按需订制培训课程

新农村教师培养项目，是上海市教委在"十一五"期间从促进全市教师队伍均衡发展的全局出发，第一次实施农村学校教师的全员培训。这次抬升农村教育底部的农村教师培养项目，直接面向上海市十个郊区县6.2万名农村学校教师的专业提升，并把其中2.1万名义务教育阶段中级及以下职称、教学存在困难的"短板教师"作为重点培训对象，以政府购买服务的方式盘活全市优势培训资源，特别是集中华东师范大学、上海师范大学和上海外国语大学的专业力量，专门为培训对象量身定制课程，历时三年，成效显著，影响广泛，堪称"后学历补偿时代"教师在职培训实践的典型范例。

以往的教师培训往往是组织方根据经验，认定对教育教学很重要和教师必须掌握的内容直接实施培训，相对忽略了对教师需求的研究和了解，容易导致这类培训的针对性缺失和实效性降低。承担上海市新农村教师专业发展培训项目的华东师范大学、上海师范大学和上海外国语大学为了体现开发的课程达到"量身定制"的要求，分赴上海市十个郊区县进行实地调研（见图3-1），与当地教师进修学院（校）的同行和一线教师进行广泛的座谈，了解他们教学实践的疑难与困惑，倾听他们对培训的要求与期望，真实生动地掌握了十个郊区县一线教师的专业发展现状与培训需求。

2. 依据指南开发培训内容，确保培训课程质量

为了保证四个板块的教师培训课程紧密体现教师必备的"共同基础"不走

图 3-1 上海市"新农村教师专业发展培训项目"来金山区进行实地评估
资料来源：上海教育新闻网。

样，三所大学还进一步研制了课程开发指南，分别从课程目的、课程内容要求、课程开发主体、课程呈现形式等方面予以明确的要求和说明。① 如，在"学科知识经典与前沿"板块，指南提出，"以大学学科专家为主，精选学科领域中的前沿和经典知识，以更新学科知识为主要目的，帮助中小学及幼儿园教师拓展和完善知识体系，充实自身知识储备；可以以专题性的知识讲座为主予以科学呈现；评价主要以终结性评价为主，重在考察教师的参与性"。在"课改背景下的学科新知识"板块，指南提出，"以新教材编写者为主，以新课改教材为依据，以切实理解新教材为主要目的，着重讲解新教材更新和新增内容，帮助中小学及幼儿园教师分析新教材中的重点与难点，从而使其能够正确把握；可以以案例和专题的形式予以具体呈现；评价主要以终结性评价为主，过程性评价为辅"。在"课改背景下的学科教学策略方法"板块，指南提出，"大学学科专家、新教材编写者和一线优秀教师共同合作，以使中小学及幼儿园教师能够掌握学科教学新理念和新方法以及学会教学新评价，搭建理念与实践贯通的桥梁，提升教师实践智慧为主要目的；可以以案例、研讨等形式展开；评价以终结性评价为主，过程性评价为辅"。在"课改背景下的学科教学实践探索"板块，指南提出，"以学科教研员和一线优秀教师为主，以落实课程新理念、展现实践新方法和解决实践新问题为主要目的；可以通过说课、上课、评课等活动形式生动展开；评价以过程性评价为主，终结性评价为辅"。

---

① 在上海师范大学、华东师范大学和上海外国语大学各自出台的《新农村教师专业发展培训课程开发指南》基础上综合整理。

为了保证开发的课程能够准确体现培训对象必备的"共同基础"和着力促进"新课程理念的准确把握和课堂实施能力的有效提升",三所大学共同确立了"以大学学科专家为主导,吸收新教材编写者和一线优秀教师共同参与"的课程建设方针,并且严格规定了三者之间的结构比例(即1:2:2),其中大学学科专家重点把握学科的特点和最新进展,新教材编写者重点负责对新教材编写意图及思想的解读,一线优秀教师主要对课程呈现的形式以及详略提出可行性的建议。课程开发团队的这种多元组合,打破了过去教师培训课程开发的"单边模式",产生的是教师在职培训所有关系者集思广益的"团队效应"。

3. 采取两级培训方式,以点带面扩散培训效应

由于"新农村教师专业发展培训项目"要培训的人员多,单靠三所高校的力量不能完成此项任务,因此在项目推进的过程中,引入了"培训者"的概念。通过这些少量的来自不同区县的"培训者"来培训所在区县的"大量"教师。具体操作是:每个区县、每门学科选派若干名教师,先在大学接受培训,然后由他们将大学教授开发的课程"内化",进行"二度开发",用于培训区内的其他教师。事实上,作为先行的学习者,"培训者"是本项目实施过程中重要的"接应部队",就是他们把抽象的培训理念"化简"为一线教师所能接受的理论,为一线教师的课堂教学提供了最真实的专业支持。

在上海市新农村教师专业发展培训的过程中,这种两级培训的方式,使得更多的一线教师受益。具体而言,大学主要负责"培训者"的培训,这些"培训者"主要是各区县的学科教研员、骨干教师以及学科带头人等,他们接受了大学开发的课程培训以及培训技能方面的培训之后,回到各自的区县直接承担被确定为重点对象的一线教师的面对面培训。已接受大学组织的培训者培训的"培训者"回到各自的区县后,既可以直接沿用大学业已开发的比较适合一线教师的课程,也可以根据本区县一线教师的具体情况对大学开发的课程进行增删取舍,也可以以自己平时积累的鲜活案例深入浅出地诠释大学开发的培训课程的基本内容。

4. 资源上实现区际联动,实现互通有无和相互补充

两级培训之间虽然各有其责任范围,但在资源运用上又有通力合作。大学组织开展的培训者的培训主要采取专家报告、专题研讨、案例解析、学术沙龙、培训方案的设计与交流等形式,突出对培训者培训技能的培训;各区县开展的一线教师培训主要采取基于案例的专题报告、教材知识梳理、听课加点评的教研活动等形式,突出对新教材的解读、课堂教学问题的分析以及教学难点的过关。区县的"培训者"在实际开展培训的过程中,也会直接邀请培训专家直接

到区县实施个别课程的培训。

有些区县在培训过程中，针对有些专题采取直接续请大学专家做专题报告的形式，或者直接沿用大学专家的课程进行培训。除此之外，广大一线的"培训者"自主开发了一大批区本课程直接服务本区县的一线教师培训。不少区县之间还相互共享优质的培训师资源，联合起来开展一些培训活动，互通有无的资源联盟比较好地解决了各区县培训力量参差不齐的难题。

5. 借助网络课程平台支持，实现混合式学习

《上海市教育委员会关于开展上海市新农村教师专业发展培训项目的通知》明确规定：中级职称及以下的农村教师为项目的重点培训对象。这部分教师以面授为主，而其他农村教师以远程学习为主。要实现非重点对象的远程学习，"新农村教师专业发展培训项目"引入了远程学习的概念，试图通过网络让更多的农村教师接受培训，让培训资源的利用最大化；也试图通过网络让教师和教师之间打破地域、学科等的界限，实现跨界学习。出于这个考虑，"新农村教师专业发展培训项目"为各区县设置网络学习平台。除了在硬件上做了充分的准备之外，"新农村教师专业发展培训项目"在网络课程的开发、网络助学师的培训和支持网络学习方式上做了很多尝试。

除了上海市十个郊区县2.1万名中级及以下的农村教师属于"重点培训对象"需要面对面的培训之外，还有4.1万名农村教师也需要完成专业发展的培训，上海市新农村教师专业发展培训项目管理组要求三所大学制作网络课程，以远程学习的形式让后一部分教师完成既定的受训任务。如果说面对面培训课程开发的挑战是课程建设团队对受训对象的深入了解以及培训课程需要量身定制的要求的话，那么网络课程的制作还在呈现技术方面形成新的挑战。从面对面的培训课程转化成互联网上的自学课程需要做很多的加工与改造。为了保证网络课程的建设达到预期的目的，上海市新农村教师专业发展培训项目管理组专门出台了《网络培训课程资源建设基本要求》，要求主要包括"界面效果""导航设计""规范性"三个方面。其中："界面效果"要求界面简洁美观，统一提供网页背景、导航栏以及字体字号，色彩搭配大方合理，清晰度要求在800 * 600的分辨率下清晰可辨，动画设计新颖且表现力强；"导航设计"要求结构合理，路径清晰，链接快捷，标题明确，定位标记清楚；在"规范性"方面要求符合SCORM标准。

三、实践效果和理论意义

截至2010年，新农村教师专业发展培训项目针对不同教龄的教师开展专项

培训：（1）针对1~5年教龄的初级职称教师开展"贴近课改、贴近实践、贴近课堂"基本功培训，共279名教师参加培训；（2）针对5~10年教龄的青年教师开设课堂教学、读书征文与演讲、教育教学案例、观课评课等基本技能研修，共200名教师参加；（3）成立校长、语文、英语、历史、教育心理学、幼教、数学、物理、化学生物、政治德育、音体美、综合12个特级教师（校长）学科专业委员会，指导研训10年以上教龄的骨干教师，共505名校（园）长、教师参加。新农村教师专业发展培训项目于2008年启动实施，市教委利用全市优质教师教育资源，全员培训郊区县中小学、幼儿园所有在职教师。至2010年底，"项目"完成，共培训各学科培训者886人，"面授培训"中级职称及以下教师23 455人、"远程培训" 4 062人。上海市新农村教师专业发展培训项目作为"十一五"期间上海市教委启动的重大项目之一体现以下几个方面积极的现实意义：

1. **高校俯下身主动适应中小学校的培训需求**

在教师教育中，职前与职后的一体化，以及高等院校（特别是师范院校）与中小学及幼儿园之间的对话沟通与良性互动，一直是一个世界关注的热点。就在2006年9月，美国哥伦比亚大学教育学院前院长阿瑟·莱文（Arthur Levine）发布了进行了四年调查研究的"教育学院项目"（The Education Schools Project）报告，其中尖锐批评了师范院校的教师教育"与基础教育的课堂实际脱离"，"师范院校走出象牙塔，深入到中小学及幼儿园中去发现研究的问题变得比以往任何时候都要迫切"。在实施新农村教师专业发展培训项目时，上海市教委充分认识到了高等院校与基础教育学校之间的沟通与合作问题，特别要求高校"组织力量下农村，进学校，深入课堂调查研究，把农村教师专业发展中最需要的纳入培训内容"。在培训课程开发环节要求有教研员和一线教师的参与，实行培训课程的合作开发，另外，在培训内容上要求既要有前沿而系统的理论体系，又要有丰富的实践案例支撑，力争做到理论与实践的紧密结合。正是因为项目的要求，中标的华东师范大学、上海师范大学以及上海外国语大学主动深入十个郊区县的中小学及幼儿园展开座谈和个别访谈，倾听和了解培训对象真实的专业发展需求，与教研员、一线教师一起开发培训课程，在培训者的培训过程中不断听取反馈意见并努力及时做出适应性的调整，身体力行地把"量身定制"落到实处。

2. **教研员静下心重新思考教学指导的课程视角**

教研员长期以来主要针对教育教学的具体问题对教师进行现场指导，很少从课程的视角来系统总结自己的实践经验以及对学科教学的完整理解，而上海市新农村教师专业发展培训项目第一次明确了教研员作为培训师所承担的培训课程开发者的角色，这既是对教研员能力的挑战，又是其自身专业发展的难得机遇。广大教研员和教师"课程意识的建立和参与课程开发是课程改革背景下出现的新气象"。很多教研员在接受市一级培训者的培训过程中积极钻研课程开发的本领，尝试在大学开发的市级课程基础上进行二次开发，有些教研员结合自己多年的实践经验还继续独立开发了一些深受广大教师喜爱的实践课程，自身的能力在新的机遇面前得到进一步的发掘和发展。如，闵行区小学语文教研员自主开发的培训课程"阅读教学设计"就包括了词语教学设计、句子教学设计和段落教学设计等10个小的专题。崇明县教师进修学校除要求教研员开发相对完整的培训课程之外，还要求作为本县培训师的一线骨干教师尝试开发微型课程，最后总共有114门二次开发和独立开发的本县培训课程被纳入培训课程体系之中。南汇区的教研员在课程开发中厚积薄发，精益求精，7个学科的培训课程被系统整理成7本著作并得到了正式出版。当然，在要求各学科教研员进行培训课程开发的过程中，各区县教师进修学院（校）也积极提供支持与指导。如，奉贤区教师进修学院就提出培训课程开发必须包括三个不可或缺的要素，即"课程理念""教学策略""实践案例"。

3. 培训师腾出手在网络学习指导上使能力得到拓展

上海市新农村教师专业发展培训项目要求各区县组建的培训师队伍不仅要能够承担课程开发和执行培训的任务，同时还要成为广大教师网络课程学习的"助学者"。为了使培训师队伍能够胜任网络课程学习助学者的工作，高校专门组织了助学者网络指导的技能培训，特别是对习惯于面对面指导的广大教研员而言，运用互联网对受训教师的课程学习进行计划、监控、互动和评价等，是在促使他们转变指导方式，从而使他们的能力得到进一步拓展。如，宝山区初中语文学科的网络助学工作就做得卓有成效，培训师充分发挥互联网的优势，从课程开班通知的发布到网络报名参加，再到学习任务的布置与检查、与学员的互动交流与答疑，直至最后对学员网络课程学习的评价，培训的全过程都在网络上进行，一个助学者一学年开16个班，班级结束了学员还交流不断，真正成为了"永不解散的培训班"。如果没有网络技术的支持而单靠面对面的培训，特别是在学校分散、彼此相距较远的农村地区，这样的效率是无论如何都难以想象的！网络技术的应用让培训师的能力得到极大拓展，成为新农村教师专业发展培训项目的一次卓越实践。

4. 优质培训资源在区域之间实现合理的流动和共同分享

各个区在组织开展新农村教师专业发展培训过程中，打破区间壁垒，联手互助解决培训过程中遇到的各种疑难，其中特别是优质培训师及其培训课程的共享成为新农村教师专业发展培训项目实践的联动效应。如，在项目推进过程中，宝山区、嘉定区和青浦区三个区，松江区、奉贤区和金山区三个区，以及浦东新区和南汇区两个区，都结成了协作合作片，各区内优质的学科培训师资源在协作合作片内合理流动和分享，大大充实和提高了各区县培训师队伍的整体实力，保证了市新农村教师专业发展培训项目在各区县的有效落实。

第三节 重心下沉的在职教师"校本研修"制度

基础教育课程改革中更好地发挥教学研究工作的作用，提高教师实施素质教育的水平和能力，全面落实课程改革目标，促进学生全面发展，已经成为各级教育行政部门、各级教研部门以及中小学校的共识。上海市的校本研修制度，在落实加强教学研究工作精神的过程中逐步建立并明晰下来。

一、校本研修制度概述

上海市的"校本研修"概念，在官方文件中最早出现在2007年上海市教委发布的《上海市基础教育教师队伍建设"十一五"规划纲要》中。其中明确指出，新一轮教师全员继续教育的实施重心在学校，在规定的"240""540"培训中，校级培训的学时比例应高于50%。由此，上海市在后期的"十二五""十三五"规划中，均不断加强校本研修在教师继续教育（在职教育）中的重要作用，校本研修的学分比例均一致要求不低于50%。这种制度性的在职教师专业学习设计理念，奠定了上海市在职教师教育"重心下沉"的方向。

实际上，上海市的校本研修制度在提出之前，就有了大量的实践探索。其中标志性的是2003年教育部旨在加强教研工作的"创建以校为本教研制度建设"工作项目的启动，专家组组长为上海市教科院副院长顾泠沅教授，项目工作的秘书处设在上海市教科院教师发展研究中心。2003年12月，教育部基教司与上海市教委共同举办的"创建以校为本教研制度建设"第一届项目工作会议在上海召开，标志着项目正式启动。2004年9月项目专家组在上海召开项目组工作会议，正式确立了全国30个省、自治区、直辖市84个区县为全国首批

"创建以校为本教研制度建设基地"。《中国教育报》《现代教育报》《上海教育》等开辟有关校本教研的专栏对各省区市项目工作进展从经验总结和理论阐述两方面进行了系列报道,其中标志性的成果是《再造教师的学习文化》,文章明确提出在课程改革深入推进中校本研修与以往传统教研活动相比的四个明显变化和趋势:从熟练技术操作取向到实践反思取向,从研究教材教法到全面研究学生、教师的行为,从重在组织活动到重在培育研究状态,从关注狭隘经验到关注理念更新和文化再造。正是在上述意义下,项目组所提倡的校本研修不再是狭义的校本教研,它既是一场教师教学方式、研究方式的深刻变革,同时也是一场教师学习方式、历练方式的深刻变革。随后,项目组通过每年一届的项目工作研讨会(直到 2007 年项目结束),校本研修的理念逐渐深入中小学基层。特别是 2005 年 4 月至 11 月,教育部基础教育课程教材发展中心与上海市教科院合作,连续举办了五期全国项目骨干高级研修班,全国 29 个省、自治区、直辖市 78 个基地区县的 788 名教育局局长、教研员、校长和骨干教师参加了培训,校本研修中所提的三个要素"个人反思、同伴互助、专业引领",被广泛认可和接受。

由于上海市在此项目中发挥了独特的先行先试和引领作用,校本研修同时也作为一种重心下移到学校的联结教师的教学、研究、培训的专业学习方式,逐步确立为上海市教师专业发展的制度性的做法。

二、校本研修制度的主要措施和特征

1. 促进教学—研究—培训融为一体,激发区县教师专业发展活力

上海市的各区县在确立校本研修理念后,积极推进教学、研究、培训一体的改革,增强了相关部门之间的联系与协作。师范大学、区县教师进修学院、教育研究机构与中小学合作共建了不少校本培训基地。区县教师进修学院在中小学教师在职教育中发挥了重要的作用,以校为本的教学研修制度建设在部分区县细化实施,在有效促进教师专业发展方面取得了经验。

以浦东新区为例。"十一五"期间,浦东新区专门出台了《浦东新区"十一五"校本研修指导意见》,目的在于"进一步提高教师继续教育的针对性和实效性,发挥校本研修在提高教师课堂教学实践能力和教师专业素养中的重要价值,让学校成为教师成长的重要基地"。该文件分别从校本研修的指导思想、校本研修的目的、校本研修的基本原则、校本研修的内容、校本研修的课程设计和学分认定等五大方面进行了详细描述,为学校开展校本研修指明了方向。

2. 以分层赋权为核心，赋予学校开展专业活动权力

教师队伍建设的主要任务在学校，校本研修是教师专业发展的重要途径。在全面推进校本研修的过程中，区县教师进修学院承担着直接的专业支持职能。校本研修是一个教师专业发展重心下沉的制度设计，除了市区两级开展的专业发展计入教师5年的进修周期外，特别是50％以上的学分来自学校校本研修的规定，使得学校成为校本研修实施的主要阵地。很多学校在此过程中，创建了不少有特色的个性化校本研修制度。例如，上海市青浦区的青浦高级中学，设计了"基于'磨炼'理念的校本研修制度"。学校紧紧抓住责任、爱心，设计并完善"师德研修评价制度"，促进教师的师德水准提高；创设"教师专业发展制度"，促进教师在课堂教学实践中提升专业水准，缩短职初教师、经验教师、骨干教师的成长周期，让更多的教师尽快成长为研究型教师乃至区级名优教师；完善教师"磨炼—发展"能级目标评比制度，检核教师专业发展程度；等等。

学校作为校本研修的主体，具有以下六个方面的特征：一是全员性。校本研修的对象是全体教师，也包括学校管理人员以及其他辅助人员。二是实效性。贴近学校实际，为了学校发展，基于教师，以教师专业发展需求为出发点，需要通过研修解决问题的指向性明确，能够较好地促进教育理论与教育教学实践的结合。三是经济性。有效地解决工学矛盾的同时，可以提高培训的效益，投入成本较低，效果比较明显。四是独特性。从研修主题、研修过程、研修形式和研修结果看，能够最大限度地满足教师专业发展的个性化需求，研修的重心低，强调研修与研究的有效结合。五是灵活性。校本研修的灵活性首先体现在时间的确定上，它作为学校工作的一部分，虽然要由具体的工作日程规范其运行，但可以依据学校具体工作的变动确定，并不苛求按部就班。六是针对性。校本研修以学校和教师的实际需求为出发点，又以其具体实践为落脚点。校本研修与一所学校的校情紧密相关，与教师的工作相伴同行，研修结果可直接转化为教师的教育教学能力，填补了培训理论与实践之间的鸿沟。

3. 以学分认定为抓手，确保校本研修活动质量

当学校被赋予开展校本研修活动的专业权力后，如何确保校本研修的质量成为重要课题，上海市在过去三个五年规划期间，逐步建立和健全了培训分类管理制度，实施了"学分银行"举措，从学分上确立了每位在职教师参加市级课程、区（县）课程和校本研修的比例分别为10％～20％、30％～40％和50％。每所学校都指定专人负责教师培训工作（称为"师训专管员"），科学规范地开展教师培训学分管理，尤其是校本研修学分具体落实。各区县教师进修学院主要负责本区县属地所有中职学校教师的区级学分管理，依据上述学分要

求制定本区县属地各类中职学校、不同层次教师的市级、区县级、校级学分的管理实施细则。上海市师资培训中心主要负责市级学分管理，并负责为全市教师提供学分查询、跨区域学习提供学分转换结算服务。

每位教师在五年内必须完成36学分，其中师德与素养课程12学分、知识与技能课程14学分、实践体验课程10学分。同时，原则上要求教师参加市级共享课程学习修满4~7学分，其中师德与素养课程1~2分、知识与技能课程3~5分；参加区级课程学习修满11~14学分，其中师德与素养课程2~3分、知识与技能课程9~11分；参加校本研修修满18学分，其中师德课程6分、素养课程2分、实践体验课程10分。在此过程中，逐步形成了以下做法和制度：第一，严格教师培训学分审核认定。上海市教师专业发展工程领导小组办公室制定教师培训学分审核认定办法，按照学校申报、区县（职教集团）审核、市级认定的流程规范审核认定程序，按周期对教师培训学分进行认定并将结果反馈区县。培训任务承担机构要及时将学员参训情况及学习成效反馈至有关教育行政部门或学校。区县教育行政部门建立教师培训档案，记录教师所学课程、学习成效和学时学分等关键信息，按年度进行审核，并将结果反馈市级和教师所在学校。学校按相关要求定期申报教师培训学分。第二，落实教师培训学分管理职责。学校要指定专人负责教师培训工作，各区县教师进修学院主要负责本区县属地所有中职学校教师的区级学分管理，依据学分要求制定本区县属地各类中职学校、不同层次教师（初、中、高级教师，新进教师，特殊人员）的市级、区县级、校级学分的管理实施细则。第三，推进教师培训学分信息化管理。各区县建设了相应的教师教育学分管理系统，与市级教师教育信息平台无缝对接，确保教师培训学分通畅便捷、高效管理。第四，建立教师培训学分监测与通报机制，分级落实监测责任，适时发布周期监测报告。

三、实践效果和理论意义

教师队伍建设的主要任务在学校，基于学校的校本研修是教师研修方式的有力变革。上海市教委、区县教育局、专业支持机构和中小学合作，区域性整体推进立足学校发展的校本研修制度建设，实行教学、研究和培训一体的体制改革。把校本研修工作纳入基础教育的重点工作、长远规划和督导内容，通过多种形式促进校本研修工作区域内的均衡发展，实现优质教育资源互通共享。中小学校长则把校本研修作为学校教师发展的中心工作，根据课程改革和教师专业发展需要，切实加强教研组、年级组等组织的建设，探索教研活动的创新，发挥团队合作精神，促进教师自主学习，实现教师个人素质与群体实践智慧的共同发展，再造教师的学习文化。同时，校本研修制度的确立，也促进学校健全和完善校本研修工作的激励机制和保障机制，把实施课程教学改革，提高学生素质，促进学生个性发展，减轻过重课业负担的要求落实到每个课堂。此外，由于校本研修制度的资源需求，上海市的教师教育资源联盟及其网络平台的作用凸显，其整合了全市优质教师教育资源，做到互动交流，资源共享，为全市中小学教师有效开展校本研修活动、全面实施课程教学改革提供了便捷和强有力的专业支持。

通过教育行政部门、各级教研机构和中小学在校本研修制度方面的多年努力，校本研修对于推进和深化课程改革、提高教师的专业水平和中小学课程建设与管理的能力起到了很重要的作用。其理论意义有如下几点：

1. 对传统教研活动做出了内涵创新

学校教研制度在我国已有60多年历史[①]，已经形成了从省到地级市到区县到学校的一个完整教研体系，校本研修制度的确立，从途径上来说传承了四级教研体系，其中各级教研员在其中发挥了重大作用。但从内涵上来说，校本研修的提出，至少突出了"修"在其中的重要作用，更加注重教师作为学习主体的自主性和主动性，更加凸显"校本"的完整内涵，即研修问题来自学校、为了学校、在学校中等特征。

此外，应对课程改革的挑战，校本研修更加注重四个基本的转型：第一，从熟练技术操作取向到实践反思取向。以往的教研活动偏重于教师把握教材、组织提问、教学环节过渡与衔接等技能技巧的熟练度。现在的校本研修则除了关注这些细节操作之外，更关注如何从杂乱无章的经验中理出头绪来，将经验加以分析、整理、归纳，从中提取出共通性的部分，使零碎的经验成为有意义的组合。第二，从研究教材教法到全面研究学生、教师的行为。以往教研活动更加关注研究教材教法，教师是教学活动的主体；而校本研修更加强调全面研究学生、教师的行为，即关注学生的现有基础、发展需求和实际可能性，关注教学过程中学生主体地位的实现，关注教师的教要适应学生的学。第三，从重在组织活动到重在培育研究状态。以往的校本教研较为关注备课活动、教学观摩活动、组织考试、阅卷活动等，但低水平的教研活动给教师带来的触动比较小，校本研修更加注重激发教师自我研修需要，归根结底是让教师进入研究自己工作的一种状态。第四，从关注狭隘经验到关注理念更新和文化再造。以往

---

① 我国关于建立教研组的官方文件，最早出现于1952年的《中学暂行规程（草案）》。

的教研活动注重个体某项教学经验的总结和交流，现在的校本研修关注经验和问题背后的理念和行为方式，使学习和研究成为教师共同的职业生活方式，使教研组、学校成为学习型组织。

2. 促进了区域教学、科研、培训的一体化改革

从某种意义上说，校本研修是融合于教学活动之中的，它是教育教学实践行动的一种形式，而不是游离于教育教学实践行动之外的活动。融工作、学习于一体的校本研修不只在改变教学实践，更在于使教师加深对所从事的教育教学实践的理解、增进教学专业知识、提升教学实践智慧。应该说，校本研修活动既是教师教学方式、研究方式的一场深刻变革，同时也是教师学习方式、历练方式的一场深刻变革。校本研修理念的深入和制度性确立，也带来了上海市区县教育学院促进区域教学、科研、培训的一体化改革。

区县教育学院或教师进修学院，是本地区教师继续教育的主力军，随着校本研修制度的确立，逐步开始整合各种教育资源，把工作重心落到中小学校，切实承担起中小学教师在职教育的任务，并充分发挥与之相关的管理、研究、服务和教育信息资源开发与利用等作用。以上海市"静安区教育学院研修一体的改革"为例。在统整力量的聚焦点上，静安区教育学院把课程教学改革作为各部门共同的中心工作，科研、教学、德研和培训都聚焦于课程教学改革，奠定各部门合作的基础平台。在教学、科研、培训一体化方面的措施主要有：静安区教育学院的教研员深入附校第一线上课、听课、评课，带教青年教师，使教育学院教研员始终能获得课堂教学实践的一手信息；在开展研训结合的活动方面，从课堂教学的实际问题出发，有专题有系列地在教研活动时间对教师进行有目的有计划的培训，使教研活动成为教师培训的课堂；培训者首先要研究，把研究的过程、研究的感受、研究成果转化为教研活动和培训的内容，同时要强调教师的参与和互动，使培训成为教研员与教师共同研究的过程。由此也带来了管理模式的变化：改变原来管理上条线分割的局面，实行院长集中领导、统一指挥，把各部门组织成一个有机的统一整体；建立项目负责人制度，人员、经费都由项目负责人全权负责，通过项目管理实现对相关部门教师的优化组合；全院一线教师不分部门，统一工作量的计算标准，使人力资源得到合理配置，教师的校本研修得到了组织管理保障。

3. 形成正式研修活动与非正式研修活动相互交融的合力

校本研修指向于教师的发展，其重点是推进教师的学习与研究，实现从教育理念到行为的转移，并在过程中完善教师自我。我们国家的四级教研网络，特别是学校的教研组制度，担当了发起学习、发展能力、管理知识和推动个人

行动等组织责任。但是校本研修理念的确立，特别是对源自教师自主性的"修"提出了更高的要求，非正式的教学研修活动随之逐步涌现，其对于教师专业发展所起的作用也逐步被重视，甚至被视为与正式的教研活动同等重要。那些非正式的研修活动，如围绕教学工作的随意交谈、针对个别学生的"集体会诊"、对学校焦点（热点）问题的自由讨论、教师自发的学术沙龙或聚会、围绕教师工作的网上聊天等等，使教师之间相互开放、合作有了可能。正式的校本研修和非正式的校本研修两者共同构成了新型的教师研修文化。

自上海市2003年开展"八区联动校本研修项目"以来，不断涌现正式和非正式交融的校本研修模式，它们形成合力共同作用于教师的专业发展。以下是2003年在上海形成的一些校本研修模式：（1）"群体学习"式教研。全校教师以教研组、课题研究小组、自愿参加者组合等形式，在探索教改之路、"摸着石头过河"的同时，加强群体学习，用学习的力量避免盲目。（2）"先导小组"式教研。校长或学校中核心人物接受了一个新的理念，通过建立一个由少数人组成的"先导小组"方式，先行实践，在实践的过程中带动了更多人的认识，引发了学校更多人的自觉实践，最后实现各自的共同长进。（3）骨干教师引领的教研。学校充分发挥校内骨干教师的引领作用，校内成立优秀教师或课改先行者工作室，带领一些志同道合的教师对学科教学、课改中的热点与难点问题进行深入的研究与实践。（4）不同背景教师组合的教研。具有不同背景教师的组合形成科际联系、人文与科学融合的教研活动，能通过合作、交流与分享，完善知识结构，从不同的角度和侧面"走进"新课程。实践中涌现的各种模式很多，有时候很难区分是属于教研制度内部的"正式"研修活动还是属于教研制度之外的"非正式"研修活动，但不可否认的是，它们都成为教师学校生活、学习生活的一部分，已经和教师的教学、科研、培训活动等紧密地结合起来，从而形成了上海教师氛围浓郁的研修文化，这也是上海市在总结基础教育改革经验时，所说的一条优势所在，即上海的"教研"本质上是"大教研"，大教研是包含了科研的成分的，而科研正是教师"研修"的最好表现。

第四节 重心下沉的"教师专业发展学校"建设

为了深化教师教育改革，创新教师专业发展机制，进一步推进校本研修制度，建立完善的校级教师培养体系，加强教师专业精神引领和专业幸福体验，激发专业发展动机，构建学校与各级各类研究与培训机构伙伴合作关系，建立教师培养培训新模式，上海市于 2009 年启动了教师专业发展学校创建工作。

一、教师专业发展学校建设概述

上海市教师专业发展学校是本市在教师专业发展方面具有先进理念、积极实践与卓越实效，在立德树人和教育教学方面成效显著，并在区域教师教育中起到示范、引领、辐射作用的学校。它是在原有学校建制内，通过对学校功能的拓展，集大学教授、专家学者、中小学教师等优质资源，将职前培养与职后培训紧密结合，帮助教师形成教育、教学、研究、学习合一的专业生活方式，养成专业发展的自觉意识，形成教师专业发展的良好文化氛围，在研究解决现实问题的实践中实现中小学教师的培养与可持续发展。

目前，上海市共有 215 所市级教师专业发展学校，均匀分布在全市 16 个区，各学段的设点布局比较合理，高中 54 所、初中 44 所、小学 64 所、幼儿园 49 所、特殊教育 2 所、中等职业学校 2 所，这些学校基本能引领各区县学校教师队伍建设。同时各区结合实际积极开展本区域的教师专业发展学校建设，共有 227 所区级教师专业发展学校，形成良好的市区联动效应，初步建立了教师专业发展学校制度。

2017 年 9 月 27 日，中国（不含港澳台地区）第一个区域性教师发展协作联盟——上海市教师发展协作联盟在上海市杨浦区教师进修学院成立。联盟隶属于上海市教育学会，坚持公益性原则，把握国际教师培训发展的趋势，全方位探索教师培训者的专业成长路径，助推教师培训者专业发展；为教师培训者搭建交流沟通、信息共享平台，整合各级各类教育资源，服务于上海基础教育教师专业成长，推进上海市教育综合改革。

教师专业发展学校建设以促进教师专业成长、提升学校办学水平为宗旨，以"以教师的实际需求为导向，在课题中促研究，在研究中促反思，在反思中求提高"为工作原则，明确了教师专业发展学校中教师、学校这两大发展主体，强调学校发展要以学生和教师的发展为中心，实现学生、教师、学校三方的共同发展，使教师专业发展学校真正成为本校教师专业成长的摇篮和他们体验专业幸福的精神家园。

二、教师专业发展学校建设的主要措施

1. 拓展概念内涵，确立教师专业发展学校建设目标

上海市教师专业发展学校在培养学生的同时，提升教师素养。其凸显两个功能，一是肩负双重任务，既培养学生，又培养教师，让学生和教师成为学校发展中心，实现学生、教师、学校三方的共同发展。二是开展教师专业发展指导，提供有效、实用的方法，帮助教师克服认知专业发展的瓶颈，得到更符合其特定发展阶段需求的个性化专业发展指导。

2. 创新工作机制，明晰教师专业发展学校权利与职责

（1）严格准入机制。

通过学校自主申报、各区推荐、上海市教委组织专家进行文本评审和现场走访，确定上海市教师专业发展学校。对于入选的中小学、幼儿园由市教委进行授牌命名。

（2）以评促建机制。

市级组织的评审与指导相结合、与宣传相结合。各参评学校把评审过程演绎成"办学成果展示、教师教育校本培训经验梳理提升以及进一步促进学校教师队伍建设"的过程，力求教师教育从需求出发，加强教师培训的针对性和实效性；从实际出发，增强教师参与培训的积极性；从规律出发，研究探索教师培训的新模式。市级评审，也是一次教师专业发展的宣传。教师专业发展的内驱力是教师发展的关键，内驱力的大小是评审判断的重要指标。各学校在评审准备过程中，动员教师参与，叙述自己的成长故事，刺激教师的职业反思，将思想聚焦于专业发展，以时代要求引领教师成长。

（3）激励保障机制。

充分发挥教师专业发展学校自培功能，让其自主规划并实施五年一周期的教师全员培训制度，扩大市级教师专业发展学校"十三五"校本研修的学分比重，每位在职教师参加校本研修课程的比例为83%。同时，在实际运作中，市级财政投入一定经费，区级财政配套支持，同时制定了《上海市教师专业发展学校专项资金使用办法（试行）》，提高资金运行效率和使用效益。此外，各区给予教师专业发展学校相应政策倾斜，确保其正常运转。

（4）动态管理机制。

上海市教委制定了《上海市教师专业发展学校暨见习教师规范化培训基地标准（试行）》，包括规划队伍建设、提升专业素养、引领培训教师、展示示范

辐射 4 个方面 12 条标准。各区教育局按照标准加强对教师专业发展学校的管理与指导，充分发挥其作用；同时，上海市教委建立教师专业发展学校定期评估机制，开展年检工作，对不能达到标准的学校实行退出淘汰机制。

三、实践效果和理论意义

1. 实践效果
（1）开辟三条路径提升教师课程改革的内驱力。

研修活动课程化。在"三位一体、四元协同"模式（见图 3-2）中，研修课程是纽带和载体。实施"三位一体、四元协同"研修模式首先要解决研修课程的来源和渠道问题，"研修活动课程化是最基本的手段和途径"。研修活动课程化是指从课程的视角，按照课程的规律去架构和设计研修内容，通过问题专题化、专题课程化的过程，把教研成果转化成实践性培训资源，把典型教学课例迁移为培训课程。同时，项目也建成了网络平台课程。

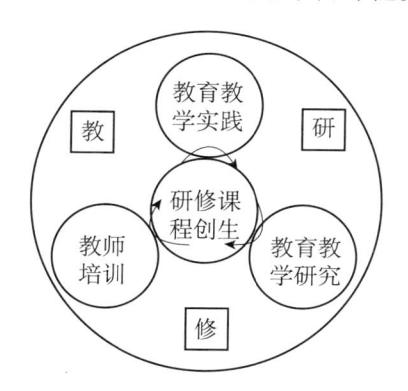

图 3-2　"三位一体、四元协同"研修模式

资料来源：李文萱. 区域性教师教研修一体模式的思考与探索［J］. 现代基础教育研究，2016，6（22）.

研修模式个性化。明晰了不同经历教师在学校教师专业发展中的不同角色和作用，以及应采取的不同专业发展阶段的重点、目标、途径与方法，使之更加符合教师成长的规律，使教师教育更具针对性，更加精细。

教师教育、研究与学习三位一体。教师专业发展学校积极探索出教师教育、研究、学习三者合一的培养方式，如建立了"以生为本"的教研组研修机制，建构了见习教师规范化培训支持体系的生态学习模式，形成了学校教师T队培养方案。

(2) 注入四种理念重塑教师专业发展的新内涵。

先进的办学理念推动教师专业发展内涵的创新。上海教师教育从"一期课改"到"二期课改",发生了革命性的变化。"一期课改"提出了"240""540"培训,即所有教师都要经过240个学时的培训,所有中学高级教师都要经过540个学时的培训,把课改与教师教育联系起来,并把教师培训课时化,产生了一定效果。但在课时培训的针对性、有效性方面仍显不足。21世纪初教育部提出建立以校为本的教研制度,上海相当一批学校在教师教育的理念上提出新的思想,如:"教育的成功首先在于教师的成功","始终从学生的'学'出发,建立教师专业发展模式,重视实践性,落脚于课堂","教师的专业引领,需要学校以独特的文化氛围去培养",办学的核心理念是"文化立校",等等。

先进的教育理念催生教师专业发展内涵的创新。"一期课改"侧重于教师学历达标,补教师知识与技能的不足。这在当时是合适的。"二期课改"提出了教师专业发展,它既强调职业认同,即教师通过自身的专业发展,体验到职业内在的尊严与价值,同时也强调教师本体知识的提升。这个提升,强调的是专业性很强的教育实践,强调在课堂教学实践中锻炼成长。这一认识更具有针对性,符合教师成长规律。

先进的培训理念促进教师专业发展内涵的创新。"一期课改"的教师教育,主要是专家报告、名师讲座。课程设置大多以高等院校的教育学课程内容为主,适当做些修补。这些课程内容,虽带来国际教育前沿的信息,但对第一线从事课改的教师而言,总有"隔靴搔痒"之感。专家学者的报告,虽也有一定效果,但大多属自问自答,难以回应教师的自身经验与实际需求,更加难以做到让教师有震撼心灵的感受。"二期课改"的教师教育,扎根于课堂教学实践,形成一种以问题—读书—行动—反思—改进为基本模式的教师成长途径与方法,特别强调将提升教师专业境界作为教师教育的核心课程。

新时代的教师教育价值观推进教师专业发展内涵的创新。"一期课改"在这一问题上尚提不出明确的目标,"二期课改"在教师教育上提出了一系列全新的价值观,即重视教师教育制度层面的建设;重视以教研组为实体的带教形式;重视铸师魂、锻师能、养师风;重视"文化立校",凝聚教师团队,建设教师精神家园。

(3) 运用三维结构夯实教师专业发展学校的新基础。

回归并强化学校应有的教师队伍建设功能。学校是培养教师的阵地。教师理应在自己的教学实践中丰富并积累对学科、课堂、学生的认识。

从制度自觉走向文化自觉，文化立校。近年来上海教师教育从制度层面打造教师团队，开始走向一个新的更高境界，给教师专业发展更多的人文关怀，走向文化自觉，文化立校。在教师专业发展学校的建设过程中，提出了"五层次"和"十二途径"。"五层次"培训包含专业知识和专业技能的培训；专业修养和专业精神的培训；教研训一体化的教育研究和课堂创新能力培训；鼓励教师超越自我，积极开展拓展型、研究型课程的发展空间的培训；学科带头人培训。"十二途径"培训，比如面向高端的学科带头人的培训、教师出国培训，面向少数教师的双语能力培训、英特尔未来教育培训等。

形成教师教育学理论建设的基础。教师专业发展学校的实践，不断提供各种各样行之有效的做法、经验、个案和观念，为教师教育学理论建设提供素材。经过若干年的实践积累，可以在教师专业发展学校实践基础上，形成教师教育学理论建设的基础。

（4）抓住三个关键点确立教师专业发展学校的新制度。

制定了学校层面的教师专业发展新制度。各个学校在制定学校层面教师专业发展制度时，根据校情来定位。比如：奉贤中学提出了《2005—2010年教师专业发展规划》，从五个方面设计：一是抓师德师风；二是对每个教师量身定制，建立分层递进带教链；三是因人而异，优化教师个性发展；四是进行个案研究，挖掘每位教师的教学智慧；五是开展校本研修，催生教师的实践智慧。南模中学作为浦西的一所百年名校，在打造学校"工作学习化、学习工作化"教师团队时，整体思考教师专业发展"三个氛围的营造"，即营造和谐氛围——求善，营造学术氛围——求真，营造人文艺术氛围——求美。

制定了教研组层面的教师专业发展新制度。建立以校为本的教研制度，是21世纪初提出的。如果说当初各个学校都处于探索时期，教师专业发展的目标并不清晰，那么经过多年的实践，教师专业发展学校都建立了以教研组为实体的带教制度，它们的共同特征是：立足课堂，坚持实践导向，以课题引领、项目引领；进行课程建设、道德规范建设来锻造教师团队。各个学校在教研组带教制度上，各有自己的创造。

制定了教师层面的教师专业发展新制度。教师专业发展学校对教师层面的制度设计的共同目标是：学校要求每位教师与学校发展共同成长，内在动力与外部支持融为一体。各个学校的制度设计颇富特色，对每位教师量身定制。比如：徐汇区科技幼儿园为每一位教师建立《教师成长档案》，制定各个层面教师的培训制度。建平中学对全校教师未来三年的发展，提出了不同的研修方向，对青年教师，要求他们提升专业技能，全面修炼教学基本功；对中年教师，则要求他们担当教改教研课题，提升教科研能力；对老年教师，则要求他们带教中青年教师，总结教育教学智慧。芷江中路幼儿园在教师教育上进行了制度创新，开展了网络式培训制度、对话式研修制、故事式分享制、轮流主持制。全园三个分部，160多名教师都得到充分的专业发展。

2. 理论意义

(1) 增强了教师专业化发展的思想政治性。

党和国家对教师专业化发展提出了新的要求，同时，习总书记也提出了培养新时代的"四有"好老师，这都体现了国家对教师的要求，即我们要培养社会主义的建设者和接班人，新时代的教师要有政治认同。上海市紧扣四有教师标准创新了教师专业发展学校的内涵建设目标。一是肩负双重任务，既培养学生，又培养教师，让学生和教师成为学校发展中心，实现学校、教师、学生三方共同发展。二是开展教师专业发展指导，提供有效、实用的方法，帮助教师克服认知专业发展的瓶颈，得到更符合其特定发展阶段需求的个性化专业发展指导。

(2) 契合了教师专业成长的规律性。

促进了教师在职培训重心的下沉，把教师在教育教学中的实际问题作为学校组织教师研修的主题，采用多种校本研修模式，丰富了在职培训的内容、形式、方法和途径，使之更加贴近教师的教学实际。利用一所学校中新老教师之间的学识、能力、经验差异，发挥他们之间互帮互学的互动效益，让资深教师在带教新教师过程中完善自己，新教师也可以用自己的知识和学科优势影响老教师。明晰了不同经历教师在学校教师专业发展中的不同角色和作用，以及应采取的不同专业发展阶段的重点、目标、途径与方法，使之更加符合教师成长的规律，使教师教育更具针对性，更加精细。

(3) 彰显了教师专业发展的时代性。

教师专业发展学校的建设目标，使其成为校本研修的示范校和教师专业发展的临床校。继续推进教师继续教育重心的分层下移，使教师专业发展学校自主完成的研修学分不少于总学分的83%；进一步提升教师专业发展学校的研修能力，将教师专业发展学校的建设与区域学科基地建设相整合，促进先进经验向区域课程的转化，实现区域内的资源分享。教师专业发展学校的实践，不断提供各种各样行之有效的做法、经验、个案和观念，为教师教育学理论建设提供素材。经过若干年的实践积累，可以在教师专业发展学校实践基础上，形成教师教育学理论建设的基础。

第五节　推行见习期教师规范化培训

对教师队伍整体而言，青年教师永远是新鲜的"血液"，他们的现状决定着教育的未来；而在青年教师中，刚入行的新教师的走向，不仅决定着未来青年教师的成色，也预示着未来教育的底色。从这个意义上说，对新入职教师的态度，表现着社会对教育的重视程度，体现着国家对后代的青睐程度，反映着教育对育人的理解深度。新入职教师的教育与培训，是教师发展的基础，是奠基工程的地基，是教育事业的根基。上海在推进教育综合改革的过程中始终将教师队伍摆到十分重要的位置，始终高度重视新入职教师的培养与培训工作，目前已经形成了中小学教师（含幼儿园）入职规范化培训体系。

一、见习教师规范化培训制度概述

1. 实施背景

上海建立见习教师规范化培训制度有一些深层次的背景考虑，这些背景在全国都同样存在。21世纪以来，我国教育再次迎来快速发展阶段，教育普及程度进一步加深，质量进一步提高。教育的进步一方面离不开教师队伍，另一方面对教师队伍的数量和质量不断提出要求和挑战，这凸显了见习教师培训的重要性和必要性。

第一，我国政策对于见习教师规范化培训的顶层设计已经到位。"国家规划纲要"提出完善并严格实施教师准入制度，严把教师入口关；教育部2010年开始组织实施包括上海在内的全国六个省市教师资格制度改革试点，试点内容包括教师资格考试改革、新教师准入见习制度和在职教师五年一周期的资格定期注册制度等。

第二，城市化的发展带动城镇人口的增长，城市住宅的扩展对配套教育资源供给提出了增量需求，大量新建学校需要招募大批新教师，家长和社会又希望这些新教师具有优良的专业素养。于是，使新教师尽快适应岗位需要、让新教师尽快进入规范的职业发展轨道、提高新教师的职业生涯起点水平，便成为城市化进程中办人民满意教育的关键一环。

第三，高校毕业生职前教育不充分，难以满足上岗需要。高等师范教育的教师职前培养中职业实践训练不充分，师范院校的教育专业课程比例偏低，教育实习和实践时数也不够，与基础教育教学改革不相适应。

第四，非师范专业新教师数量渐长，很多新教师在没有学校实习经历的情况下，就直接走上了讲台。近几年，综合性大学和非师范类高校毕业生大量进入基础教育从教，上海每年新入职的教师中师范生和非师范生各占50%左右，非师范专业毕业的新任教师缺乏充分的、有效的职前教师教育，这个"短板"必须在入职初得到弥补。

2. 内涵特征

上海实施的中小学、幼儿园见习教师规范化培训制度，是针对师范院校或其他高等院校相关专业毕业的、在中小学幼儿园首次任教的教师进行为期一年的见习培训制度。新教师在教师专业发展学校暨见习教师规范化培训基地接受有统一规范、内容、时间和考核标准的浸润式培训。

在教师职业生涯开始的阶段，安排他们处于办学成功、管理严谨、教风优良的中小学，追随经过选聘的优秀教师，在师德修养、教育理念、工作习惯、教学技艺等方面取得进步。

见习教师规范化培训有两大显著特征：

第一，立足职业基础规范养成。规范的起步是教师职业生涯良好的开端，让见习教师"第一次就把事情做对"远比事后补救调教重要。培训围绕的18项教育教学要点凸显职初教师在教育教学中"应知应会"的知识，每个要点都有具体的目标要求、培训方法和培训过程，强调基础规范，让见习教师在职业生涯起步就明确教育的规范要求。

第二，注重实践浸润式培训。教育教学行为是实践性很强的行为，其改进完善依赖于教育实践的浸入和润泽。将见习教师"浸润"在专业发展学校，使其在一个优秀学科教研团队之中接受带教培养，在"浸润"过程中建立教学规范，形成一定的教育观念，并将教育观念转化为解决实践问题的行为。

二、见习教师规范化培训的主要措施

1. 制度设计

（1）建立培训基地，提升培训能力。

全市遴选215所在教师专业发展、培训新教师、指导师范生实习等方面具有先进理念与卓越实绩，能对全市其他同类学校起示范、辐射、引领作用的学校作为培训基地。同时，建立培训基地学校的申报、评审、准入机制，确保培训基地学校的培养质量。承担规范化培训任务的教师专业发展学校不断实践，创新方法，积极有效地承担起培养学生和培养教师的双重任务，把见习教师规范化培训融入学校正常的教学秩序。

（2）科学设计内容，明确培训目标。

以新教师首次上岗后所要面对问题的"应知应会"培训为主，内容主要围绕教师"职业感悟与师德修养、课堂经历与教学实践（活动设计与保教实践）、班级工作与育德体验（班级工作与育儿体验）、教研与专业发展"四大模块展开。四大模块的培训内容包含18项教育教学要点，18项教育教学要点被具体化为40张表格，编制《上海市中小学见习教师规范化培训手册》《上海市幼儿园见习教师规范化培训手册》，见习教师要完成40张表格填写要求，即完成见习教师一年见习期的"作业表"。

（3）建立配套政策，保障培训实施。

见习教师的人事关系，采用各区县或学校与拟录用的见习教师签订一年聘用合同，培训结束后聘用合同自然终止。培训对象培训期间的工资待遇按其学历和资历情况，参照其所在培训基地同类人员水平发放。培训期间依法参加并享有养老、医疗、生育、工伤、公积金等社会保障，享受国家法律法规规定的以及合同约定的相关福利待遇。见习教师培训结束经考核合格，与聘用学校签订（或续签）事业单位聘用合同时，原则上不再设试用期。见习教师凭《上海市见习教师规范化培训合格证书》和任教学校的聘书，到教育行政部门进行教师资格的首次注册。

（4）成立专家团队，发挥引领作用。

上海市教委成立了专家指导组，为每个区配备了2~3名精通基础教育教学的一线专家，全程参与见习教师规范化培训工作，帮助区县教育行政部门、培训基地学校总结、提炼经验，指出存在问题及改进建议。专家们全过程的专业指导，发挥专业引领作用，不仅为培训基地学校提供智力支持，也为全市面上实施提供了专业保障。

（5）结合学历提升，探索培养新途径。

开展见习教师规范化培训与教育硕士专业学位教育相结合的培养试点工作，中小学见习教师招录与教育硕士专业学位研究生招生相结合、教育硕士专业学位研究生培养与见习教师规范化培训相结合、教育硕士专业学位授予标准与见习教师考核标准相结合，高校将见习教师规范化培训课程纳入研究生培养方案，并给予相应学分。见习教师在完成规范化培训后，完成教育硕士专业学位课程学习，获得教育硕士专业学位。

(6) 实施以赛促训，开展技能展评活动。

从 2016 年开始，上海市每年开展面向全市 16 个区涵盖幼、小、中、高 4 个学段的见习教师的"上海市中小学（幼儿园）见习教师规范化培训展示活动"。展示内容包括"课堂教学能力""班级管理能力""基本功"三大模块，并细化为"教学设计""模拟课堂教学""教育案例分析""教育智慧呈现""三笔字""演讲""信息技术应用"七个环节。

2. 制度实施举措

上海市研制出台了 14 项文件，涉及内容标准、机制制度、推进方式等各层面，力保见习教师规范化培训项目有规范的制度，有合适的内容、场所和时间，有推进的机制，有探索创新的空间。见习教师规范化培训制度先在普陀、长宁、奉贤、徐汇四个区试点，后推广到全市。

(1) 建立不同行政层级的联动制度。

围绕见习教师规范化培训，上海建立了市、区、学校三级联动制度。市级制度设计、区县的运维管理与学校的组织实施确保该项制度的落实。各区教育行政部门根据市级文件精神和培训内容与要求，建立健全见习教师规范化培训的运维机制，从培训制度、工作职责、工作内容、经费使用、培训内容、培训要求、时间节点等方面提出了明确工作意见，做到有章可循，有法可依。见习教师规范化培训的基本形式是校本研修，基地学校作为专业化的培训场地，把校本研修的经验充分应用到见习教师规范化培训过程中，有效发挥了新教师成长过程中高起点、高标准的孵化器的功能。

(2) 推行多项运营基本机制。

见习教师规范化培训的运营机制包括培训质量保障机制与工学矛盾破解机制。在培训质量保障机制方面，创设了带教机制、指导教师培训机制、专业引领机制、专家组督导机制等；在破解工学矛盾方面，见习教师规范化培训要求见习教师在基地学校"浸润"时间不少于其工作时间的 50%，各区立足自身实际，想方设法，创造性地化解工学矛盾，灵活安排培训与实践时间。

(3) 确立实践导向的评价机制。

注重见习教师规范化培训工作推进过程中的考核评价，建立了基于见习教师标准的考核制度，着重考核见习教师的师德表现和职业基本素养、教育教学基本能力、教学研究与专业发展能力、带教培训期间的态度表现等，表现出明显的评价实践导向。

(4) 创新新教师准入机制。

以往获得教师资格证的大学生就已具备了入职资格，但今天在上海，教师资格证只是大学生入职的基本资格之一，在中小学和幼儿园首次任教的人员必须接受为期一年的见习教师规范化培训，获得见习教师规范化培训的合格证书，才有条件进行教师首次注册。

三、实践效果和理论意义

1. 实践效果

制度实施以来，覆盖上海市中小学各学科学段的3万余名新教师，实践已取得如下成效：

(1) 培养的新教师入职成长期缩短，职业起点高，发展后劲足。

自2012年以来，参加上海市见习教师规范化培训的3万余名见习教师中，近万名见习教师成长为校级、区级骨干教师，每年新评区级教坛新秀1 000余名。见习教师专业素质与水平优质均衡，适应上海教育综合改革的要求。

(2) 严把教师入口关。

在实施国家教师资格制度改革的基础上，建立上海市中小学教师资格制度改革的新机制。经过培训考核，在一定程度上起到了严把入口关、优化新进人员从业素质的作用，铸就未来教师队伍的强大与高位均衡优质的教育。

(3) 培育了一支扎根在基层的上万名指导教师队伍。

这支由班主任与学科教师组成的指导教师队伍，在承担带教任务中教学相长，走出高原期，评上区级学科带头人及以上荣誉称号的教师近千人。

(4) 在全市建立了442所市和区见习教师规范化培训基地学校。

它们既是教师专业发展的学校，又是新教师培训的基地学校，是促进各级各类教师成长极其重要的孵化器与助推器。

(5) 激活了基层学校教师专业发展的活力。

市、区、校、团队与见习教师间的联动协作，基地校与基地校、基地校与聘任校之间的正式互动交流近千场，盘活了优质资源，激活了基层学校教师专业发展的活力。学校教师队伍建设的意识与能力大大提升，学校开始不仅成为学生成长的摇篮，也逐渐成为教师成长的摇篮。

(6) 形成了一套高质量的、可操作的见习教师规范化培训工具包。

培训工具包涵盖学习任务包、课程资源包与评价工具包。《操作手册》等系列资料已在华东师范大学出版社公开出版，开发了近100门高质量的市级培训课程与700余门高质量的区级培训课程，供学校、指导教师、见习教师等使用，提高培训质量与效益。

2. 理论意义

(1) 开创了教师入职教育的新模式。

从政策上对初任教师入职第一年培训的内容——4个方面18个要点，培训的场所——聘任学校与教师专业发展学校协同培训，培训的时间与形式——1年浸润于教师专业发展学校与聘用学校，培训的指导团队——导师团队带教，培训的考核与评价——以实践为导向的评价机制，关注学员前后表现的变化以及成长的优势、强项，培训成绩作为首次注册的依据以及政府推动的支持保障机制等，这一入职教育的模式在中国教育史上也是首次提出与实践，解决了职初教师专业化发展的路径问题，这是教师入职教育模式的创新，丰富了教师教育的理论与实践。

(2) 解决了新教师资格认定标准中的问题。

现有的教师资格认定与聘用制度难以确保遴选出真正优秀的人员从事基础教育。上海的见习教师规范化培训制度，要求所有新进教师必须参加1年的见习教师规范化培训，且必须取得规范化培训合格证书，才能取得首次注册资格，从而成为一名正式教师。实践表明，通过一年的见习教师规范化培训，确实发现并劝退了部分不适合从事教师教育工作的见习教师。

(3) 提供了教师在职培训的新经验。

教师在职培训是促进教师终身学习与专业发展的重要途径。见习教师规范化培训所确立的以能力为导向、以实践体验为主要方式、以教师专业发展学校与聘用学校的合作培养为依托、以导师团队带教为主要指导方式的培训理念、机制与实践经验，为所有教师在职培训提供了新经验、新启示与新做法，对提高整个教师队伍的质量具有重大意义。

第四章
招生考试制度改革

第一节　高中毕业会考基础上的高等学校招生考试制度改革
第二节　高校自主招生改革
第三节　教育考试招生管理体制改革
第四节　高校招生考试"立交桥"建设
第五节　以"学业水平考试"为基础的考试招生制度综合改革

引　言

考试在我国有着十分悠久的历史，一直被认为是最为公平的人才选拔和公共资源分配工具。新中国成立后，我国各级各类学校考试招生制度相继建立，并于1952年创建了统一的高等学校考试入学制度（以下简称“高考制度”）。1966年至1976年我国统一的高考制度被取消，直至1977年我国恢复统一的高考制度，各级各类学校也再次恢复正常的教育教学秩序。时任教育部部长刘西尧如此评价：“它标志着一段历史的结束，同时又是一个崭新时代的起步。”“知识改变命运”再次成为社会评价的主流。图4-1为1984年高考准考证。

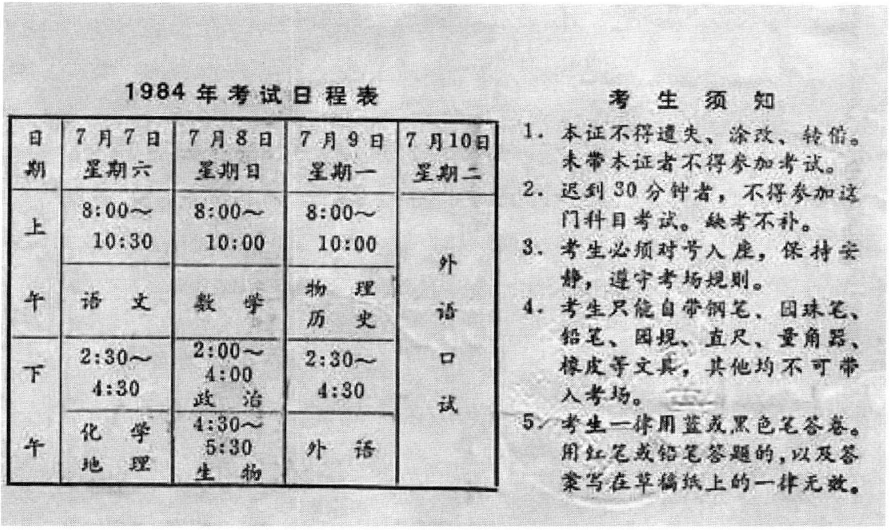

1984年考试日程表

日期	7月7日 星期六	7月8日 星期日	7月9日 星期一	7月10日 星期二
上午	8:00～10:30	8:00～10:00	8:00～10:00	外语口试
	语文	数学	物理 历史	
下午	2:30～4:30	2:00～4:00 政治	2:30～4:30	
	化学 地理	4:30～5:30 生物	外语	

考生须知

1. 本证不得遗失、涂改、转借。未带本证者不得参加考试。
2. 迟到30分钟者，不得参加这门科目考试。缺考不补。
3. 考生必须对号入座，保持安静，遵守考场规则。
4. 考生只能自带钢笔、园珠笔、铅笔、园规、直尺、量角器、橡皮等文具，其他均不可带入考场。
5. 考生一律用蓝或黑色笔答卷。用红笔或铅笔答题的，以及答案写在草稿纸上的一律无效。

图4-1　1984年高考准考证

恢复了统一的高考制度，不仅进一步激发了中国百万学子的读书学习热情，同样也对我国中学的教育教学及其改革产生了重大影响。1981年教育部召开高考科研规划会。1985年1月，第二届高考科研讨论会召开。会后教育部决定，广东开始进行标准化考试试验，上海进行高中毕业会考后高考科目设置的试验。这标志着高考正式进入了改革试验时期。高校为选择人才，愈考愈难，中学为提高升学率而采取“题海”战术的同时，也越教越难，文理过早分班，导致高中教学严重偏科,学生知识结构畸形发展,不仅偏离了培养目标,而且严重违背了教育教学规律,片面追求升学率成为当时我国中学教育的唯一现实目标。在此背景下,高考制度改革呼声再次响起。1983年教育部提出"毕业考试要和升学考试分开进行"[①]的意见后,1984年底,上海率先向教育部提出"探索在全市高中毕业会考的基础上举行高等学校入学考试"的试验请求[②],并于1985年2月1日得到教育部学生管理司的同意回复函[③]。由此拉开了上海教育考试招生制度改革的序幕。

从1985年至今,上海教育考试招生制度改革所涵盖内容很多,其中高中毕业会考基础上的高等学校招生考试制度改革、高校自主招生改革、教育考试招生管理体制改革、高校招生考试"立交桥"建设、综合能力测试与高考内容改革、以"学业水平考试"为基础的高校考试招生制度改革等,破冰与试点意义重大,不仅为我国其他地区的教育考试招生制度改革积累了非常丰富的经验,而且对我国整个教育考试招生制度改革全局产生了深远的积极影响。

第一节　高中毕业会考基础上的高等学校招生考试制度改革

1984年底,上海市向教育部请示:建立会考制度,减少高考科目,同时提出了上海单独命题的改革方案,1985年2月教育部学生司复函上海市教卫办[④]。此次改革,分为三个部分:一是上海高考单独命题改革,二是上海高中毕业会考改革,三是高考科目改革。同时在时间上也分成三步走,分为"准备与过渡阶段"(1985—1987年):1985年首次单独命题,同年在84级高一新生开始进行高中毕业会考;"试行阶段"(1988—1990年):1987年11月正式确定《上海市普通高中会考和普通高中招生考试制度改革实施方案》;完善与常规运行阶段(1991—1999年)。

[①] 教育部. 关于进一步提高普通中学教育质量的几点意见([83]教中字011号)[Z]. 1983.
[②] 上海市教育考试院. 上海市普通高中会考和普通高校招生考试制度改革(1985—1995)[Z]. 1996:16-22.
[③] 教育部学生司. 关于上海市高考单独命题的复函([85]教学司字007号)[Z]. 1985.
[④] 关于试行高考单独命题考试以逐步过渡到高中毕业会考的复函//上海市教育考试院. 上海市普通高中会考和普通高校招生考试制度改革1985—1995[Z]. 1996:8.

一、改革动因与基础

1. 改革动因

20世纪80年代初期,围绕"片追"与"减负"问题,统一的高考制度再次开始受到质疑,改革的呼声越来越大。1984年上半年,教育部学生管理司着手研究这个问题,组织了6个研究小组,要求集中研究,分别提供研究报告与改革方案,并在《人民教育》上开展改革高考的专题讨论,以倾听呼声、广开言路的同时,群策群力以解决"片追"与"减负"问题。在此大的政策背景下,上海市在大量调研与准备工作的基础上,于1984年,向教育部提出了"建立会考制度,减少高考科目,进而改革高校入学考试"的高考制度改革申请。其改革目标为:从一九八五本市单独命题考试着手,经过二、三年的努力,过渡到高中毕业生全市组织会考,减少高考科目;再逐步过渡到一般高校招生不再考试,即凭中学会考成绩和本人志愿进行录取,报名人数多的院校,可根据需要,自行加考一、二门课程,从中择优录取。[1]

2. 改革的优势与条件

1985年,由于《中共中央关于教育体制改革的决定》的发布,使得这一年在新中国教育史上具有分水岭般的意义。《中共中央关于教育体制改革的决定》,是中国教育从"文化大革命"阴影中走出来以后,按照邓小平面向现代化、面向世界、面向未来的需要,进行制度变革的真正起点,是中国社会改革开放政策的重要组成部分,对中国教育发展和改革产生了历史性作用。"决定"的第四条明确规定:"改革高等学校的招生计划和毕业生分配制度,扩大高等学校办学自主权。"

尽管中国地域广阔,但是经济发展并不平衡,上海作为当时中国经济发展较快地区,具有良好的改革传统与基础。另外,上海当时正酝酿课程教材改革,单独命题权的获得、会考制度、高考科目改革也为上海的课程、教材改革的推进创造了更好的条件。"只能根据实际成绩和招生计划按地区划线录取,与其如此,还不如在经济与教育发展水平相当的同类地区设计一类卷子进行测试,也许更切合实际。上海有条件实施。"[2]

---

[1] 上海市人民政府教卫办. 关于一九八五上海市全日制高校招生试行改革的请示报告[Z]. 1985.
[2] 张伟江. 不懈的探索:上海高等教育改革与发展纪实[M]. 上海:华东理工大学出版社, 2010: 77.

二、上海单独命题改革

　　1985年上海单独命题改革是当年批准，当年实施，虽然时间较为仓促，但是为做好全国卷向上海卷的平稳过渡工作，上海市高教局、上海市教育局在上海市教卫办的统筹与协调下，做了大量工作，经过充分酝酿与准备，第一次单独命题考试于7月7日、8日、9日三天与全国统考同步顺利举行（原计划提前到六月举行）。上海单独命题首年获得成功得益于几个方面工作：一是领导的高度重视，教育部学生司有关负责人亲临上海长驻了好几个月，上海市政府、上海市人民政府教卫办、上海市高教局、上海市教育局等有关部门联合领导。二是严密的命题组织工作，新成立的"上海市高等中等教育考试中心"为做好首次命题工作，组织专家对中学教学情况进行了调查，并取得了许多十分宝贵的意见与建议，在此基础上设计了各科命题原则，组成了各学科命题组，各学科命题组成员中大学教师占2/3，中学教师和区县学科教研员占1/3，这个基本构成模式后来一直为上海单独命题所沿用至今。在试题的具体内容上要求"要严格按照教学大纲和教育部规定的考试范围，并力求切合本市中学教学实际和特点，着重考核基本知识、基本技能和分析综合能力。试题要求难易适度，其中基础知识约占70%，有一定深度的约占30%"。"鉴于高考命题是一项很重要的工作，它关系到中学输才和大学选材的问题"，"命题要发挥高校和中学两方面作用"[①]。为做好保密工作，参与的老师均受到非常多的限制，不能擅自离开，不能打电话等，时任上海市人民政府副市长谢丽娟同志在命题工作会议上就曾谈道："很对不起大家，因为在这一段时间内对老师们有较多的限制，不能走动、不能打电话。"[②] 三是严谨的考务工作，为做好第一次单独命题后的考务工作，上海市高校办、上海市教育考试中心多次召集区县招办同志开会，对协调考场、试卷运送、设计考场规则、监考老师培训、阅卷地点安排与阅卷老师培训等方面均做了详细的工作布置与安排等，上述措施有力保证第一次单独命题相关工作的顺利进行。

　　由于特定的历史造就了上海高考考生来源相对复杂，除本地考生外，还有设在外地的三线单位职工子女、上山下乡的知青子女、支援新疆建设的职工子女，父辈们响应国家号召去了外地工作，为国家建设做出了巨大贡献，为解决

[①] 上海市高招办. 一九八五本市招生工作情况汇报. 上海市档案馆，档案号：B243-3-227.
[②] 刘玉祥，李立峰. 上海高校招生考试发展史纲 [M]. 上海：上海交通大学出版社，2014：264.

好上述人员的子女回沪问题，虽然上海获得了单独命题权，但是在其后的相当长一段时间里，并未放弃使用全国卷，一直到2006年上述问题彻底解决后，上海才不再使用全国卷。因此，这期间，全国卷与上海卷两卷同时存在，由考生自主选择其中一种。

上海的单独命题权的获得，为之后1988年在会考基础上的高考科目改革打下了基础。1985—1987年三年间，上海虽然单独命题，但是所设科目及命题主要依据均与全国卷无异，所以也有人认为"我们第一年的单独命题定在1987年"[1]也不无道理。

上海的单独命题改革之后，2002年北京，2004年天津、浙江、江苏、湖南等省份相继进行了分省区市命题的试验，2006年实行单独命题的省区市达16个，应该说上海的单独命题改革为全国其他兄弟省区市的单独命题改革，特别是在如何保障课程改革、把握导向、难度控制等方面提供了许多宝贵经验。

三、高中毕业会考制度推行与高考科目改革

上海自1985年取得单独命题权后，其后续改革措施得到了有条不紊的推进。按照1984年底的《关于一九八五年上海市全日制普通高校招生试行改革的请示报告》（沪高招［84］第010号）中所列目标"从八五年本市单独命题考试着手，经过三年的努力，过渡到高中毕业生全市组织会考，减少高考科目；再逐步过渡到一般高校招生不再考试，即凭考生中学会考成绩和志愿进行录取；报考人数多的学校，可根据需要，加考一、二门课程，从中选择"，1985年当年，不仅成功举行了首次单独命题的考试，同时在普通高中的84级学生中开始试行会考，首考科目为历史，实现了首年会考的成功。

高考制度改革涉及千家万户，牵一发而动全身。为进一步落实上述改革目标，夯实改革基础，上海市教卫办随后再次对此项改革方案进行了细化与调整，1987年为过渡阶段："一九八七年实行减少高考科目后，高校招生考试将取消文理分科"，具体办法是"一九八七年将高中六门学科会考成绩与高考语文、数学、外语三门学科，成绩大体按照1∶1计入总分，以此作为划定高校录取控制分数线的依据"[2]。从1988年开始为试行阶段，具体为："1988年起，在高中九门学科全面会考的基础上，高校入学考试只考相关科目，各类入学考试的门数

---

[1] 刘玉祥，李立峰．上海高校招生考试发展史纲［M］．上海：上海交通大学出版社，2014：263．
[2] 上海市人民政府教卫办．关于上海市普通高等学校招生考试制度改革方案的请示（沪府教卫［86］第190号）［Z］．1986-11-12．

最多不超过三门。"国家教委于 1986 年 12 月 17 日复函市教卫办,同意市政府高考改革方案的基本设想,并称"在高中会考基础上只考相关科目,是 1949 年以来高考制度的重大改革"。

1987 年 4 月 15 日,上海教育考试中心办公室和上海高等学校招生委员会办公室上报国家教委高校学生管理司的方案,提出"在中学实行全面会考后,高校招生考试只考相关科目,原则上不超过三门",因此,根据组合原则,三门学科的设置分成了十组,"高等学校根据本科专业的教学要求,从十个学科组中选择一组,并对考生的有关学科(一至二门)会考成绩等第提出要求"。但是后来招考机构与高校讨论时,觉得具体做起来非常烦琐,特别是由于学生选考科目不一样,一是分值的等值问题,二是录取时专业上很难调剂。经过反复研究,于 1987 年 11 月 19 日,市教卫办正式对外公布了国家教委与市政府原则同意的《上海市普通高中会考和普通高校招生考试制度改革方案》,"在全面会考基础上,根据高校不同专业的特点,进行两至三门相关科目的选拔考试"。此后,经过三年的试行改革,高考科目逐渐减少到 4 门,设置了 6 个科目组,即以语文、数学、外语 3 门为基础,再从政治、历史、地理、物理、生物、化学中任选 1 门(上海约定俗成叫作"相关科目"),便形成了"3+1"科目改革方案。

上述方案于 1988 年高考中正式试行。1989 年由于选考生物与地理的考生较少,而中止了考试,直至 1995 年再次恢复生物和地理两门选考科目。

上海实行独特的"3+1"科目改革模式,在高校录取时必然会遇到"相关科目"分数调整问题,调整分的处理,使参加不同科目组考试的考生成绩具有可比性,作为成绩处理的一种技术方式,照顾了不同科目学生的整体利益。具体做法是,应用计算机对上海考生成绩进行统计,以一般学习能力(语文与数学标准分之和)为横坐标、被调整科目成绩(原始分)为纵坐标,分科做出散点图,按照最佳数学模型拟合成单科成绩曲线,然后按两类,分别将每类三条曲线拟合成一条调整曲线,再根据调整曲线确定各科的调整分值。[①] 通过这样的调整,保证了考生参考科目横向相对可比,纵向先后次序不变,同类科目组间相关科目成绩可比,同时又不会影响科目组内纵向排列的位序,同一科目组内考生原始分相同,调整分也相同,原始分高,调整分也保持相当水平。

上述方案于 1988 年高考中正式试行。后于 1991 年得到了进一步完善与发展。[②]

---

① 1990 年上海市教育考试招生工作年报[Z].1990:191-192.
② 上海市人民政府教卫办.上海市普通高中会考制度改革方案(试行稿),上海市普通高校招生考试制度改革方案(试行稿).

四、改革与评价

上海会考制度基础上的高考制度改革过程，在当时高考制度中起到了非常重要的引领作用，时任教育部考试中心主任的杨学为先生把上海的会考制度看成世界上大学入学制度的第三种类型："建立有权威的普通高中毕业水平的会考，给全体学生所学知识与能力以正确评价，同时作为评价中学教学质量的主要依据，在此基础上，举行大学入学考试，突出关于能力的考核，高等学校根据高考成绩，参考会考成绩，录取新生，这是一项创造，是我国普通教育考试制度的一项重大改革，理所当然地引起全国以至外国的注意。"① 事实上现在看来，"它在'保障课改、把握导向、兼顾两方、调控难度'方面做出了非常有益的探索"②。

第二节　高校自主招生改革

1992年初邓小平同志视察武昌、深圳、珠海、上海等地，他的系列重要讲话进一步激发上海人民的锐意改革、积极进取的精神。1993年，中共中央、国务院印发了《中国教育改革和发展纲要》（简称《纲要》），明确提出："通过立法，明确高等学校的权利和义务，使高等学校真正成为面向社会自主办学的法人实体。"1993年5月，上海市召开全市教育工作会议，会议期间，上海市委、上海市政府主要领导指出，"学习贯彻《纲要》，一定要结合上海的特点，进一步解放思想，转变观念，加大改革力度，要大胆探索高校招生录取制度改革"③，"各高校应面向社会，自主办学，形成特色，以适应社会主义市场经济发展对人才的各种需求，必须加大招生制度改革的力度，把招生制度改革作为高教改革的重要突破口"④。始于1985年的上海高中毕业会考基础上的高考制度

---

① 杨学为. 论上海考试制度的改革［N］. 中国教育报，1989-05-12.
② 张伟江. 不懈的探索：上海高等教育改革与发展纪实［M］. 上海：华东理工大学出版社，2010：77.
③ 关于上海高校招生制度改革情况汇报（1993年3月31日）（市高教局　沪高教办［93］第461号）//上海市教育考试院. 上海市普通高中会考和普通高校招生考试制度改革（1985—1995）［Z］. 1996：60-64.
④ 胡启迪同志在高校招生工作新闻发布会上的发言提纲（1993年5月20日）//上海市教育考试院. 上海市普通高中会考和普通高校招生考试制度改革（1985—1995）［Z］. 1996：227.

改革各项措施与做法已经日趋成熟。正是基于这样良好的改革氛围和基础,上海开始了高校自主招生改革试验。

一、上海自主招生改革试点初期改革要点

1993年上海工业大学(上海大学前身,见图4-2)在全国政协副主席、上海工业大学校长钱伟长先生的领导下,率先确定"面向社会,自主招生,择优录取"的自主招生改革方案①,并向上海市高教局提出自主招生改革试点请求②,得到了上海市高教局"原则同意"的批复③。

图4-2 上海工业大学

上海工业大学首年自主招生改革试点的主要内容有以下几个方面④:

(1)确定报名资格,资格分为两类,一类为"硬性"资格指标,根据上海工业大学处于上海市地方重点工科院校这样一个地位,要求考生会考成绩必须居于全市中等以上档次;另一类为"弹性"资格指标,专门针对有"专""特"

---

① 关于上海高校招生制度改革情况汇报(1993年3月31日)(市高教局 沪高教办[93]第461号)//上海市教育考试院.上海市普通高中会考和普通高校招生考试制度改革(1985—1995)[Z].1996:60-64.

② 关于"面向社会、自主办学、加快我校教育体制的改革"的请求(上海工业大学 上工办[93]第064号)[Z].1993.

③ 关于对上海工业大学面向社会、自主办学、加快教育体制改革请求的批复(市高教局 沪高教办[93]第572号)[Z].1993.

④ 上海工业大学1993年秋季本、专科招生录取办法.1993年5月//上海市教育考试院.上海市普通高中会考和普通高校招生考试制度改革(1985—1995)[Z].1996:69-72.上海工业大学招生工作小组.高校自主招生的一次探索[J].上海高教研究,1993(3):17.

长考生的报考，对于所报考专业相关学科成绩特别优异者或具有一两项专、特长者，不仅可以申请高额奖学金，还可以弥补"硬性"资格指标的不足。

（2）制定录取标准。上海工业大学在自主招生中首次推出一套全新的评价录取体系，即"四元化录取体系"，即俗称的"文理3+2"模式。

（3）实行缴费上学。学校在当年所录取新生均需缴费上学的同时，设立全额、半额、四分之一额的奖学金。

（4）严格招生纪律，加强过程监督。

二、1994年后的试点推广

1993年上海工业大学的自主招生改革试点虽然准备时间比较仓促，但是，获得成功与宝贵经验的同时，也引起了巨大的社会反响，对其他高校的触动很大，许多高校相继表达了也想参与进行自主招生改革试点的意愿，进一步推动了上海的自主招生改革。

1994年，在上海工业大学取得改革试点初步成效的基础上，进一步扩大了试点范围，在学校自主申报的基础上，严格审核，最终确定了上海交通大学、复旦大学、同济大学、华东师范大学、华东理工大学、上海外国语大学、华东政法学院、上海工业大学八所本地院校，南京大学、东南大学两所外地高校进行改革试点，实行"并联"招生，具体做法是，允许考生同时报考两所高校，考生如果同时接到两份通知的话，可在规定的时间里选择一所高校就读。

1995年，在10所高校试点的基础上，再一次扩展了试点范围，参与高校由10所增加到28所，本市17所、外省市11所，外省市高校主要有北京师范大学、南京大学、东南大学、江苏理工大学、南京理工大学、中国人民大学、中国医科大学、浙江大学等。通过近三年的不断探索，在制定了《上海市扩大普通高校自主招生改革试点的实施办法和运行规则》的基础上，1996年，此项改革进一步扩大到上海所有本科院校（当年一共是22所）和16所外地高校。

随着改革试点的面逐渐扩大，"自主招生的标准等开始遭受社会与民众的质疑"，加上自主招生的选拔依据——会考制度的取消[①]，此项改革试点工作于1999年中止。

此次自主招生改革，在全国引起很大触动，为我国后续的其他高考改革积累很多经验的同时，也引起很多争议。自主招生的改革实践扩大了高校的招生

---

① 刘玉祥，李立峰. 上海高校招生考试发展史纲［M］. 上海：上海交通大学出版社，2014：109.

自主权，同时也为在全国范围确立学校录取、招办监督的录取体制做了很好的准备[①]，"改革的中止，表明高考改革并不是一个简单、孤立的过程，它受制于社会各系统的实际发展水平，高考改革的成功与否，不仅取决于改革方案设计的科学性和合理性，也取决于政治、经济、文化和教育的发展水平"[②]。

三、2003 年后的高校自主招生改革

扩大高校招生自主权，选拔符合自己学校培养目标的学生，对于高校的特色办学与创新人才培养具有极其重要的意义，一直以来也是各层次高校追求的目标。虽然始于上海工业大学的自主招生改革于 1999 年中止，但是上海高校自主招生改革的探索一直在路上。

1. 重点高校的依法自主招生改革

教育部于 2003 年 4 月发出通知，决定在全国 22 所高校开展自主招生选拔录取改革试点工作。根据文件精神，自主选拔录取人数控制在学校年度计划的 5% 以内，试点学校根据本校的实际情况制定自主选拔录取方案，并向社会公布。符合试点学校自主选拔条件的考生提出申请，经所在学校推荐，由所在中学向试点学校提供考生学习情况及获奖特长等证明性文件，试点学校初审后应向考生所在中学、试点学校网站、所在省市招办信息平台进行公示，试点学校对先期考核通过并且符合统考成绩要求的考生，进行综合评价，自主录取。上海参加先期试点的有复旦大学、上海交通大学等，除上述两所以外，伴随着全国试点范围的扩大，同济大学、华东师范大学、华东理工大学、东华大学、上海外国语大学、上海财经大学、上海大学等高校陆续参加了 5% 的自主招生改革试点。

2. 高职院校的依法自主招生改革

1999 年扩招以后，上海高等教育逐渐大众化和普及化，高等教育资源逐渐流入高端高校，而高职高专的生源明显不足，民办专科更是如此，招生计划无法完成。在这样的背景下，上海市教育行政部门经过多方调研与论证，开始实行高职院校"放开计划、扩大招生自主权"的改革，于 2001 年秋季开始在有招生计划余额的民办学校中放开，具体操作办法是：由学校自主确定最低控制线，自主确定单科成绩和综合评价指标要求，各学校独立接受考生报名，然后按事

---

① 刘玉祥，李立峰. 上海高校招生考试发展史纲［M］. 上海：上海交通大学出版社，2014：109.
② 李瑞阳. 上海高考改革三十年的探索与启示［J］. 招生考试研究，2017（4）：1-11.

先公布的方案自主规范录取。值得指出的是，考生可同时向多所学校报名，如果被多所学校录取，则该考生须在限定的时间内选择一所学校就读。是年，共有5所（分别是东海职业技术学院、新侨职业技术学院、济光职业技术学院、建桥职业技术学院、工商外国语职业学院）参加了试点招生。2002年该办法进一步推广到凡有计划余额的所有高职高专，共有57所（本地31所，外地26所）参加了试点。但是放开后，部分民办学校为了抢夺生源，无序化竞争加剧，最终此次改革于2005年中止。

如果说2001—2004年的试验还只是在统一招生过程中局部的、不完整的、带有临时性的方案，那么2005年开始的自主招生改革则是"较为彻底的、整体的改革"①，这次改革后来被正式命名为"高职高专层次的依法自主招生改革"。

具体操作措施如下：试点院校根据上海市教委的有关规定由学校自行组织测试和录取工作，2005年共有杉达学院、建桥职业技术学院、新侨职业技术学院参加了试点，2006年进一步扩大到上海第二工业大学、工商外国语职业学院、上海邦德职业技术学院等6所学校。随着招生学校与招生规模的扩大，为了招生录取工作的简便易操作，也为了增加考生的录取机会，减少考生的来回奔波，从2007年开始，采取分组录取，当年11所高校共分3组，考生可自主选择填报同一组的两所学校，采取顺序志愿方式。2012年，上海推出了学业水平考试后，各高职院校开始采用在学业水平考试成绩基础上的综合能力测试或者技能测试方法进行录取。2013年，由于参与高职院校进一步增多，分组方式被取消，继而由上海市教育考试院出台组织，统一为所有高职院校联合招考。

四、综合评价录取改革试点

2014年，《国务院关于深化考试招生制度改革的实施意见》（国发［2014］35号）提出，"按照统筹规划、试点先行、分步实施、有序推进的原则"，确立上海、浙江应分别出台高考综合改革试点方案，从2014年秋季新入学的高中一年级学生开始实施，"试点要为其他省（区、市）高考改革提供依据"。上海的高校招生制度改革再次为全国所注目。此次上海的高考综合改革试点方案总体思想是：（1）确保公平：分数面前人人平等为底线，同时努力在考试、评价、招生等环节追求更高水平的公平，克服仅依据一次统一考试、一个单一总分录取所导致的问题，给不同特长、爱好的学生有公平的个性发展机会。（2）增加

---

① 刘玉祥，李立峰.上海高校招生考试发展史纲［M］.上海：上海交通大学出版社，2014：192.

选择：给予学生更多选择机会，允许学生结合自身实际和兴趣，自主选择科目、难易程度和考试时间，为学生个性发展留出空间，引导学生既打基础，又保护兴趣，发展特长。(3) 多元评价：依据高中不同科目和教学内容的特点，采取不同的评价方式，同时，还将建立高中学生综合素质评价体系，并使其逐步在高校招生录取中发挥作用。(4) 分类招考：将普通高校和高职教育的考试招生相对分开，采取不同的选拔方式，引导实践能力强的学生主动选择高等职业教育，增强被录取考生的成就感和自信心。在招生计划、考试与评价方式、录取机制、监督与管理等方面都做出重大改革。重大措施主要有：(1) 改革考试科目设置；(2) 改革招生录取机制。探索基于统一高考和高中学业水平考试成绩、参考综合素质评价的多元录取机制。这也就是俗称的"两依据一参考"录取模式。

自成为试点以后，上海为保证 2017 年高考制度综合改革的顺利推进，为"两依据一参考"的多元录取机制积累经验，将复旦大学、上海交通大学作为"探路者"，它们于 2015 年正式推出综合评价录取方式，具体过程是，在统一高考成绩公布后，两所学校按照事先公布的 1∶1.5 的比例，从高分到低分排序确定参加校测名单，校测结束后，结合统一高考成绩、面试结果和学业水平考试成绩，三者按高考成绩占 60%、面试成绩占 30%、高中学业水平考试成绩占 10% 的比例合成总成绩，参考学生综合素质评价，也就是俗称的"三位一体"确定最终录取名单，并予以公示。

此种录取方式在 2016 年被进一步扩大到了 9 所高校，分别是复旦大学、上海交通大学、同济大学、华东师范大学、华东理工大学、上海外国语大学、东华大学、上海财经大学和上海大学。"除复旦大学和上海交通大学的综合评价招生范围和规模由教育部单独批复外，其余高校综合评价只招收上海市生源，院校招生计划不能超过上海来源计划的 20%。"[1]

由于中国不仅是一个人口大国，更是一个"人情"大国，因此高校的自主招生也一直饱受争议。前述的上海各类自主招生改革中，虽然很多措施具有先进性，体现了学校选拔人才的主动性，也可以在一定程度上减少高考的刚性分数线要求对人才发展的制约，给考生更多的权利自主选择学校与考试，然而有些改革措施后来还是被迫中止，其中一个重要因素仍然是老百姓对"公平性"的质疑。由此可见，我国高考制度改革之路仍然非常漫长。

---

[1] 上海市教育委员会关于做好 2016 年上海市普通高校考试招生工作的通知（沪教委学 [2016] 24 号）[Z]. 2016.

第三节　教育考试招生管理体制改革

　　入学与升学问题不仅仅是教育公平问题，更是社会问题，牵涉千万个家庭，关乎社会稳定与和谐。新中国成立以来，教育考试与招生中的各项工作备受重视，涵盖了招生计划、入学标准与选拔方式、录取方式等诸多方面，受国家政策影响很大，加强引导与管理是保证各项政策落实的必然途径。教育管理体制是整个教育体制得以构成和运行的保障，它对教育事权乃至发展的方向有着直接的影响。它涉及教育系统的机构设置、职责范围、隶属关系、权力划分和运行机制等方面。上海的教育改革一直走在全国前列，其中不可忽视的一个重要因素就是教育管理体制改革的同步推进起到重要作用。

一、上海招生考试管理体制改革历程

　　自1985年上海获得高考单独命题权以来，上海的教育考试与招生制度改革不断推进，其中管理体制改革功不可没。上海招生考试管理体制改革大致可以分为以下几个时期：

1. 1985—1991年

　　在1984年底，教育部虽然还没有正式发布批文，但是已经原则同意上海的高考单独命题考试以逐渐过渡到基于高中毕业会考的高考制度改革方案。为保证上述改革的顺利进行，上海市人民政府教卫办于1985年1月报经上海市人民政府批准在全国率先成立了"上海市高等中等教育考试中心"，下设"高等教育考试办公室"与"中等教育考试办公室"，分别负责上海市高考的命题与高中会考的命题。1986年10月，上述机构调整合并为"上海市教育考试中心"，隶属上海市人民政府教卫办[①]，属正处级单位。

2. 1991—1995年

　　1991年1月，上海市教育工作会议如期召开，在此次会议通过了《上海教育事业十年规划和"八五"计划纲要》，这份纲领性文件为今后一段时间的上海

[①] 1995年以前，上海普通教育事业的管理部门主要有三个：上海市人民政府教卫办、上海市人民政府高教局、上海市人民政府教育局。

市各项招考事业改革指明了方向：要继续"推进招生、考试制度改革"，要"进一步减轻中小学生沉重的课业负担，继续深化、完善高考和会考制度的改革，促进中学生德智体全面发展。普通高校要试行招收优秀的在职人员，还要继续试行按系或专业科类招生。成人高校招生要探索书面考试与能力考试相结合，尤其是要注重对能力的考核"①。

上海市高招办、上海市自考办自1981年以来，均隶属上海市高教局，为推进上海高考单独命题与高中会考改革，于1986年成立的上海市教育考试中心，隶属于教卫办，上述三家单位规模均较小，个体力量略显不足，在对外联系与指导区县时，也容易出现多头现象。鉴于上述原因，1991年2月4日，在上海市高中会考和普通高校招生考试制度改革工作会议上，时任上海市人民政府教卫办主任王生洪提出："为了保证高中会考和高校招生考试改革的顺利进行，要理顺关系，在现有的市高校招生办公室、市教育考试中心办公室和市自学考试办公室的基础上，组建新的教育考试和招生的统一机构。"② 这"将有利于建立与健全教育考试和高校招生制度，促进教育考试和高校招生制度的改革；有利于统一管理和考试招生机构人力、物力、财力的充分利用，提高管理效应和工作效率；有利于协调教学、考试和招生三者的关系，充分发挥教育考试的导向和评价作用，以推动中学教学改革、高校选拔招生以及'鼓励自学成才'；有利于组织、指导考试科学研究，加速考试专业人员的培养与专业水平的提高；同时，有利于理顺市区（县）两级关系，稳定教育考试和招生工作队伍，提高专业人员的业务水平"③。由此，建立新的招生考试机构提上日程，1991年7月24日，上海市机构编制委员会以沪编［1991］204号文批复同意了教卫办的申请，将上海市教育考试中心办公室与高校招生委员会办公室、高等教育自学考试委员会办公室进行合并，成立了上海市教育招生考试中心。

上海市教育招生考试中心的"机构性质为由市人民政府教育卫生办公室领导的具有一定行政管理职能的事业单位"，主要职责是"贯彻执行国家教委和市人民政府招生、考试工作的方针、政策和法规，研究和改革招生、考试办法；组织实施高中会考、高等学校招生考试和高等教育自学考试，以及普通高等学校和成人高等学校招生录取工作；行使国务院《高等教育自学考试暂行条例》中所规定的省级高教自学考试机构的其他有关职责；承担有关部门交办、委托的其他各项教育考试任务。为使中心更好地实施行政管理职能，便于与上

---

① 上海市人民政府. 上海教育事业十年规划和"八五"计划纲要. 1991-D1.
②③ 张伟江. 不懈的探索：上海高等教育改革与发展纪实［M］. 上海：华东理工大学出版社，2010：119.

下左右的联系和衔接,继续保留上海市高校招生委员会办公室和上海市高等教育自学考试委员会办公室两块牌子"①。"中心"设立的副处级的处室有综合处、高中会考处、自学考试处、命题处、普通高校招生处、招生考试研究室。整合后的上海市教育招生考试中心,通过各项改革措施的有机融合,初步显现出了新的生机与活力。

3. 1995 年至今

1995 年初,上海市教育领导机构改革正式开始,本着"调整整顿,优化组合,提高效益,理顺关系,提高综合、统筹、服务与管理功能"的指导思想,经上海市委、上海市政府同意,撤销上海市教卫办、上海市高教局和上海市教育局,成立上海市教育委员会和中共上海市教育卫生工作委员会。原隶属于三家单位的事业单位同时也被合并或重组,经上海市委、上海市政府发文同意组建上海市教育考试院②,同时撤销上海市教育招生考试中心、上海市中等学校招生办公室和上海市中等专业教育自学考试办公室的建制,保留上海市高等学校招生办公室、上海市中等学校招生办公室、上海市高等教育自学考试委员会办公室的牌子。上海市教育考试院的主要职责是:承担全市的高等、中等学校的考试、招生及自学考试工作,加强考试与招生制度改革的研究和开展高水平的教育考试的科学研究,开发考试信息资源,为教育领导部门和社会用人部门提供咨询和高质量的考试服务。

二、改革成效

自 1981 年上海市高等学校招生办公室成为常设机构以来,上海市教育考试与招生管理体制也历经多次改革,这些改革既是上海历次教育改革的重要组成部分,同时也为其他教育改革的顺利推进起到促进与保驾护航的作用。原上海市教育委员会主任张伟江曾做如是描述,上海市教育委员会的成立标志着"各级各类教育互相衔接、互相渗透、互相补充、相得益彰的教育管理层正式形成"③。上海市教育考试院、上海市教育科学研究院、上海市教育评估院三家直属事业单位的成立也标志着"一府三院"的管理架构④初步形成。

---

① 关于组建上海市教育招生考试中心的报告(沪高教党组[91]第 011 号)[Z].1991.
② 中共上海市委、上海市人民政府关于同意组建上海市教育考试院、上海市教育科学研究院的批复(沪委发[1995] 52 号)[Z]. 1995.
③④ 张伟江. 不懈的探索:上海高等教育改革与发展纪实[M]. 上海:华东理工大学出版社, 2010:119.

第四节 高校招生考试"立交桥"建设

20世纪90年代,由于高等教育资源的稀缺,单一而刚性的高考制度难以适应现代化建设的需要,更与上海民众强烈的高等教育入学需求不相适应,高考录取率随报名人数的激增而开始下降。为此,上海便开始积极探索如何构建高校招生考试的"立交桥"。通过多年的探索,上海已经建立起了包括春季高考、"三校生"高考、"专升本"考试和插班生考试等一系列高校招生考试在内的"立交桥"(见图4-3)。"立交桥"的构建,为各种类型人才的培养提供了多元的入学途径,缓解了百姓日益强烈的高等教育需求,使高等教育入学机会向社会民众广为开放。

一、"三校生"高考的改革历史与成就

"三校生"是指职业高中生、技校生、中等技术学校的学生。上海普通高校招收"三校生"源于1988年。1987年上海技术师范学院(现上海师大奉贤校区)为培养职教师资向上海市高教局提出面向"三校生"招生的议案,次年获得批准,当年具体做法是由高校自行决定考试科目,自行制定录取办法,报请上级主管部门批准即可。考试科目一般是语文、数学及一门相关专业基础课,另加一门操作技能。[①] 从此高校大门正式向"三校生"开启。

1. "三校生"高考改革历程

大致经历了四个时期:(1)自主招生时期(统考前期):1988—1993年;(2)统考初期:1993—1997年;(3)发展期:1997—2000年;(4)大发展时期:2000年至今。[②]

1993年底,上海市教育考试中心制定并发布了《上海市中等专业学校、职业学校和技工学校报考高等学校语文、数学、英语考试大纲》,统一的考试大纲的发布,标志着"三校生"统考制度的建立。具体操作流程如下:一是考试,各试点院校自行组织报名与面试工作,语文、数学、外语三门高中文化课考试

[①] 姚应香,黄汉禹. 关于上海高校招考"三校生"的调查[J]. 上海师范大学学报,1997(2).
[②] 刘玉祥,李立峰. 上海高校招生考试发展史纲[M]. 上海:上海交通大学出版社,2014:150-152.

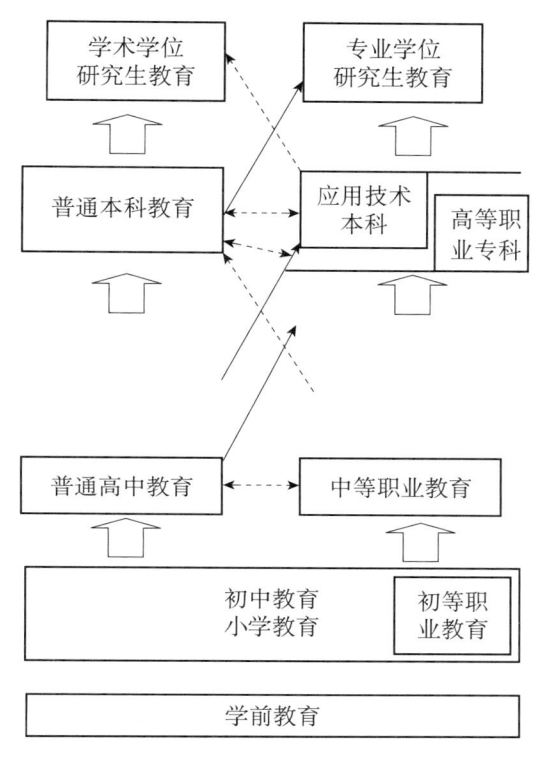

图 4-3 人才培养"立交桥"

注：实线表明全部畅通；虚线表明部分畅通，有待加强。

由市教育招生考试中心统一命题，进行统考。每所学校根据招收专业，自行确定 1~2 门技能科目作为加试科目。二是录取，市教育招生考试中心确定文化课资格线，然后各招生学校以三门文化课占总分 60%、技能测试占总分 40% 折算相加后所得总成绩为依据，择优录取。

是年，部分学校参与了招生试点工作，计划招收 181 人。①

1993 年高职院校招收"三校生"采取的文化课统一考试，是后来"三校生"高考的雏形。"三门文化基础课有了一个统一的考试标准，为'三校生'高考走向标准化、规范化建立了良好的基础。"②

1996 年全国职业教育工作会议召开，会议明确应进一步加快我国高等教育

---

① 一九九三年上海市普通高校招生工作总结. 1993 年上海招生考试工作年报 [Z]. 1993.
② 张伟江. 不懈的探索：上海高等教育改革与发展纪实 [M]. 上海：华东理工大学出版社，2010：104.

类型结构调整的步伐,把我国高等教育明确划分为实施学术教育和工程教育为主的普通高等教育和实施技术教育为主的高等职业技术教育两大类型。1996年9月1日起实施的《中华人民共和国职业教育法》明确提出了职业教育体系的发展目标是"建立、健全职业学校教育与职业培训并举,并与其他教育相互沟通、协调发展的职业教育体系"。从上海的情况来看,1997年3月,《关于1997年上海市普通高校招生考试工作改革和有关政策的决定》指出,"普通高校试招'三校生',逐步纳入高职招生系列"。

在这一时期,上海的"三校生"高考在报名条件与考试方式等方面没有大的变化,但对具体做法有了进一步的规范,具体表现为:一是志愿填报上,学生的选择余地进一步加大;二是考试大纲与命题更趋规范化;三是在考试时间安排上更为人性化与制度化,把考试时间安排在毕业分配之前,使升学与就业同时分流;四是在录取过程中,不再强调专业方向的一致性,允许专业间的调剂录取。

自2000年至今,"三校生"高考进入大发展的时期。经过前期的不断试验与探索,上海在"三校生"高考及其操作层面上都积累了丰富的经验。2000年,上海进一步放开了"三校生"高考的报名资格,大面积实行了可以报考专业对口的普通高等学校的招考政策,招生学校也由高职高专拓展到大学本科段。考试时间是在每年的5月初。另外,对于"三校生"的报考条件,也进一步放宽了专业限制,不仅允许专业调剂,而且在每年5月的"三校生"高考与6月的普通高考当中可以任选其中一次考试。2002年又对录取环节进行了微调,开始实行高职院校集中录取阶段的后放开,为未录满学校与线上未被录取考生提供再次选择的机会。通过这样的改革,为"三校生"的升学创造了更为广阔的空间。

从招生规模来看,2000年以来,上海高校招收"三校生"的规模迅速扩大,每年报考高职的"三校生"都在2万人以上,招生录取也稳定在14 000人左右。[①] 从此,上海高等院校招收应届"三校生"正式成为一种制度,纳入常态化管理,真正意义上实现了中等职业教育与高等职业教育之间的衔接与沟通。

2. 上海"三校生"高考所取得的社会效果与评价

从1988年上海技术师范学院以"三校"师资为目的的"三校生"对口招生开始,到1993年开始摸索专科层次的"三校生"对口招生的统一考试制度,直

[①] 张伟江. 不懈的探索:上海高等教育改革与发展纪实[M]. 上海:华东理工大学出版社,2010:104.

到 2000 年正式建立"三校生"高考制度，经历了十多年不懈的探索与试验。整体而言，普通高校面向"三校生"招生，不仅扩宽了生源渠道，丰富了生源市场，为高校招生改革注入了新的机制，而且适应了经济建设急需的多规格的应用型和工艺型高级技术人才的需求。更为重要的是，普通高校招收"三校生"，深刻地冲击了"三校生"向来与普通高校无缘的传统观念，给一些中考失误而确有潜力的"三校生"以深造机会，因而深受"三校"学生、家长乃至社会各界的欢迎。[①] 多年来，上海高校招收"三校生"的改革，架通了"三校生"进入高一级学校深造的桥梁，使他们不止步于中等教育，对高等教育也有盼头[②]。总之，通过构建职业教育和普通教育的"立交桥"，使得中等职业教育与高等职业教育、职业教育与普通教育和成人教育形成了有效的沟通与衔接。[③]

二、春季高考改革的推行

1999 年 3 月，教育部下发了《关于进一步深化普通高等学校招生考试制度改革的意见》（教学 [1999] 3 号文），提出了新一轮普通高校招生考试制度改革的要求，具体体现为考试科目设置改革、高考内容改革、高考形式与录取方式改革四个方面，并明确提出了有条件的省区市可积极探索一年两次考试的方案。是年，北京、上海和安徽成为春季高考改革试点省市。

1999 年底，根据教育部有关春季高考改革试点要求，经上海市人民政府批准，上海市高校招生、毕业生就业指导委员会于 12 月 14 日的全体会议上讨论并通过了 2000 年本市普通高校增加春季招生考试的试点方案，决定 2000 年在本市正式推行普通高校春季招生考试试点改革。当年，参加试点招生的学校有上海大学、上海师范大学、上海理工大学、上海水产大学、上海中医药大学、上海电力学院、立信会计高等专科学校和上海金融高等专科学校。

从上述教育部出台的相关文件可以看出，春季高考招生的主要目的是改变"秋考"模式单一的弊端，"春季高考的意义不仅仅是打破'一考定终身'的传统招生模式。实行春季招生，突出了观念的转变与内涵的提高，起到牵高考制度改革之一发，动教育改革全身之功效"。这项改革，将会对最终实现"政府制定法规；考试机构科学、公正地组织与实施考试；高校面向社会依法

---

① 姚应香，黄汉禹.关于上海高校招考"三校生"的调查[J].上海师范大学学报，1997（2）.
② 张伟江.不懈的探索：上海高等教育改革与发展纪实[M].上海：华东理工大学出版社，2010：104.
③ 李瑞阳.上海高考改革的探索及趋势[J].中国考试，2008（12）.

自主招生"的高校招生提供经验,也能对传统的高校招生和教学工作从多方面予以突破。

1. 2000年春季高考具体做法与特色之处

(1) 关于报名：根据《2000年上海市普通高校试行春季招生考试实施办法》,除国家承认学历的各类高等院校和高中阶段各类学校在读学生外,凡符合全国普通高校统一招生考试条件的持有本市常住户口(包括蓝印户口)、具有高中毕业证书(包括具有同等学力)、身体健康者均可报考。

(2) 关于考试：考试科目实行"3+X",其中语、数、外三门全市组织统考,三科满分均为150分,"X"则由招生高校根据不同专业要求自主决定,并自行组织考试,也可采用面试。考试时间为两天。

(3) 关于报考与录取：凡参加春季招生考试的考生在语、数、外三门课总分达到统一划定的报考资格线后,可选择报考一所高校,亦可同时报考多所高校,考生可被多所高校录取,但是只能选择一所高校报到就读。录取的显著特点是考生可同时被多所高校录取,最后考生自主选择。

从招生的规模来看,2000年春季高考实际报考4 778人,实际录取1 063人。[1]

2. 2000年以后上海春季高考改革概况

2001年,上海有10所高校参与春季招生,在2000年的基础上,招生高校增加了两所,分别为上海工程技术大学和上海电机高专。当年招生计划数为1 800名,其中本科生1 110名、高职(专科)生690名。实际录取新生1 786人,其中本科1 073人,比原计划减招37人；高专和高职713人,增招23人,整个春季招生完成招生计划的99.22%。

2002年,试点范围继续扩大,参加春季招考的院校为11所,增加了上海医疗器械高等专科学校。考试科目为"3+综合+学校选考科目"。"学校选考科目"是由各招生院校根据不同专业要求自主命题、自行组织的,考试形式可采用笔试或面试。计划招生1 875名,其中本科1 155名、高职(专科)720名,参加考试9 053名,比上年减少868名,"人气不旺","春招滑坡现象"初露端倪。

2004年是非常重要的一个年份,该年成为春季高考的"分水岭"。这一年,内蒙古首先取消春考,安徽也是最后一次实行春考,而北京春考报名人数也首次出现了大幅度下降。

2012年"春招",参加招生的普通高校有上海师范大学、上海工程技术大

---

[1] 2001年上海教育年鉴[Z].上海：上海教育出版社,2001.

学、上海商学院、上海师范大学天华学院、上海工商外国语职业学院、上海农林职业技术学院、上海思博职业技术学院共7所，上海大学退出"春招"高校范围。2012年度计划招生500名，其中本科260名、高职（专科）240名，招生计划比2011年又减少了50名。总报名1 187人，录取报到328人，完成计划率65.6%（见表4-1）。[①]

自2000年以后，尽管上海春考经历了由发展到高峰再向低谷的过程，但从制度设计的角度来说，上海春考的实施过程中，通过不断探索完善，对上海的秋考改革积累了不少经验。一是志愿填报与录取过程的不断完善，考生可以报考多所学校，同时被多所学校录取，最后选择一所学校就读，从而实现了真正意义上的"多次选择"；二是考试制度的不断完善，"3+X"中的"X"由招生学校自主命题，增加了招生学校自主权的同时，也为考生更自主地选择专业提供了条件。

表4-1　上海春季高考招生高校数、招生计划数、报考人数及实录人数统计表

年份	招生高校数	招生计划数	报考人数	实录人数
2000	8	1 110	4 778	1 063
2001	10	1 800	9 903	1 786
2002	11	1 875	9 035	1 823
2003	8	1 707	8 693	1 244
2004	10	2 060	6 612	1 951
2005	13	2 330	8 926	2 255
2006	12	2 725	12 033	2 059
2007	9	1 862	8 479	1 544
2008	8	1 568	6 178	1 492
2009	8	950	4 500	634
2010	8	580	4 500	545
2011	8	550	3 016	346
2012	7	500	1 187	328

资料来源：各年度《上海教育年鉴》。

---

① 改革历程中各年度的招生计划和录取数参考了各年度上海市高校招生工作总结，另外还参考思博职业技术学院，等.关于上海市高职高专春招工作的现状调研和探索[J].招生考试研究，2012（3）.

3. 上海春季高考制度改革与评价

春季高考改革的试点推出以后，北京、安徽、内蒙古等地都因高校和考生的冷淡而纷纷取消。其中，内蒙古于 2004 年取消，安徽于 2005 年取消，北京于 2006 年取消。至本书截稿时上海和天津两地还在继续坚守春季高考。从实际来看，两地的春考还是有所不同的，天津春考类似于上海的"三校生"高考，招生对象为"三校生"，招生层次限于高职高专。"意在打破'一考定终身'，给学生多一次选择和入学机会"的上海春考，在客观上虽然遇到了发展的瓶颈，但是从政府的整个决策层来讲，今后仍将继续推行春季高考，从目前来说，主要存在以下问题：一是春季高考给招生高校带来了不少困难，比如在教学与后勤安排上，目前大多数招生高校已经把春季招的学生安排在秋季入学，也就是"春招秋入"，高校参加春季招生的积极性不高。二是由于招生院校与专业及学制安排（事实是四年半方能完成学业）等方面原因，春季高考对报考学生的吸引力不够，名牌院校少，专业偏冷等。三是目前的考务工作成本较高，命题与保密、考场与监考等压力很大。春季招考报名数不及秋季的 5%，可是"麻雀虽小，五脏俱全"，考务管理一样不能少。

有学者指出："眼下的春季高考，不过是秋季高考的补充、拾遗，没有同等的地位。春季高考从热到冷的尝试表明，如果一直维持一次集中高考的权威性，并围绕这一'主题'，进行高考改革，将很难从根本上撼动教育的应试格局。"[①]"把春季高考作为解决落榜生的升学问题和缓解就业压力的一种方法，作为夏季高考的一次补充，其方向绝对是正确的。但看着春季高考一年一年冷下去，路越走越窄，不能不让关心教育的人担忧：原本惠及考生、造福社会的一项好制度，为什么会进行不下去了呢？"[②]

面对上海的春考窘境，到底路在何方？2014 年，伴随着上海新一轮高考制度综合改革的出台，上海春季高考面向应届生开放，实行"一档多投"和"预录取"最后选择一所院校就读等措施，进一步激发招生高校与报考学生的积极性，它对上海形成"分类考试、学生多次选择的高校招生制度"具有更加积极的探索意义。

三、上海"专升本"与"插班生"改革的实施

1999 年 6 月中共中央召开第三次全国教育工作会议，随后颁布了《中共中

---

① 熊丙奇. 春季高考路何在 [J]. 教育与职业，2009 (1).
② 春季高考暖冬遇冷 [N]. 北京晨报，2004 - 11 - 29.

央国务院关于深化教育改革全面推进素质教育的决定》(简称《决定》)。《决定》明确提出要"构建与社会主义市场经济体制和教育内在规律相适应、不同类型教育相互沟通相互衔接的教育体制,为学校毕业生提供继续学习深造的机会";要"改革招生考试和评价制度,改变'一次考试定终身'的状况……鼓励有条件的省级人民政府进行多种形式的高考制度改革试验,扩大学校的招生自主权和考生的选择机会。逐步建立具有多种选择的、更加科学和公正的高等学校招生选拔制度"。

1999年初,教育部制定的《面向21世纪教育振兴行动计划》提出,要逐步建立"立交桥","允许职业技术院校的毕业生经过考试接受高一级学历教育"、要"努力建立符合我国国情特点的职前与职后教育培训相互贯通的体系,使初等、中等和高等职业教育与培训相互衔接,并与普通教育、成人教育相互沟通、协调发展"。随后,在上海市教育工作会议上,上海市委、市政府、市教委均明确提出,要尽快开展以"有利于高校选拔人才,有利于扩大高校办学自主权,有利于各类高等教育的纵向衔接和横向贯通,让学生拥有更多的学习选择和继续深造的机会"为目标的高校招生"立交桥"的试点,由此拉开上海"专升本""插班生"招生改革试点的帷幕。

1. 上海"专升本"招生改革

2000年5月30日,根据上海市1999年度教育工作会议关于构建教育"立交桥"的精神,便于各类高校选拔人才、扩大办学自主权,激励在校生的学习主动性和积极性,经上海市人民政府同意、教育部批准,上海市教育委员会宣布,自2000年秋季起,推出普通高校内招收"插班生"、"专升本"试点改革方案,试行从普通高校专科层次应届毕业生中选拔部分优秀学生进入本科教育学习(简称"专升本")。

是年参加试点招生的本科院校有同济大学、华东师大、华东理工大学、东华大学、上海财大、上海水产大学、上海海运学院、华东政法学院、上海电力学院、上海大学、上海师范大学、上海戏剧学院、上海外贸学院、上海第二医科大学、上海理工大学、上海工程技术大学16所高校,共计划招生1120名考生。[①] 报考对象仅限于上海普通高校和上海考生被外地高校录取的2000年应届专科毕业生。考试科目为"2+X",2为全市联考科目,即英语和计算机应用基础;"X"为专业基础考试科目,可根据不同的专业考1~2门,由招生院校自主确定并组织命题与考试。考生必须达到全市两门联考单科最低成绩要求和全

---

① 2000年上海教育年鉴[Z].上海:上海教育出版社,2000.

市统一划定的录取资格线，方能参加各招生学校组织的专业课考试。各高校根据事先公布的录取办法，在两门联考成绩达到全市划定的录取资格线的考生中，自主择优录取"专升本"新生。

自 2000 年建立"专升本"招生制度以来，招生规模稳步扩大，并获得了社会的广泛认可，取得了改革的预期效果。

2. 上海"插班生"招生改革

2000 年秋，进行"专升本"招生改革试点的同时，上海还推出了"插班生"招生改革试点。开展"插班生"招生改革试点，其目的不仅在于扩大高校办学自主权，完善对人才的培养机制，架设"各类高等教育的纵向衔接和横向贯通"的"立交桥"，更重要的是，通过"插班生"招生改革试点，给部分高考中存在失误的学生再一次选择机会。此项措施进一步激发了上海普通高校在校生学习的主动性和积极性，积极鼓励和引导思想品德好、基础扎实、具有发展潜力的学生更加勤奋学习。

为保证上海"插班生"招生改革试点的顺利推进，上海市教委、上海市教育考试院对招生方案做了详细规划，一是招生对象是本市普通高校完成本科一年级学业的优秀学生，招生人数总额控制在本市一年级本科生人数的 2% 以内，各招生学校自主确定招生专业与招生计划，但每个考生也只能填报"一个学校一个专业"。二是招生学校根据学校实际情况自愿参与，不做强制规定，当年参与"插班生"招生的学校有复旦大学、上海交通大学、华东师范大学、华东理工大学、上海财经大学和上海大学等 7 所试点高校。这也是日后每年"插班生"招生院校略有变动的原因。三是招生学校自主确定招生专业，自主确定招生计划，自主命题，录取结束后名单报送教委审核，随后学生便可凭借通知书办理转学手续。2000 年实施"插班生"招生，共在 1999 级普通本科学生中招收了 354 名插班生。[①]

应该说，2000 年的"插班生"招生改革措施，与"专升本"招生改革措施相比，各试点学校"插班生"招生的自由度更大，是否参与试点以及招生计划的制定均由各高校自主决定。这使部分表现优秀而在高考中发挥失常的学生又多了一次选择机会。"插班生"的改革让在校大学生能够在高校间适当地流动，有利于建立适当的竞争机制，以进一步激发大学生的创新精神和竞争能力。

3. 上海"专升本""插班生"招考制度改革与评价

在微观上，"专升本"与"插班生"两项重大改革措施的实施，使读大学不再"从一而终"，两项改革有利于扩大学生选择高校和专业的自由度，同时给予

---

① 2000 年上海教育年鉴[Z]．上海：上海教育出版社，2001.

考生宽松的学习环境,有利于促进高校的教学改革,提高教育质量,有利于高等院校全面实施素质教育,高校招生自主权也得到了充分体现,而更重要的意义在于有助于改变"一考定终身"的传统模式,构建了各类教育的"立交桥",激发了在校大学生的学习积极性。[①] 在宏观上,通过上述两项措施,已经基本实现"各类高等教育的纵向衔接和横向贯通",如果再纳入早就推出的"三校生"高考制度改革,就已经基本形成"初等、中等和高等职业教育与培训相互衔接,并与普通教育、成人教育相互沟通、协调发展"的格局,上海各级各类教育间相互贯通的"立交桥"已经基本形成。它们为上海打造终身教育体系、创建学习型城市做了很好的铺垫,打下了坚实基础。

第五节 以"学业水平考试"为基础的考试招生制度综合改革

2013年11月12日,党的十八届三中全会通过的《中共中央关于全面深化改革若干重大问题的决定》指出,要"推进考试招生制度改革,探索招生和考试相对分离、学生考试多次选择、学校依法自主招生、专业机构组织实施、政府宏观管理、社会参与监督的运行机制,从根本上解决一考定终身的弊端","推行初高中学业水平考试和综合素质评价。加快推进职业院校分类招考或注册入学","逐步推行普通高校基于统一高考和高中学业水平考试成绩的综合评价多元录取机制","探索全国统考减少科目、不分文理科、外语等科目社会化考试一年多考"。就此,党的十八届三中全会完成了对我国考试招生制度改革的顶层设计,确立了"逐步推行普通高校基于统一高考和高中学业水平考试成绩的综合评价多元录取机制"。

根据党的十八届三中全会精神,国务院于2014年9月3日颁布了《关于深化考试招生制度改革的实施意见》(国发〔2014〕35号,简称《实施意见》),《实施意见》按照"统筹规划、试点先行、分步实施、有序推进"的原则,确立上海、浙江应分别出台高考综合改革试点方案,从2014年秋季新入学的高中一年级学生开始实施。2014年9月18日,《上海市深化高等学校考试招生综合改

---

① 年士萍.构建高等教育的立交桥:上海打通多层次、多向度、多样化接受高等教育的渠道[J].上海党史与党建,2004 (5).

革实施方案》(简称《实施方案》)由上海市人民政府正式颁布,与浙江省一起在全国范围内率先启动高考综合改革试点。

一、上海市深化高等学校考试招生综合改革的指导思想与思路

"本市现行高等学校考试招生制度在评价标准、选拔方式等方面存在的不足,一定程度上导致了唯分数论、一考定终身、学生选择性不够和过度偏科等问题,影响了学生的全面发展和创新实践能力的培养,迫切需要进一步深化改革"[1],为确保"立德树人,适应经济社会发展对多样化高素质人才的需要,促进学生健康发展、科学选才、维护社会公平"的目标实现,确立了"坚持素质教育导向、确保公平公正公开、提高人才选拔水平、注重系统综合改革,循序渐进、稳妥实施"(见图4-4)的改革原则,着重围绕四个重点而展开。[2]

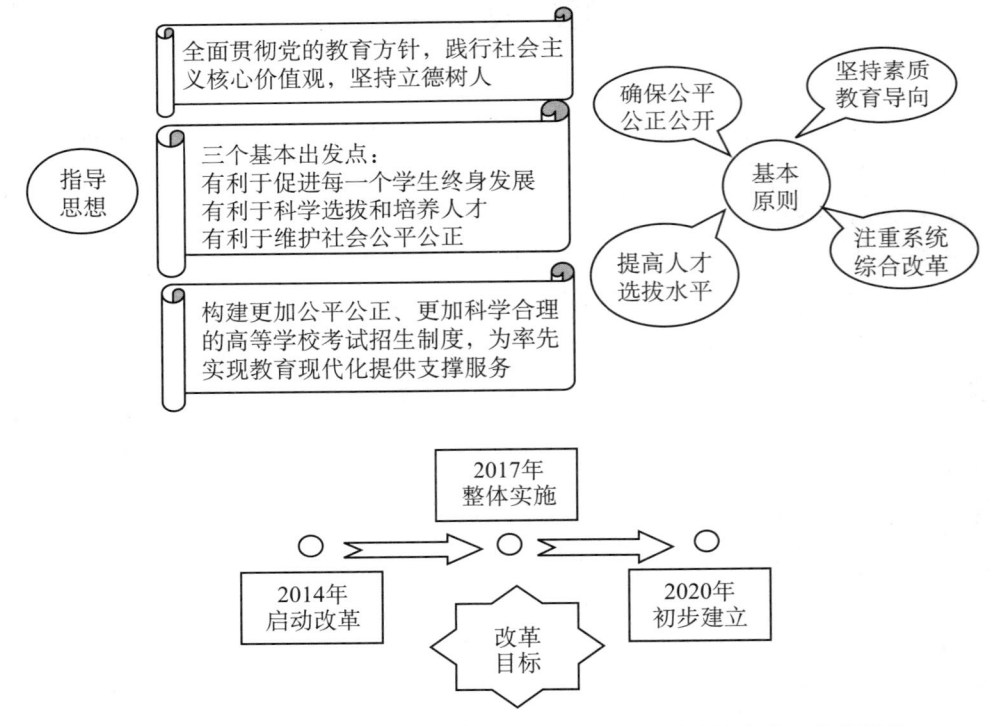

图4-4 图解《上海市深化高等学校考试招生综合改革实施方案》总体要求

---

[1] 上海市深化高等学校考试招生综合改革实施方案.
[2] 一张图看懂上海高考综合改革方案 [EB/OL]. 中国教育在线,2014-09-19.

（1）确保公平：分数面前人人平等为底线，同时努力在考试、评价、招生等环节追求更高水平的公平，克服仅依据一次统一考试、一个单一总分录取导致的问题，给不同特长、爱好的学生有公平的个性发展机会。

（2）增加选择：给予学生更多选择机会，允许学生结合自身实际和兴趣，自主选择科目、难易程度和考试时间，为学生个性发展留出空间，引导学生既打基础，又保护兴趣，发展特长。

（3）多元评价：依据高中不同科目和教学内容的特点，采取不同的评价方式，同时，还将建立高中学生综合素质评价系统，并使其逐步在高校招生录取中发挥作用。

（4）分类招考：将普通高校和高职教育的考试招生相对分开，采取不同的选拔方式，引导实践能力强的学生主动选择高等职业教育，增强被录取考生的成就感和自信心。

为保证《实施方案》稳步推进，使其能够在 2017 年秋季招生中顺利落地，2015 年春季招生即注入改革的元素，比如允许应届生报名参考，录取依据中增加了高校面试或技能测试等内容，报名与投档方式实行"一档多投"等，据不完全统计，直至 2017 年的秋季高考结束，为保证此次改革顺利完成，其间的后续配套措施大大小小涵盖 18 项之多。

二、上海普通高中学业水平考试的改革与完善

自 1999 年上海取消会考制度恢复高中毕业考试以来，伴随"二期课改"的深入推进，上海一直在探索新的学业评价模式与制度改革，直至 2004 年 7 月上海市教育工作会议召开之际，建立高中学业水平考试制度成为会议代表们提出的重要高考改革建议之一，经过五年多的深入研究和广泛征求意见，于 2009 年颁布了《上海市教育委员会关于实施普通高中学业水平考试的通知》（沪教委基〔2009〕53 号），高中学业水平考试制度正式在上海建立。

该方案的总体思路是以不增加考试科目、考试次数等学生负担为前提，在学业水平考试的基础上，尝试建立高校分层次、多样化的选拔录取机制。

主要做法有如下几个方面[①]：

（1）从 2010 年（2009 学年）起开始实施普通高中学业水平考试，考试科

---

① 上海市教育委员会. 上海市教育委员会关于实施普通高中学业水平考试的通知（沪教委基〔2009〕53 号）[Z]. 2009.

目暂设语文、数学、外语、思想政治、历史、地理、物理、化学、生命科学和信息科技 10 门。其中，信息科技考试为上机操作考试，外语含听说能力测试，物理、化学和生命科学含技能操作测试。上述各科目考试内容以上海市教育委员会颁布的普通中小学各学科课程标准中的高中课程标准为依据，并限定在普通高中基础型课程内容范围中。

（2）考试成绩分"合格""不合格"两类。其中，"合格"以上成绩再分为 A、B、C、D 四个等第，A 等约占 20%，B 等约占 30%，C 等约占 25%，D 等约占 23%；"不合格"（F 等）为卷面成绩 60 分以下，约占 2%。学业水平考试成绩"不合格"或因故缺考的学生，可申请参加下一年的考试。

2013 年上海市教委对普通高中学业水平考试制度进行调整与完善。调整了部分科目考试内容与考试时间及成绩认定方式，所有笔试科目成绩采用等第制，分为 A、B、C、D、F 五个等第，其中 F 等为不合格，A 等约占 20%，B 等约占 30%，C 等约占 25%。合格分数线以卷面成绩的标准分值划定。

2014 年，为配合上海市高等学校考试招生综合改革方案的推进，上海市再次对高中学业水平考试制度做了进一步完善。

（1）调整普通高中学业水平考试的科目设置。从 2014 年秋季入学的高中一年级学生开始，普通高中学业水平考试设置语文、数学、外语、思想政治、历史、地理、物理、化学、生命科学、信息科技、体育与健身、艺术、劳动技术 13 门科目。引导学生认真学习每一门课程，避免过度偏科。

（2）把学业水平考试区分为实行合格性考试与等级性考试。合格性考试内容以普通高中课程标准中的基础型课程要求为依据，考试成绩合格是高中学生取得毕业资格的必要条件；等级性考试内容以普通高中课程标准中的基础型和拓展型课程要求为依据。思想政治、历史、地理、物理、化学、生命科学 6 门科目设合格性考试和等级性考试。高中学生在完成基础型课程学习的基础上，可根据自身特长和兴趣，选择学习其中 3 门科目并参加相应的等级性考试。上述 6 门科目的合格性和等级性考试，由全市统一命题、统一组织考试、统一阅卷，确保考试安全有序，成绩真实可信。语文、数学、外语 3 门科目仅设合格性考试，参加统一高考的学生，可以用统一高考科目考试替代相应科目的合格性考试；信息科技、体育与健身、艺术、劳动技术 4 门科目仅设合格性考试，根据本市课程标准要求和学生平时表现，综合测评并确定其合格性考试成绩（见图 4-5）。

（3）普通高中学业水平考试安排。各科目考试分散在高中三年，随教随考随清，为普通高中根据教学规律和学生实际，合理安排教学进度、开展教学改

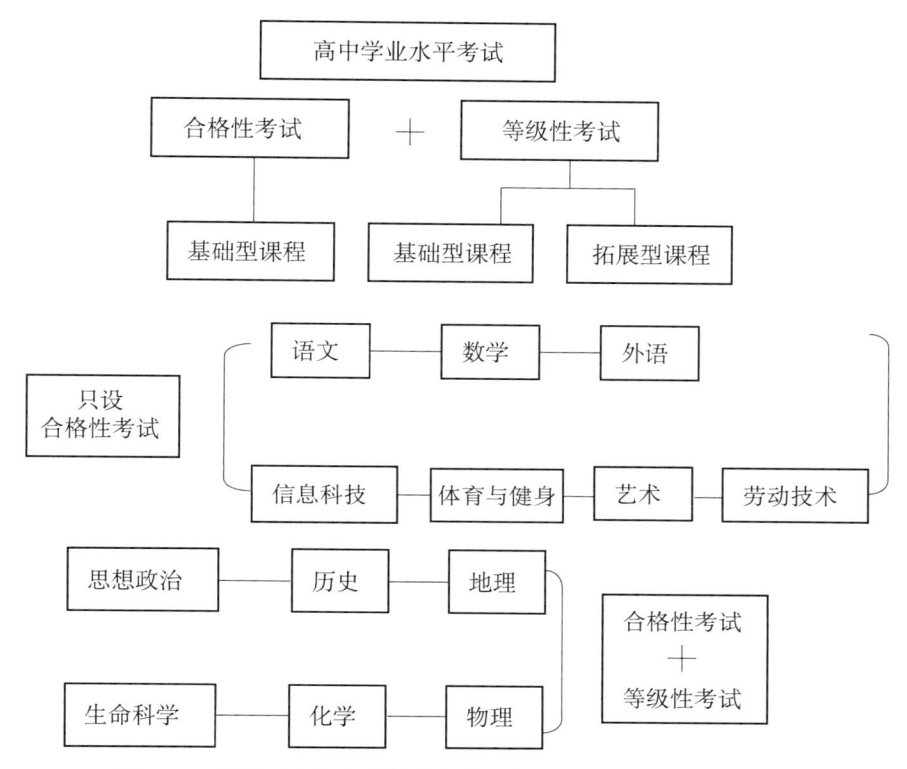

图 4-5　图解《上海市普通高中学业水平考试实施办法（试行）》

革、办出学校特色创造条件。

（4）各科目的合格性考试和等级性考试，高中生只能参加一次。逐步探索普通高中学业水平考试向不同年级学生开放、提供两次及以上考试机会的可行性。普通高中学业水平考试允许社会考生参加。

（5）普通高中学业水平考试成绩的呈现方式。合格性考试成绩以"合格/不合格"呈现。等级性考试成绩以合格性考试成绩合格为基础，按照等第呈现为A、B、C、D、E五等，分别占15%、30%、30%、20%和5%。

三、上海高考综合改革的主要举措

上海高考综合改革的主要举措包括以下几个方面①：

---

① 上海市深化高等学校考试招生综合改革实施方案.

（1）改革高考科目构成及成绩，2017年起，不再区分文理科，高考成绩由两个部分组成：一部分为统一高考成绩，科目为语文、数学、外语3门，每科满分150分；另一部分为学生的学业水平等级考试的选科科目成绩，由学生根据报考高校要求和自身特长，从思想政治、历史、地理、物理、化学、生命科学6门科目中自主选择3门，每科满分70分。总分共计660分。统一高考，时间统一安排在每年6月。外语考试一年举行两次，另外一次安排在每年1月，外语考试包括笔试和听说测试，高中生最多参加两次外语考试。

（2）取消本科录取批次，自2009年上海实行平行志愿填报与录取方式改革以来，上海不设"三本"志愿，除提前批次和特别类别考生以外，本科批次一共两个批次。从2016年起，上海彻底取消"一本"与"二本"之分，实行一个批次平行志愿录取模式。

（3）进一步完善综合素质评价体系。为进一步发挥高中学生综合素质评价信息在高校招生录取过程中的作用，上海进一步改革了综合素质评价的内容，主要包括：学生思想品德发展状况、中华优秀传统文化素养、修习课程及其学业成绩、创新精神与实践能力、身心健康信息、兴趣爱好与个人特长等。为确保规范有序、真实可信，上海市教委同步建设了高中学生综合素质评价信息化平台，依托信息技术手段，形成客观、真实、准确记录信息的监督机制。同时，要求高校在使用高中综合素质评价信息时，必须提前公布使用办法，必须规范、公开使用情况。

（4）设置科目组与录取依据的改革。在上海招生的普通本科院校，须在2014年底前向上海市教育考试院报送本校招生的科目组要求。普通本科院校可根据办学特色和定位，以及不同学科大类或专业人才培养需要，从思想政治、历史、地理、物理、化学、生命科学6门高中学业水平等级性考试科目中，提出不超过3门的科目要求。学生满足其中任何1门，即符合报考条件。对于没有提出选考科目要求的高等学校，学生在报考该校时无科目限制。

（5）继续推进高职院校的分类考试。分类考试是指高职院校的考试招生与普通高校考试招生相对分开，采取"文化素质＋职业技能"评价方式进行。高职院校考试招生中，除文化素质考试外，更加注重职业技能考核。为增强专科高职院校分类招生的吸引力，这次改革鼓励专科高职院校把特色专业招生和主要招生计划安排在统一高考之前，作为专科高职院校招生的主渠道。在本市专科层次依法自主招生中，率先探索学生多次选择、被多所院校录取的方式。

四、分步实施、稳步推进，效果显著

为保证上海高考综合改革方案的顺利推进，上海市教委、上海市教育考试院在市政府的大力支持下，多方调研，优化方案，最终确定三年改革步骤与具体的配套措施。

（1）2015年春季高考面向普通应届生开放，试行一档多投；学业水平考试开考；建立中等职业教育学生综合素质评价体系。

（2）2016年秋季招生中本科批次合并。

（3）2017年新高考方案全面实施，综合素质评价信息在自主招生等环节中开始使用。

（4）2018年中等职业教育学生综合素质评价体系在高校招生中开始应用。

（5）2020年初步构建符合教育规律、顺应时代要求、具有上海特点的高等学校考试招生制度。

从目前的实施效果来看，初战告捷，取得预期效果。《实施方案》明确提出"分类考试、综合评价、多元录取"，有助于遏制应试教育，推行素质教育，坚持立德树人，促进科学选才。有学者总结四大亮点：强调把普通高中学业水平考试与高考挂钩，有助于因材施教，培养"合格＋特长"学生；春季考试招生对象从历届落榜生扩大到应届毕业生，是重大突破；加快推进高职院校分类考试招生；建立高中学生综合素质评价制度。[①]

此次改革虽然获得很多美誉，但仍有不完善之处，需进一步完善方案，笔者相信，随着《关于进一步深化本市高考综合改革试点工作的若干意见》的出台，通过上下齐心协力，群策群力，必将使上海的此次改革方案更加完美，更加精致，形成可复制、可推广的成功经验，走向全国。

---

① 杨德广. 上海高考综合改革试点试出了什么［N］. 中国教育报，2015-03-16.

第五章
教育管理的变革与发展

第一节　率先把义务教育纳入法治轨道

第二节　重建学校生态，尊重规律管办教育

第三节　让校长成为学校发展的舵手与领头雁

引 言

　　管理既是改革发展的内容，也是相应的手段。无论是在外延发展阶段还是在内涵发展阶段，教育管理改革都是提供高效的制度支持、营造适宜的学校发展生态以及提供良好的环境条件的不二选择。

　　改革开放以来，上海始终从基础教育发展的战略高度和实践要求上推进相应的管理变革，在全国创造了多个领先。如颁布《上海市普及义务教育条例》（简称条例，现已失效），率先把义务教育纳入法治轨道；在全国率先开展义务教育学校委托管理，实现了教育资源的跨区域配置，培育了非政府专业机构，激活了薄弱学校发展的内在动力；推出新优质学校，引导学校按教育本原办学，办家门口的好学校；实施特色普通高中建设，以评促建，实现高中学校差别化管理、多样化办学；率先试点和全面推行校长负责制，为上海市中小学校管理体制改革吹响了号角，在上海市中小学教育管理的历史上开辟了崭新的篇章；创设校长职级制，上海是最早实施校长职级制改革的省区市，率先成为全国改革的创新者、实践者。

　　回顾改革开放以来的历程，我们可以看到上海基础教育管理变革呈现了从集权到放权、从偏重依赖单一行政手段到综合多元管理、从管理到治理、从管制到服务、从注重外延发展到注重内涵发展的转变与突破，实现了行政管理与依法治教的结合。上海基础教育管理改革发展的举措多项全国领先，其探索和实践为国家教育发展提供了诸多鲜活案例和有益经验。

第一节　率先把义务教育纳入法治轨道

一、主要背景

　　"文革"结束后，上海市的基础教育经历了拨乱反正，开始再次步入正轨，迅速发展。特别是党的十一届三中全会提出，全党的工作重心转移到现代化建设上来，这一目标向教育领域提出了加快培养又红又专的社会主义接班人的任务。为了完成这一历史使命，普及义务教育成为当时上海市各级政府高度重视的工作之一，同时也成为上海基础教育发展的重要任务之一。

上海当时在普及义务教育的过程中所面临的主要困难是城乡差别十分严重。在 20 世纪 70 年代末，上海市区已经实现完全普及初中教育，但上海的各郊县则连小学教育都还没有实现真正的普及。而且上海各郊县由于"文革"期间盲目发展，虚假普及，造成学校分布过于分散，规模太小，教育质量严重下降，出现适龄儿童生源流失现象，新文盲现象较为严重，特别是适龄女童受教育问题较为突出。放眼全国，同样由于"文革"的破坏，我们整个国家在当时连小学教育也尚未实现普及。教育方面存在的这种严峻的情况与整个经济社会发展对人才培养的要求和需求之间存在着巨大的矛盾，更与我党提出的要建设社会主义现代化强国的目标极为不符。为了切实改变这种状况，特别是普及小学教育，中共中央、国务院在 1980 年发布了《关于普及小学教育若干问题的决定》。上海市各级政府依据这份文件精神制定各种政策、采取各种措施确保小学教育的普及。比如规定 16 岁以下没有达到小学、初中文化程度的学生，不得参加农业、手工业、商业等各种劳动，不得享受公社大队企业的补贴和集体福利等。到 1983 年底，经上海市教育局的验收，郊区 10 个县的小学都达到或者超过了教育部制定的《关于普及初等教育基本要求的暂行规定》的标准。适龄儿童入学率也达到了 99.21%，在校学生的年巩固率达到 98.71%，至此上海郊县普及初等教育的目标基本实现。[1]

1985 年 5 月，中共中央发布了《关于教育体制改革的决定》（见图 5-1），提出把发展基础教育的责任交给地方，实行地方负责、分级管理的新体制。同时中央和地方政府的教育财政拨款的增长高于财政经常性收入的增长，并使按在校学生人数平均的教育费用逐步增长。

同年 7 月，上海市八届人大四次会议通过了全国第一部地方教育法规——《上海市普及义务教育条例》，确定基础教育在市区由市、区两级政府分级管理，在郊县由市、县、乡镇三级政府分级管理的新体制，并明确了市、区县、乡镇政府的职责和权力。实行分级管理后，基础教育绝大部分的管理职能，包括筹措教育经费、学校设置和布局调整、具体招生办法、改善办学条件、提高教师待遇、保证学生入学和提高教育质量等，放给了区县、乡镇政府，各区县都把基础教育特别是九年义务教育纳入本地区经济、社会发展规划，落实教育经费的"两个增长"。

---

[1] 吕型伟. 上海普通教育史 [M]. 上海：上海教育出版社，1994：432-455.

图 5 - 1　1985 年 5 月 27 日《人民日报》头条刊登了
《中共中央关于教育体制改革的决定》

1986 年 4 月，六届全国人大四次会议通过《中华人民共和国义务教育法》，将这一决定以法律的形式固定下来，促进教育发展。1986 年 8 月，上海市政府颁布《上海市普及义务教育条例实施细则》。《中华人民共和国义务教育法》实施后，上海市、区县人大常委会每年组织检查执行情况。此后，上海逐步构建了完整的地方教育法规体系，并落实各级政府的责任制，不断完善执法机制，使依法治教成为全社会的共识。20 世纪 90 年代以来，上海义务教育阶段的适龄儿童、少年全部入学，小学和初中的合格率和巩固率均达到和超过国家标准。上海市政府主要从法律和方针政策上加强管理和宏观指导，并逐步建立健全各级各类教育的督导评估制度。[①]

二、主要改革内容和举措

《条例》作为全国第一部地方教育法规，整体来看主要涵盖和包括了如下一些内容：

《条例》以简洁扼要的语言阐述了制定的原因和法理依据。其中，《条

---

① 吕型伟. 上海普通教育史 [M]. 上海：上海教育出版社，1994：456 - 457.

例》出台的原因是"为了提高本市人民的思想道德和科学文化水平，适应社会主义物质文明和精神文明建设的需要"，其法理依据是《中华人民共和国宪法》。《条例》第四、六、七条对父母、监护人、机构组织等应尽的义务进行了明确规定，如"到达入学年龄的儿童，不分性别和民族，均应于新学年开始时入学。因疾病或其他特殊原因不能入学的儿童，由父母或监护人申请，经乡（镇）人民政府或街道办事处批准，可以延缓入学或者免予入学"。对于违反以上规定的父母、监护人等，也规定了惩罚措施："父母或监护人应使其抚养的适龄儿童、青少年不间断地受完义务教育。对无正当理由，经教育仍不履行此项义务者，由当地人民政府处以罚款并可采取其他强制措施，促使其送子女或被监护人入学。"对于义务教育的免费性质，《条例》在第五条中也进行了规定："本市适龄儿童、青少年接受义务教育免缴学费。"

《条例》对义务教育的入学年龄、学制、学校类型和教育目标等进行了原则规定。《条例》第四条规定："本市儿童的入学年龄为六周岁。区、县可以根据实际情况推迟或提前，推迟或提前的时间不超过六个月。"关于义务教育的学校类型和学制问题，《条例》第二条进行了如下规定："本市实施小学至初中九年制义务教育，并积极创造条件普及高中阶段（包括普通高中和各类中等职业技术学校）的教育。"对于义务教育的目标，《条例》第八条提出了四有新人的培养目标，"中、小学要全面贯彻国家的教育方针，努力提高教育质量，使学生在品德、智力、体质等方面全面发展，成为有理想、有道德、有文化、有纪律的一代新人"。

《条例》规定了各级政府在义务教育事业中承担的责任和考核机制。《条例》第九条明确提出中、小学教育由各级人民政府负责，实行分级管理。《条例》第十八条明确规定："各级人民政府负责制订本行政区域范围内的普及义务教育规划，并组织实施。普及义务教育的合格标准，由市教育行政部门制订。区、县、乡（镇）的普及义务教育工作，由上一级人民政府考核检查，合格的发给证书；成绩优异的，给予表彰、奖励。对未能按规定达到普及义务教育合格标准的，给予批评，并限期完成；对严重失职的，予以严肃处理。"

对于实施义务教育所需事业费和基本建设投资，《条例》提出普及义务教育经费由各级人民政府列入财政支出预算，并通过多种渠道筹集解决。《条例》同时将"确保两个增长"和"教育费附加"也列入了条款。

对于义务教育的师资问题，《条例》规定中、小学教师应具有高尚的思想品德，热爱教育事业，分别具有高等师范本科、高等师范专科或中等师范毕业（或相当于上述水平）的文化程度和相应的业务能力。为了防止教师的外流，《条例》明确规定高等师范院校毕业生的分配应保证普及义务教育师资的需要。未经市教育行政部门批准，任何机关和单位不得抽调教师改做其他工作。对于从事义务教育教师的社会地位，《条例》明确中、小学教师的崇高劳动应受到全社会的尊重。鼓励教师终身从事教育事业。提高中、小学教师的社会地位，逐步提高他们的生活待遇。鼓励教师从事农村教育工作。对由市区去郊县、由郊县城镇去乡村工作的教师，保留市区、城镇户口，并给予生活补贴。

三、重大突破与意义

首先，《条例》以宪法为根据，总结了"文革"以后上海普及和改革义务教育的历史经验，反映了当时上海经济建设、社会发展与科技进步的需要，为普及义务教育提供了法律保障。它的颁布和实施，标志着尊师重教、依法治教的理念逐步深入人心，促进了中国教育法治化进程。

其次，《条例》出台时正是历史激荡的 20 世纪 80 年代。这个时期国内改革开放刚不久，大量新技术、新观念涌入；国外则是全世界的新技术革命在如火如荼地发展。当时，193 个国家和地区之中已经有 168 个国家和地区宣布实行义务教育。《条例》吹响了中国义务教育事业改革与发展的号角，也掀开了中国全国范围内普及与发展义务教育的序幕。

最后，《条例》的出台，是上海义务教育事业快速发展的强有力的制度保障。当时"文革"结束没有多久，人们在思想领域和政治体制上都存在许多桎梏和束缚，经济情况整体并不发达。在该《条例》的制定与实施中，市政府的教育管理强势作用充分体现，宏观调控能力和作用得以发挥。《条例》明确了区县政府对教育的分级管理制度，逐渐健全了区县政府的教育管理职能，使得教育改革的主动性大为提高，进而对义务教育的实施起到重要的保障作用，这也说明了一个新的历史时期事物发展的普遍规律，即重大问题解决必须有法规及体制机制的保证，这引领了全国基础教育的发展，也为上海 20 世纪 90 年代基础教育大发展提供了必要的准备。

第二节　重建学校生态，尊重规律管办教育

一、以外力滋养内功：义务教育学校委托管理[①]

1. 主要背景[②]

以委托管理推进农村义务教育学校内涵发展是政府职能转变的具体实践和主动探索。随着政府公共服务职能的强化，提升公共服务的水平和效率的要求已经摆在我们面前。以"管办评"分离与联动机制为重点，逐步建立新型的政府、学校、社会之间的关系，努力形成"政府宏观管理、学校自主办学、社会提供专业服务"的教育发展新格局，是教育行政部门转变政府职能的主动探索和具体实践，有利于提高行政效率和公共服务水平。推行农村义务教育学校委托管理，是在明确政府的公共服务职能的基础上，将政府公共服务实施中的具体事务委托给专业化的社会机构，从而激活"管办评"分离与联动的机制，扩大优质资源的辐射效应，多渠道提升政府公共服务的水平和效率，推动义务教育均衡发展，努力办好人民满意的教育。

诞生于20世纪80年代的新公共管理理论，主张改变传统模式下的政府与社会之间的关系，重新定位政府职能及其与社会的关系，将竞争机制引入政府公共服务领域。更加重视提供公共服务的效率和质量，也更加重视赋予基层组织"经理"和管理人员职、权、责。新公共管理主张放松严格的行政控制，而主要通过制定并执行法规、制度来宏观控制；主张实行严明的绩效目标控制与管理，主张取消公共服务供给的垄断性，虽然政府的主要职能是向社会提供服务，但这并不意味着所有公共服务都应由政府直接提供。政府更多地"掌舵"，而把具体的"划桨"任务交给有能力的基层组织。

中国改革开放近30年时，人们的目光开始转向政府的公共管理改革，开始审视当下"管办不分"的现象及其带来的弊端。如在传统的学校制度中，公办学校既是政府所办，也是政府所管，又是政府所评，政校不分，职责不清，教

[①] 本部分涉及的数据，如无特别说明，为委托管理启动实施时的数据，今天已经有所变化。——编者注

[②] 尹后庆．"管办评联动"机制创新研究：基于浦东教育改革的探索［J］．教育发展研究，2006 (10B)．

育局局长是大校长，政府包办一切，学校被动执行，因此服务质量不高，公共服务满意度受到质疑。为了改善公共事务的管理水平，提高公共服务的品质，使中国快速、和谐与持续发展，需要重新界定政府角色，转变政府职能。

浦东开发和开放对公共教育服务与公共管理提出的挑战。第一，浦东经济迅速发展为教育事业发展带来机遇。20世纪90年代以来，浦东经济总体实力快速增强。从1990—2005年的16年间，GDP从60亿元上升到2 100亿元，增长了34倍。第二，大量人口流入为浦东教育带来了现实压力。浦东的改革开放吸引了大批国内外、区内外的建设者，加上上海市中心城区人口的迁移，使得浦东人口规模不断增大，也引发了浦东适龄入学人口的持续走高。浦东基础教育阶段在校学生数占上海市的比例从1993年建区之初的1/9发展到1/7强。浦东教师总数也从1990年的1.7万名增加到2006年的2.4万名。十多年来，全区共新建公建配套中小幼学校214所，学校占地面积增长了91.4%，建筑面积增长了1.8倍。第三，教育事业的迅速膨胀带来了优质教育供给能力与浦东人民对优质教育服务需求之间的矛盾。与中心城区相比，浦东教育处于后发地位，效益和品质有待提高。就新区自身而言，优质教育资源短缺且城郊教育的不均衡性十分显著。全区（与南汇区合并之前）的4所市实验性示范性高中和4所市示范性幼儿园几乎都在城区，义务教育阶段老百姓心中的"好"学校也大多集中在城区。有特色、有个性的学校较少，各阶段优质教育资源比例低于全市的平均水平。民办学校在校生数占学生总数的比例低于上海市平均水平。满足国际居民需求的基础教育供给不力，农民工适龄子女有3/5可纳入浦东义务教育发展规模之内，尚有2万农民工子弟在简易学校就读。同时，教育观念、教师队伍和学校制度等方面仍有待提高。第四，政府管理格局面临"小政府管理宽领域"的压力和挑战。浦东新区占地569平方公里，拥有上海最大的基础教育规模，学生超过26万人，总体规模相当于2个徐汇区、3.5个黄浦区或7个卢湾区[①]。浦东教育行政主管部门是社会发展局，其管理范围包括教育、卫生、体育、人口和计划生育四大领域，管理对象数量众多。但机关公务员数量只相当于其他区县的1.5个教育局的人数。行政管理团队之小巧，管理范围之广阔，管理数量之庞大，对政府的公共管理提出了新挑战。

2005年，国务院批准浦东综合配套改革试点，其中公共服务部门改革被列为重要内容，在教育部门则具体为：积极探索"管办评"联动机制，推进政府职能转变，构建能促进和谐社会建设的公共教育管理服务体系。

---

① 当时黄浦区、卢湾区尚未合并。——编者注

2. 改革内容与举措

(1) 浦东的先行先试。起点是"管办评"联动机制构想：第一，明确政府公共服务职能，搭建教育发展公共服务平台，浦东新区政府在教育方面承担以下公共职能：首先，为全区教育发展做好事业规划与政策设计，建立全区教育投入保障机制，提高各阶段教育生均公用经费标准；实行义务教育全免费制度。其次，制定教育资源配置标准，遵循城郊教育的"四个统一"原则，促进城郊教育的均衡发展。再次，建立公众参与、专家论证、政府决定相结合的公共教育决策机制。建立重大教育决策的审议制度和听证制度，提高公共教育决策回应公众和社会需求的能力。最后，建立教育绩效问责制度，建立义务教育经费预算执行情况的公报与监督制度，实现公共教育财政责任法制化。第二，"管办评"分离与联动。一是分离。浦东教育"管办评"联动的前提是"管办评"分离，即厘清教育三大"主体"（政府、学校与社会）的基本职责与关系，其基本模式构想是：政府宏观管理，学校自主办学，社会提供专业服务。政府管理的主要职能定位在法律法规制定与执行、公共政策设计、发展规划制定、服务平台建设、监管职责完善等方面，即宏观指导和政策服务靠前一步，具体事务管理退后一步。学校作为办学主体，应该有效运用各种资源，为社会提供各类教育服务。它们应该拥有法人主体地位，具有主动发展意识与能力，能够自觉进行自我约束。其中的公办基础教育学校主要运用政府财政投入，从事必需的纯公益性教育服务。社会专业组织（主要指非政府、非企业、非营利专业机构），承接政府委托、购买的具体管理事务，包括管理、评估、咨询指导等各种类型，为学校提供专业服务。二是在分离基础上的"绩效问责"联动：首先，政府通过建立教育服务标准、明确绩效标准、建立资源协议、明确预算和财务管理要求等，与学校建立绩效管理合约，或与社会专业组织建立委托管理，购买评估、咨询等服务合约。对于政府与学校间的绩效管理合约，政府可以通过教育督导或购买第三方专业评估组织的专项评估，对合约方学校服务提供状况进行客观评估，并建立问责机制。其次，对于政府与社会专业组织间的委托管理绩效合约，政府也可以通过购买第三方的专业评估，对委托合约方的管理服务绩效进行客观评估，并建立问责机制。同时政府也可以通过了解被委托管理的对象的意见来丰富问责内容。创新学校法人治理，增强学校自主办学意识与能力。对有条件、有自主办学能力的学校，逐步探索完善学校法人治理结构。通过建立学校理事会（董事会）和民主管理等形式，建立起自主办学、管理科学、职责分明、权力制衡的法人治理结构。学校外部要以社区参与和家校合作为突破口，探索构建社区、家庭参与学校管理的有效机制。再次，发展并完善对学校的督导与评估。完善发展性督导评估制度，构建标准多元、主体多元的教育评估体系，根据政府与学校签订的绩效管理合约进行督导评估和有效问责。在依法实行督导评估外，也可委托社会专业组织对学校（目前主要是民办学校）的办学水平和教育质量进行评估，评估结果向社会公布以接受监督。加强民办学校的非营利制度设计。设计教育成本核算制度、运作效益监控制度、办学质量承诺制度、社区家长认可制度等一系列制度。同时加强财务审计，确保其非营利性。最后，针对一部分学校的"委托管理"实践构想。对于缺乏自主办学能力且办学水平低、人民群众意见较大的学校，分步采取有偿委托拥有优质教育资源、有较强管理专业水平的社会专业组织进行管理的办法，目的是把区内外的优质教育资源以各种不同的模式"嫁接"到相对后进（主要是郊区）的学校，通过引入智力资源和知识产品，改变管理效能与学校文化，提高办学水平，并培育和催生新的优质教育资源。第三，引入非营利概念，多渠道落实公共服务。根据相关法律法规，一批社会依法设定的"非政府""非企业""非营利"的民办教育机构相应产生，它们和一部分非政府组织提供的"非营利"服务项目一起，被纳入浦东新区教育"管办评"联动机制框架内。比如，制定对非营利民办教育机构的支持政策。浦东设立了民办教育发展政府专项基金，专门用于支持非营利民办教育机构的发展。浦东的非营利民办教育机构在教研、培训、职称评定等方面可以与公办教育机构享有同等待遇，在租赁校舍时可享受一定的优惠条件。再比如，拓展购买优质教育服务（专业服务）的渠道。目前主要有：在教育规划框架下，通过招标和园舍租赁，引进、鼓励民间资本举办民办幼儿园，同时政府通过向民办幼儿园购买"学位"的方式（即对口地段内的适龄儿童按公办幼儿园标准收费），落实公建配套范围内居民应享有的教育权利。第四，鼓励优质教育机构输出教育专业服务。购买优质的教育专业服务，通过"委托管理（如管理学校运行、各类专门项目等）""专项服务"等途径，支持已有教育机构服务质量的提高，从而拓展落实政府公共教育服务责任的渠道。政府、学校、社会三方闭环制约机制见图5-2。

（2）委托管理在东沟中学实践。[①] 东沟中学（见图5-3）创办于20世纪50年代，原属东沟镇管辖的农村初级中学。2003年随着浦东新区城郊教育管理体制一体化的实行，东沟中学与新区的86所农村初中一起由"镇管"划归新区"统管"，归入新区第一教育署。由于长期以来各方面条件的限制，东沟中学管

[①] 尹后庆."管办评联动"机制创新研究：基于浦东教育改革的探索[J].教育发展研究，2006(10B).

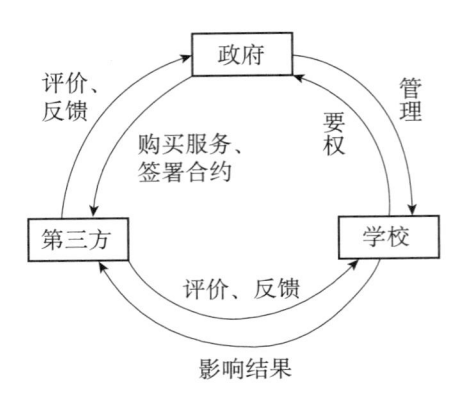

图 5-2　政府、学校、社会三方闭环制约机制

资料来源：高兵，杨小敏，雷虹. 管办评分离的本质探析与实现路径［J］. 教育评论，2015（3）.

理水平与教育质量一直不高，基本处于新区同类学校的中下层次。成功教育管理咨询中心（简称"管理中心"）是由上海市闸北八中特级校长、成功教育研究所所长刘京海创办的民办非企业法人组织。根据浦东教育"管办评"联动机制的基本构想，2005 年 6 月，浦东新区社会发展局与上海市成功教育管理咨询中心签署了《东沟中学委托管理协议》。根据协议，东沟中学自 2005 年 7 月 1 日起由政府委托成功教育管理咨询中心实施管理，第一轮管理期限为一个初中教育周期——4 年（上海义务教育实行五四制）。

图 5-3　上海市东沟中学

根据双方签订的《东沟中学委托管理协议》，东沟中学的委托管理主要有以下内容：一是在委托管理期间，东沟中学"国有公办初级中学"的性质保持不变，与新区政府的隶属管理关系保持不变；新区政府保障东沟中学享有与新区其他义务教育阶段公办初中学校同等的资源投入与政策保障。二是委托管理期

限为初中的一个教学循环，共 4 年；委托管理期间东沟中学应根据党和国家的教育方针，全面推进素质教育，办学水平和教育教学质量达到全区平均水平以上。三是作为管理方，管理中心应在遵守国家和上海市、浦东新区的有关法律、法规和规章制度的基础上，根据新区政府的要求，和东沟中学实际制定具体的办学方案，包括引入教育理念、管理理念，建立有效能的管理模式，组织教育教学、培训教师以及各类教育资源的有效使用等全方位办学内容。办学方案在经过有关专业组织评估和社发局认定后，作为委托方与管理方共同遵守的办学要求和评估办学成效的主要依据之一。四是委托方与管理方有共同责任。通过东沟中学的委托管理实践，探索建立现代学校制度的有效途径与方法，探索利用社会多种资源和方式发展新区基础教育的途径和方法，促进新区优质基础教育资源的扩大。为保障管理方享有充分的办学自主权，在委托管理期间，东沟中学的校长人选由管理方负责推荐，报社工委、社发局核准后聘用。学校实行校长负责制，依法组织实施教育、教学等各项管理工作。政府则应积极支持学校进行教育综合改革试验，并为学校开展教育、教学活动和管理工作提供及时的指导和有效的服务。五是委托管理期间，管理方可以充分使用东沟中学的校舍、土地、设备、仪器等国有资产服务于学校办学，但不享有处置学校资产和在办学目的之外使用学校资产的权利。管理方应依法接受政府的招生、人事、财务、资产等管理工作的要求，依法接受政府对东沟中学办学水平、教学质量、教育管理工作的监控和评估以及对校长的经济责任审计。六是东沟中学的委托管理是政府购买服务的一个项目，政府应支付必要的服务费用。政府作为服务购买方每年要通过专业机构对中心管理的东沟中学办学质量进行考核与评估。经考核，委托管理取得明显成效并达到委托管理要求的，管理方享有合理获得委托管理报酬的权利。

2007 年，在总结东沟中学委托管理经验基础上，上海市教委在全市选择了 20 所相对薄弱的农村义务教育学校，之后又在 2009 年，再次推出 40 所委托管理学校。由中心城区派出优质学校或教育中介机构对其进行委托管理，将委托管理制度在全市推广。

3. 突破性意义与价值

东沟中学的具体实践表明，这是一个"三赢"模式：为政府创新了资源配置机制，提高了管理服务水平；培育了非政府专业机构，活跃了市场经济背景下教育要素的生长与发展；提高了学校的办学水平，符合人民群众的根本利益。

第一，创新了政府的资源配置机制。浦东教育的"管办评"分离联动机制第一次把传统的公共教育的全流程切分为管、办、评三大领域，这种切分使过去笼统的"政府教育职能"有了主题性分解(管、办、评)和主体性分担(政府、学校、社会)的基础,为明确参与主体的权责对应框架创造了可能。"管办评"分离联动机制也第一次从资源化的角度来看待"管办评"的不同领域和功能,从而为教育资源的配置机制创新开辟了新的途径。由于资源的可交换性,可以通过资源的选择、购买、组合使公共资源得到优化配置,政府教育职能的有效履行有了更多的实现途径。体制外中介平台的引入使教育资源的跨区域选择与优化配置有了可能。

第二,在机制创新的实战中培育非政府的教育专业机构。对于包括专业性社会中介机构在内的社会组织的培育,当前政府无疑应承担更多的责任,但培育的方式不能沿袭传统包办之路,而主要应该通过环境创设、政策调控、项目委托等方式,运用市场经济体制的基本规律来培育和扶植它们,使其在实践中成长。东沟中学的实践也证明,以优质社会组织(如学校、研究机构)为母体,以优秀领军人物(如校长、专家)为品牌,来催生和培育专业化的社会教育中介机构可能是当前教育中介机构成长的一条重要路径。当然培育过程中以市场经济的基本规律来激发社会中介机构的发展积极性也是题中应有之义。[①]

第三,突破了教育资源跨行政区域流动的制度壁垒。采取委托管理,有利于突破现行体制机制下学校人、财、物等资源跨区域流动难的问题,可以实现中心城区优质教育资源更有效地辐射郊区农村。在现行属地化管理体制下,学校的人、财、物等资源跨区域流动难度较大。由市教委拨出经费,供郊区教育行政部门向城区教育机构购买服务,并以委托管理的方式来推进郊区农村义务教育学校内涵发展,可以有效突破现行行政区域的界限,使中心城区优质教育资源更加充分地发挥作用。

二、以树自信求本原:新优质学校建设

1. 主要背景

(1) 世界层面。

从国外来看:20 世纪后半叶以来,世界教育体制发生了很多重要的变化,其中之一便是教育权力的分散化:学校开始由被动执行者(政府教育政策的执行者、各类专家理论的实践者)的身份走向自主发展者(根据教育自身的专业精神探索自主管理、自主发展)的角色。因此自 20 世纪 70 年代以来,在世

---

① 尹后庆. 创新公共教育管理模式 推进区域教育发展 [N]. 文汇报,2010 - 04 - 25.

范围内出现了一场"学校重建"运动。该运动的特点概括起来就是从学校实际出发，探索适合各自特点的优质学校模式，把优质学校看作一个不断成长、不断发展的过程。这些以学校为本的研究突出了学校在教育改革中的地位与作用，显示了学校自身的发展与提高对整个教育改革的影响。[1]

(2) 国家层面。

从国内来看：自1986年我国颁布实施《义务教育法》以来，我国基础教育发展的重点转向九年义务教育的普及。从我国整个基础教育的发展趋势来看，虽然基础教育在"量的扩张"方面的矛盾依然存在，但基础教育在"质的提高"方面的矛盾则更为突出。人们不仅期望接受更多的教育，而且希望能够接受更优质的学校教育。而现有的优质教育资源却远远无法满足整个社会的需求。

(3) 上海层面。

上海市实施"新优质学校"项目的具体背景可以概括为以下几个方面：第一，近年来上海基础教育事业的发展取得了很多突出的成果，特别是PISA测试的结果显示，上海的一大批老百姓家门口的学校办学水平较高，托起了上海义务教育质量的底部，其办学经验值得总结和发扬。第二，近些年来，上海很多区县和学校追求升学率，按分数排名的现象愈演愈烈，明显背离学校育人为本的宗旨，基础教育迫切需要实现转型发展。[2] 第三，2010年上海市教委制定了"上海规划纲要"，提出促进公平和提高质量为重点的内涵式发展目标，"新优质学校"项目正是为贯彻、实现这一目标而提出的。正如上海市教委主任尹后庆在《动态认识均衡》中明确提出，上海市义务教育已经处于高位均衡发展阶段，在这个阶段，深层次的内涵发展任务远远比学校办学条件改善更加紧迫，改革的着力点越来越趋向于质量和效益的提升，越来越多的改革发生在学校、课堂、教师、学生等内核中。[3]

2. 改革内容与举措

"新优质学校"项目起源于2011年初，主要是为了落实"上海规划纲要"中所提出的促进公平和提高质量为重点的内涵式发展目标。2011年上海市基础教育工作会议确定了以提升基础薄弱校的办学质量为目的的"新优质学校"发展项目。这个项目概括来说就是重点研究一批不挑选生源、不争抢排名、不集聚资源、没有特殊资源和优厚文化积淀的公办学校，回归教育的本原，以"促进每一个学生健康快乐成长""办好每一所家门口的学校"为目标，通过经验总

---

[1] 谢翌，马云鹏. 优质学校建设的背景、理念与维度 [J]. 教育发展研究，2007 (5B)：34.
[2] 胡兴宏. "新优质学校"追求什么 [J]. 上海教育科研，2015 (3)：5.
[3] 尹后庆. 动态认识均衡 [J]. 上海教育，2014 (4)：16.

结、建立平台、推动发展、宣传辐射和区域推进等途径和集群式的发展模式，尽可能地影响到上海更多学校的办学追求，使"新优质"的理念成为义务教育阶段公办学校发展的重要导向，推动大家都力争把自己的学校办成让所在社区百姓满意的学校。[1] 2015年上海市教委制定了《上海市新优质学校集群发展三年行动计划（2015—2017年）》，其中进一步明确"新优质教育"主要是指：在育人观念上，回归教育本原，关注每一个学生的差异发展；在课程建设上，根据学生发展需求建立丰富、可选择的课程体系；在课堂教学上，满足每一个学生的学习需求，特别关注学有困难学生的成长支持；在质量评价上，突破单一的分数指标，实施以学业质量"绿色指标"为基础的教育质量综合评价。具体举措为：

（1）按需集群，聚焦"新优质教育"开展实践。

市级层面将100所新优质学校集群发展项目学校（简称"市项目学校"）结成实践研究共同体，由上海市新优质学校研究所进行指导，按照新优质教育理念，根据基础教育发展趋势和校本教育改革深化的关键点，寻找学校"最近发展区"，进行新优质学校设计，形成立意高、可持续、符合学校实际的具体发展路径。各区县教育行政部门结合区域教育综合改革实际，组织一批区域新优质学校集群发展项目学校（简称"区项目学校"），聚焦课程与教学、管理与文化、评价与改进等领域的瓶颈问题，组成不同项目的实践研究团队，以研究和实践相结合的工作方式开展行动研究，在协同研究中提升学校解决关键问题的能力，促进学校转型发展，提高办学质量。

（2）培育范例，提炼"新优质教育"的核心经验。

市教委和区县教育行政部门组织专业力量对参加新优质学校集群发展项目的学校（简称"项目学校"）逐一进行深度调研，开展个案实证研究，诊断分析问题，进行跟踪指导，构建问题解决的行动模型，发掘与提炼符合"新优质教育"理念的示范案例和学校样本经验。在梳理办学成功经验的基础上，强化专业人员与学校的密切合作，探索建立符合"新优质教育"理念的"发现—培育—改进—提升"的学校发展机制，揭示学校优质发展的基本路径，实施具有针对性、操作性和创新性的"新优质教育"培训课程，从而丰富和完善"新优质教育"的基本内涵，将"新优质教育"的核心经验进行推广与辐射。

（3）多维分享，创建"新优质教育"的展示平台。

改革学校发展经验传播方式。改变以往单纯的结果式、结论式、静态化的

---

[1] 胡兴宏． "新优质学校"追求什么[J]．上海教育科研，2015（3）：5．

经验传播方式,在关注"项目学校"发展结果的同时,更加注重学校变革的过程化、可视化、动态化的经验共享新模式的应用与推广。市与区县形成合力,搭建多渠道的"新优质教育"交流、展示平台。根据学校变革经验的呈现方式,充分运用电视、报刊等传统媒体和微博、微信等新媒体,加强宣传推广力度,提升"新优质教育"及项目学校在市民中的知晓度和影响力。积极主动地向广大教育工作者及家长、社会传递"新优质教育"的办学理念,在全社会树立正确的教育发展价值导向。市级层面将创办"新优质学校"微信公众号与《新优质学校》,引导"项目学校"主动通过微信公众号与《新优质学校》对外传播学校的办学理念、重要举措和办学成果;建立学校之间交流互动、共享开放学习资源机制,实现协同发展;增强对家长和社区需求的敏感性,丰富家校互动方式,完善诉求反馈机制,提高学校的开放度和知名度。

(4)培养队伍,打造"新优质教育"的中坚力量。

市教委以培养践行"新优质教育"的校长队伍为重要任务,采取高级研修、岗位锻炼、展示辐射等方式,打造一支具有"新优质教育"理念、全力办好"家门口好学校"的高素质校长队伍。区县教育行政部门要为项目学校的校长和教师提供充分的培训、锻炼、扶持、交流展示等机会和渠道,转变广大教育工作者的教育理念和教学行为,形成一大批认同和践行"新优质教育"理念的师资队伍。

(5)市区联动,营造"新优质教育"的绿色生态。

市教委将推进新优质学校集群发展,将其作为促进义务教育阶段公办学校变革的重要抓手。"市项目学校"要在转型发展方面发挥好示范、引领作用。上海市新优质学校研究所要积极将新优质项目学校的推进模式和有效经验辐射到区县。区县教育行政部门要在区域推进新优质学校集群发展中,树立鲜明的价值导向,拓宽视野,统筹资源,鼓励跨界,多元合作,创新区域推进机制,形成"新优质教育"生态圈。要鼓励学校积极参与到市区两级攻关研究项目之中,充分激发学校的自主性和主动性,释放学校和教师的改革活力,引导学校将新优质项目实践与其他各项工作整合起来,通过专业引领和富有区域特点的学校组群来提升学校的变革能力,推动学校教育教学的整体设计与优化。

(6)深化研究,形成"新优质教育"的品牌效应。

强化理论与实践结合的行动研究。整合上海市新优质学校研究所、教育教学研究机构和有关高等院校的资源,将集成研究的成果付诸行动。同时,研究"新优质教育"的理论问题,锤炼新优质学校集群发展的一般经验。聚焦"新优质教育"的核心问题,厘清"新优质教育"的基本内涵、基本特征、发展路径、行动策略，构建"新优质教育"理论体系，以更好地指导"新优质教育"实践，打造"新优质教育"品牌。建立新优质项目学校评测标准与反馈机制。吸收国内外先进学校评估理念，结合上海实际，研究制定《上海市新优质项目学校评测标准》，构建"办学效果—社会反应"有效反馈机制，形成基于标准的项目学校循环改进的提升机制，引领更多学校走向新优质。[1]

3. 突破性意义与价值[2]

新优质学校项目的突破性意义与价值可以概括为四个方面：

第一，在办学起点方面，做到依法全纳。所有新优质学校不挑选生源，全部严格按照国家《义务教育法》的规定，负责任地接纳就近、对口入学的全部适龄儿童，公平公正对待每一位学生，而不管这个学生是来自哪一类社会阶层、哪一种家庭背景、哪一个居民社区等。

第二，在办学目标方面，做到回归本原。新优质学校不追求外在的学校排名，而是追求尽可能满足学生的发展需求，适应学生的个体差异，促进每个学生健康快乐成长。义务教育阶段公办学校一个共有的特点就是，学生之间差异大，来自普通市民家庭的孩子比例高。

第三，在办学过程方面，做到积极探索。新优质学校努力从自身校情、自身学情出发，积极开展课程教学方面的改革，通过家校合作方式，主动探索提升学校办学水平的有效策略，并努力构建形成学校可持续发展的内部、外部联动的条件和机制。同时新优质学校的办学理念、办学经验和改革探索成果还要具有积极的辐射影响力，能够为同类学校提供改革发展的范例或借鉴。

第四，在办学结果方面，做到百姓满意。新优质学校在政府均衡配置教育资源的前提下，明显提高自身的办学水平，成为周边百姓满意的好学校。学校通过努力为每一个学生提供优质的教育服务，留住对口的地段生。

三、以错位辟新路：推行特色普通高中建设

1. 主要背景

特色普通高中建设是贯彻落实"国家规划纲要"和"上海规划纲要"精神要求的具体举措，也是深化普通高中育人模式改革、促进学生全面而有个性发展的内在需要。

---

[1] 上海市教委关于印发《上海市新优质学校集群发展三年行动计划（2015—2017年）》的通知（沪教委基〔2015〕77号）[Z]. 2015.

[2] 胡兴宏. "新优质学校"追求什么[J]. 上海教育科研，2015（3）：5.

"国家规划纲要"对推动普通高中多样化发展有明确的要求：促进高中"办学体制多样化，扩大优质资源。推进培养模式多样化，满足不同潜质学生的发展需要。鼓励普通高中办出特色"。2010年，上海承担了国家教育综合体制改革项目——高中多样化特色发展项目，如何加强特色高中建设成为上海普通高中发展直面的课题。2011年3月上海召开的市基础教育工作会议指出，在"十二五"期间，上海要坚持改革导向，按照教育规划纲要确立的"为了每一个学生的终身发展"的核心理念，加快完善基础教育体系、模式、格局和布局，推动教育的转型发展。对于普通高中，上海提出要分类指导，一部分高中聚焦拔尖创新人才培养，一部分高中聚焦创新素养培育的实践和研究，而一部分高中加强特色办学，通过高中的差异定位和分类指导，实现优质多样的整体布局。

围绕国家和上海市普通高中多样化特色发展的要求，上海开展了全市特色高中建设问卷调查，了解面上情况，聚焦特色建设的载体（课程）和运行机制，以期为形成普通高中多样特色发展方案提供素材，为高中多样化布局和特色高中建设政策制定奠定基础。这次调查于2012年实施，自编问卷，以上海市教育学会高中专业委员会153个会员单位为对象，共发放问卷153份，回收有效问卷139份，有效回收率达到90.8%。调查发现，全市普通高中特色主要分布在艺术、体育和科技工程领域，有的学校的特色涉及多个领域。除了基本情况摸底外，调查还有一些更为重要的发现：(1)学校特色与课程建设不完全匹配。在特色类型调查中，排前三位的依次是艺术、体育和科技工程，而在学校开设哪些特色课程的调查中，前三位呈现的次序则是科技工程、艺术和体育。(2)区实验性示范性高中进入特色培育的高峰。区实验性示范性高中特色课程建设启动高峰在2010年前后，"十二五"期间区实验性示范性高中特色建设进入高峰期。后来的实践证明，这个结论是对的。(3)特色以课程为载体，但年级不均衡。学校都非常注重以课程为载体培育学校特色，大多数学校采取必修和选修相结合的方式开设特色课程。不过，特色课程开设门数呈现随着年级提高而递减的特点，高三阶段的特色必修和选修课程都大幅减少，尤其是选修课。后期项目强调"面向全体、鼓励兴趣、支持拔尖"，一定程度也是在回应这个问题。(4)举办特色班较普遍，特色建设形式相对单一。在形式上，通过举办特色班推进特色办学和特色培养的学校接近58%，特色办学的形式相对单一，还要更加多元化。以特色班为主要形式，在照顾部分学生的特色学习需求的同时，可能无法有效满足全体学生，难以平衡面向全体和兼顾部分的矛盾。(5)学校立足于自身因素培育特色，具有较大自主性和内驱力。在特色形成机制上，最主要的两条分别是"坚持办学传统，逐步发展壮大"和"根据学校办学理念和发展规划自主设计形成",这显示出学校具有较大的自主性和内驱力。

结合调查情况,上海形成了特色普通高中建设的基本思路和目标,即从一般生源高中学校,从学生的实际状况和发展需要出发,研究实现优质特色发展的外部条件、内在因素、联动机制,推动一般生源学校中具有引领与辐射价值的排头兵群体的形成,树立上海普通高中优质特色发展典型,打造普通高中新名片。

2. 改革内容与举措

上海对此做了两大工作,在2014年制定颁布了《上海市推进特色普通高中建设实施方案(试行)》(沪教委基[2014]59号),在2016年出台了《上海市推进特色普通高中建设三年行动计划(2016—2018年)》,这两个文件为特色高中建设整体方案做了具体的设计。《上海市推进特色普通高中建设实施方案(试行)》确立了"以深化课程教学改革为主要抓手,着力构建富有特色的学校课程体系以及相应的运行和管理机制,促进学生全面而有个性地发展,推动高中学校错位发展、特色发展和可持续发展,逐步形成全市普通高中教育'百花齐放'的发展格局,促进高中教育从分层教育逐步向分类教育转型"总的战略定位;树立了"通过上海市特色普通高中建设,在全市建成一批课程特色遍及人文、社科、理工、艺体等多个领域,布局相对合理,有效满足学生多样化学习需求的特色普通高中,并发挥示范引领作用,成为各特色领域的课程建设高地和教师研训基地,推动本市高中特色课程资源的辐射共享"的战略愿景;提出了"项目孵化、滚动推进;分类指导、分阶提升"的策略;明确了"学校自主规划、区县推荐支持、项目滚动指导、探索分阶管理"的建设机制。同时,在课程、师资、经费和招生上设计了具体的支持保障政策。这些为特色高中建设工作奠定了方向和思路,对路径做了清晰的规划。

《上海市推进特色普通高中建设三年行动计划(2016—2018年)》重申了上述方案确定的方向和目标,并从行动层面对特色普通高中建设做了更加详细的阐述,进一步明确了创建工作实施方案,尤其是对创建路径做了更加细致明确的要求,要求参与特色普通高中创建的学校按照校本化、递进性、稳定性的原则,制定体现学校特色建设目标的整体发展规划;聚焦课程,融合普通课程与特色课程,形成富有学校特色的校本化特色课程体系,进而形成学校明确的办学特色;整合资源,形成资源共享的良性发展格局,丰富特色育人的有效资源供给;围绕特色课程体系建设,逐步探索与之相适应的管理模式、队伍建设、资源开发利用、环境建设的机制路径,形成稳定的制度架构。

3. 突破性意义与价值

2017年,上海市曹杨中学被命名为"上海市特色普通高中",这是上海市教委正式命名的第一所特色普通高中，从此一所区级示范性高中可以参照上海市实验性示范性高中政策办学了。这一结果的诞生经历了这样的过程：前期学校自主实践—成为普陀区重点建设的特色学校—通过评审成为上海市特色普通高中建设项目学校—系统性的特色建设—承办上海市特色普通高中建设展示活动—申报命名评估—通过并被命名。命名曹杨中学为上海市特色普通高中，是上海市特色普通高中建设的标志事件，也是上海深化高中"分类指导、多样发展"的又一亮点。

第一，阶梯提升：让一般普通高中学校"有机可乘"，打破改革对象的名校效应。

特色高中建设政策是一项政府公共政策，引领和鼓励每一所学校根据自身办学实际情况差异定位，确定办学路径，探索多种育人方式，这是政策的内在要义。但是特色建设本质上是基于课程的长期实践探索，由于学校的特色基础不同、起步早晚有别、建设力度大小有异，特色发展水平客观上会存在差异。调动全体学校的宏愿和学校发展有别的现实形成反差，如何让不同发展基础的学校都看到希望、产生动力呢？上海对此的探索是建立阶梯式机制，为每一所有真意的学校搭建相应的入门台阶。

主要做法是对特色普通高中发展做了三段式划分，每一所学校可以对号入段。第一阶段（特色项目阶段）：学校有一个及以上适应学生需要的富有特色的课程或项目；第二阶段（学校特色阶段）：学校围绕特色领域，形成相应的特色课程群，形成面向全体学生、层次递进的特色课程体系，形成一定的办学特色；第三阶段（特色学校阶段）：学校以特色领域为主线，制定发展规划，形成系统引领和支撑学校发展的办学思想、发展目标、课程体系、教师架构、管理制度、资源体系和辐射机制。从学理上深究，三个阶段的划分未必足够科学，但是基于这三个阶段，通过学校自主规划、项目滚动指导、建设目标引领的方式，普通高中学校可以据此判断发展阶段、清晰发展路径、明确发展重点，一步一步抬升。从全市来看，最终要建设一批特色普通高中，带动一批有特色的学校和建立若干特色项目。

阶段式门槛带来阶梯式入门，形成特色发展学校梯队，有效应对了学校广泛介入和分层拔高的矛盾，让一般普通高中看到了改革的希望和竞争的优势。

第二，建立了"特色课程是特色普通高中的核心要素"的共识。

课程是育人的载体，学校是课程实施的基本单位。特色学校建设，实质上是依托课程改革而推动的学校发展道路和育人模式的转型。这个改革的核心突破口是发展特色课程。在推动特色高中建设过程中，学校发展的重心在特色课程体系架构及其实施系统的完善上,如专门的特色课程梯队建设、特色课程在普通学科课程的渗透、特色课程面向全体与面向部分学生的结合等。

在这种共识的支撑下,上海普通高中特色办学均以课程建设与实施为核心抓手,体现出课程领域多样、实施方式多样的特点,形成了特色办学的课程建设模式:(1)直通道式。这是一种从高一贯穿到高三的课程设计实施方式,其特点是学校先选中某一科目作为特色建设的重点科目,这个科目可能会细分成若干子科目,但是所有的子科目都围绕一个目标,比如高考升学,与这个目标不太相关的子科目一般不开设。对象方面,学生从高一到高三相对稳定,一般不设流入或流出机制。教师方面,少数学科教师参与完成教学任务。(2)金字塔式。这种特色课程建设的模型,从低年级到高年级,特色课程的内容结构不断变窄,对象也在不断减少,如同一个金字塔。高中低年级更多开设具有基础性和普适性的特色课程门类,内容是这个特色领域的基础性内容,对象一般为全体学生,方式通常是必修,目的在于让全体学生都能掌握本特色领域的一定的知识,帮助一部分对该特色领域有专门兴趣的学生进一步学习。这是金字塔之基。(3)植入式。采用"植入"一词来描述,意在强调课程的从无到有,即原有的国家高中课程计划内是没有该类课程的。学校或着眼于未来社会对人的需要,或着眼于学生素养的全面发展,抑或另辟蹊径办特色,在原有高中课程计划内植入某一类课程,通常是先在拓展型和研究型课程课时内完成,进而进行基础型课程渗透,采用必修和选修相结合、面向全体与面向部分学生相结合的方式,慢慢培植,不断壮大,逐步彰显学校的办学特色。这类课程的最大特点是,一般不与高考升学直接挂钩,而更多地着眼于学生某些领域的素养培育。学校一旦下定决心开设这类课程,所受到的高考升学的影响较少。

第三,评估特色核心领域内的实践行为,避免贴标签。

评估是阶段性的,建设是长期的,用阶段性评估引导长期的建设其实很难,结果是以评促建常常会流于形式和口号。如果上海项目也落入这个怪圈,长期的建设行为必然沦落为瞬间即成的"翻牌行为",某某学校挂牌成为特色高中了,但是办学实践却没有因此有什么变化。如何减少这类情况的出现?从本次上海市特色普通高中建设中,我们得到的结论是:让评估直指特色高中核心领域内的实践行为。这里有两个关键词,分别是核心领域和实践行为。

上海项目确定了四大核心领域,即定位与管理,这是事关特色育人的导向问题;课程与教学,这是特色育人的直接支撑点;条件与保障,这是特色育人的重要支持因素;成效与示范,这是特色育人水平与经验的表现。再细看其中的每一个领域，除了"定位"问题属于理念思维层面的指标外，其余都是实践性很强的指标，都需要长期的实际行动才能做到。

以"课程教学"领域为例，这个领域中的观测点有"课程规划"，具体观测要素包括：围绕特色育人目标制定整体课程规划，已形成相互关联、比较完善，并经过实践检验是有效的特色课程群；课程结构能全面回应特色高中的育人目标；学校特色课程年级分布横向合理、纵向衔接，能惠及全体学生，鼓励兴趣发展，支持拔尖人才培养；学校建有完善的、能持续提高课程品质的保障机制；聚焦特色，关注课程—教学—评价的一致性、整体性。这个领域的观测点还包括"课程实施"，其观测要素有：学校特色课程在基础型课程中有效渗透，并与基础型课程相关学科形成有效的、系列化的结合点；校本特色课程能有效实施，学校特色全面贯穿拓展型、研究型课程，并有充足的、可靠的数据和事实检验成效；学校注重特色课程实施的载体建设，如创新实验室、特色活动场馆、实践基地等，并能保持较高的利用率。

显然，无论哪一个观测点，其内涵所指绝非一朝一夕就可以做到，修修补补必然破绽百出。这种观测点和要素的设计目的在于以评导建，引导学校长期地真抓实做，摒弃运动式地建设特色的旧思路。

特色普通高中建设是上海普通高中新一轮发展的突破点之一。上海希望把特色作为学校整体变革的一个触点，打破普通高中教育改革和发展的困局，实现一般高中育人本原的回归。面对新的高考改革方案和"二期课改"深化的需要，特色普通高中还需要进一步探索如何克服升学竞争的迷茫和同质竞争的戕害，探索学校教育本原的回归、育人模式的扭正。

第三节　让校长成为学校发展的舵手与领头雁

一、主要背景

新时代社会的竞争是人才的竞争，因此肩负培养人才重任的学校为确保教育质量就需要发生深刻变革。新世纪的学校要发展，要满足学生与教师发展需要，必须走学校管理创新变革之路。校长是中小学管理变革中重要的一环，是确保学校教育质量的领头人和守关者。学校变革离不开资质能力高、专业化水平高的校长。优化校长队伍是推进中小学教育蓬勃发展的关键举措，提升校长的领导力和专业化水平能够更好地把握基础教育的前进目标和方向，实现我国素质教育培养新时代人才的根本目标。

从国家层面来看，新世纪国家为领导中小学管理体制变革，强调建设高素质中小学校长队伍，深入推进义务教育均衡发展，出台了相关政策与文件。从1985年决定将校长列入公务员序列始，到2010年"国家规划纲要"中强调完善中小学校管理制度，逐渐完善普通中小学和中等职业学校校长负责制；完善校长任职条件和任用办法；实行校务会议等管理制度，建立健全教职工代表大会制度，不断完善科学民主决策机制；扩大中等职业学校专业设置自主权；建立中小学家长委员会；引导社区和有关专业人士参与学校管理和监督。2013年，教育部印发《义务教育学校校长专业标准》，提出了"以德为先、育人为本、引领发展、能力为重、终身学习"五个基本理念，明确了校长的道德使命、办学宗旨、角色定位以及专业发展的实践导向和持续提升要求，首次系统建构了我国义务教育学校校长"规划学校发展、营造育人文化、领导课程教学、引领教师成长、优化内部管理、调适外部环境"六项专业职责，体现了倡导教育家办学的要求。

上海市秉持信念，着眼自身，以科学发展观为指导，贯彻落实国家和上海市中长期教育改革和发展规划纲要，依据中小学（幼儿园）、中职校校长专业标准，进一步加强中小学校长队伍建设，促进校长专业发展。在完善中小学校管理制度上致力于制度创新、实践创新，因地制宜，勇于尝试，不断改进，力求建立"教育家办学"的激励机制和政策导向，造就一支高素质、专业化的中小学校长队伍。在完善普通中小学和中等职业学校校长负责制方面，于2010年出台了《关于进一步完善上海市中小学校校长负责制的若干意见》及三个配套文件，更好地适应教育改革和学校发展的需要，推进本市校长队伍的建设。在推行和全面实施中小学校长职级制方面，上海市教育委员会走在全国的前列，出台了《关于开展2015年普教系统校长职级评审和认定工作的通知》，进一步落实上海市教育综合改革任务，完善校长职级制的实施细节。

审视上海市的基础教育发展，多年来始终把教育摆在优先发展的突出位置，始终把"培养什么人""怎样培养人"作为核心，不断推进改革创新，谋划更高水平的发展。教育体制改革历经多年，首先要解决一个问题即"政府该扮演怎样的角色？"管理的改革和创新是上游，是基础性的，政府首先需要放权。壮士断腕，并不容易，但没有这一步，后面犹如空中楼阁。在上海的基础教育改革中，渗透了"管办评"分离的核心要义，政府放权，让学校和社会各归其位，充分释放活力。

在厘清政校关系的基础上，校长要充分把握管理自主权，把工作重点转移到提高学校质量、进行校本研修、塑造学校特色上。上海校长队伍的现状是高水平、高素质的骨干校长数量不足，缺少有影响的领军人物，队伍整体素质不高。同时，区域间校长资源配置差异较大，郊区普通学校缺乏高水平校长，缺乏区域间校长流动。上海市"敢为天下先"，积极实行中小学校长负责制和校长职级制，取得了一定成就，但现行的校长管理制度在实施细则、监督机制等方面还存在改进空间，需要我们结合实际情况，将各项制度落到实处。

二、主要改革内容和举措

1. 率先试点和全面推行校长负责制

为更好地适应上海教育改革和发展的需要，不断完善中小学校管理体制，办人民满意的学校，上海市致力于培养优质校长队伍，率先试点和全面推行校长负责制。校长负责制为上海市中小学校管理体制改革吹响了号角，在上海市中小学教育管理的历史上开辟了崭新的篇章。从发展历程来看，早在1984年底，上海市教育局在比乐中学、曹杨二中和长兴中学进行"校长负责制"试点，标志着上海市实践校长负责制的开端。1999年颁布《关于上海市中小学校实行校长负责制的若干意见》及三个配套文件；继续推进中小学校长负责制，进一步扩大学校的办学自主权，充分发挥党组织的政治核心作用、教代会的民主管理和民主监督作用。2010年6月颁布了《关于进一步完善上海市中小学校校长负责制的若干意见》及三个配套文件，不仅对校长的职权、党组织的职责、教代会职责的界定更加清晰、细化，还规范了学校重大问题决策的四个主要程序：确定议题，调查研究，会议讨论，明确分工和组织实施。这些规定都从制度上保证学校管理和党建工作的规范性和严肃性。

从内容上看，上海市校长负责制的完善是一个科学、渐进的过程。从1999年至2010年，上海市教委根据《中华人民共和国教育法》、"国家规划纲要"，结合上海自身基础教育事业发展的水平，在推进科学发展、加强领导班子思想政治建设、扩大党内民主、保障教职工民主管理权等方面做了新的阐述，并系统总结了基层党建工作的成功经验，将党建督导等工作载体作为制度确定下来。具体内容有：

（1）理顺校长的职、权、责，让校长有"权"可用，有"责"可负。

在学校管理的过程中，中小学校长职权和责任并行，一部分是法律赋予校长的职权，主要是把握上级党组织和教育行政部门对中小学领导和改革的大方向，以及对学校的教育教学和行政管理工作全面负责。另一部分是校长在管理过程中的实际职权。这种职权主要体现在管理决策、教学管理和人事财务管理的细节上，包括人事安排权、经费使用权、奖励惩罚权等。上海市出台了中小学校长负责制的有关文件，规定了校长的职权与责任，校长的管理权限扩大了，实行分级管理，大大调动了校长和其他干部的积极性，将校长负责制落到了实处。

(2) 明确中小学党组织的政治核心作用，避免以党代政。

中小学党组织的地位是学校思想政治的核心，发挥着政治领导、保障监督的作用。政治领导作用，主要表现在宣传党的路线、方针和政策，执行各党组织的决议；掌握教职工的思想与工作状态，确保积极投入教育实践；加强党员的模范带头作用，热爱学校教育。保障监督作用，表现在监督学校全面贯彻党的教育方针，监督校长等管理人员的决策。党组织不是学校具体教学事务及行政事务的管理者，以前学校党政不分，以党代政的情况得到了改善。党组织从包揽一切中解脱出来，明确了工作重点，转移了工作重心，可以更好地发挥和保证监督作用。

(3) 广泛参与，发挥教职工代表大会的民主管理和民主监督作用。

教职工代表大会是学校实行民主管理、民主监督的基本形式，是教职工合法参与学校管理的有效途径。教职工代表大会的职责是大到对学校的发展规划、教学教育改革、校园建设以及重大问题，小到对与教职工利益直接相关的福利、校内分配方案等学校工作提出意见和建议，监督学校章程和政策落实，监督校长的学校管理工作等。教代会是学校发扬民主参与的最好形式，有助于学校凝聚力的加强，有利于校长进行科学决策。上海市校长负责制鼓励教职工的广泛参与，让学校改革成为集体智慧的结晶。

(4) 在学校重大问题决策上贯彻民主集中制原则，科学、民主决策。

学校重大问题决策是否正确关乎学校改革、稳定和发展的大局。校长负责制不是校长"一言堂"，为了学校的长期、可持续、稳定发展，必须科学决策、民主决策。学校的良好发展需要广大教职工的共同努力，因此，决策必须坚持民主集中制。中小学重大问题由校务会议决策。在贯彻民主集中制时，需要重视党组织和教职工代表大会的作用。对学校重大问题，党组织和教代会酝酿、讨论、审议，充分表达自己的意见，校长广泛听取学校集体的意见，最后进行决策。校长的决策集中了学校集体的智慧，代表了大家的意志，对党组织负责，对广大教职工负责，有着鲜明的既民主又集中的特点。

(5) 坚持以人为本，推进科学发展。

中小学校长对学校的管理负责，根本上是对学校全体教职工和学生负责。

上海市校长负责制坚持以人为本，推进科学发展。坚持以人为本，坚持以学校教职员工的良好发展以及学生全面素质发展为己任。一方面实施好学校的内部体制改革，实行教师聘任制，大力建设优质的教师队伍，同时实行公正、透明的校内分配制度，保障教师们的应有权益。另一方面全面贯彻党的教育方针，大力推进素质教育，放眼国际，培养出与国际接轨的具有 21 世纪素养的人才。

同时上海坚持中小学的可持续发展，基于不同学校的发展现状，厘清学校发展思路，运用广阔的社会资源，进行特色化办学。在学校改进项目上均有突出的成果，一批拥有特色的优质学校崛起，推动上海市基础教育的科学、多元发展。

（6）提高学校领导干部的自身素质。

校长、书记等中小学领导干部是基础教育资源的承载者和引领者，对学校文化的营造也有着不可或缺的作用，是学校全体教职工的领袖。上海市校长负责制的坚持与完善强调学校领导干部的自身思想政治、文化素养，即学校领导干部要自重、自省、自警、自励，恪尽职守，勤奋工作，淡泊名利，甘于奉献；要切实维护班子团结，正确处理个人与组织、民主与集中的关系，相互支持，形成合力；要发扬密切联系群众、求真务实、艰苦奋斗、批评和自我批评的作风，襟怀坦荡，作风正派，清正廉洁，情趣健康。

2. 建立校长职级制

校长职级制是在对校长科学评价的基础上建立校长的职业阶梯制度，将校长管理制度从准公务员制度中分离开来，形成专门的职级系列，从而最终促进基础教育发展。[①] 上海市是经济比较发达的东部沿海城市，在推行素质教育方面走在了全国前列。它得天独厚的发展优势，使校长职级制的实施有扎实的基础。按照"抓好试点，平稳起步，以点带面，稳妥推行"的工作步骤，首先确定推行中小学校长职级制度的指导思想："坚持以邓小平理论为指导，全面贯彻党的教育方针，在深化教育改革中，按照'脱钩、分类、放权、搞活'的思路，完善管理体制，改革用人机制，鼓励竞争、促进交流，充分调动中小学校长的积极性和创造性，增强中小学的活力和自我发展能力，不断办出学校特色，全面推进素质教育"。实行职级制这项改革的目的是让官场与学场真正分开，打破原来的终身制而代之以聘任制，体现了校长由"职务"向"职业"的实质性转变。再者，"去行政化"就是让校长专心致力于学校的管理，更重要的是全身心投入到教育教学管理中，做一个专业型、专家型的校长。去行政化后，校长就

---

① 王浩. 关于上海市中学校长职级制的研究[D]. 上海：华东师范大学，2002.

是一个专业岗位。每个学校都需要一个有业务素养和管理能力的好校长。促进校长专业化、职业化是校长职级制改革的出发点和着力点。

上海市职级制的改革巨轮由1993年起航，上海是最早实施校长职级制改革的省份，率先成为全国改革的创新者、实践者。根据黄菊同志在1993年市教育工作会议上"加强本市中小学校长队伍建设，建立中小学校长职级制系列"的指示精神，本市开始实施取消中小学校长行政级别，建立校长职级制的探索。同年卢湾区成立课题研究组。这标志着上海职级制正式拉开历史帷幕。校长职级制在上海的实施可以分为三个阶段。第一阶段是试点阶段（1994—2000年）。1994—1996年静安区、卢湾区正式开始试行校长职级聘任制，1999年在黄浦等六个区扩大试点。同年，要求进一步扩大中小学校长职级制的试点工作，扩大试点范围，做好静安、卢湾两区校长职级制并轨工作。在这一阶段，上海市在理论和实践上都取得重大突破，取得明显成效，为校长职级制的推进创造了良好的条件。第二阶段是校长职级认定阶段（2000—2003年）。2000年4月，上海市委组织部、市教委、市人事局等5家单位联合印发《关于上海市推行中小学校长职级制度的实施意见》，这个文件标志着本市17个区县的首批校长职级认定工作的开始。卢湾、静安等试点区的校长职级并轨工作同时展开。第三阶段是全面铺开阶段（2003年至今）。该阶段以《中共上海市教育工作委员会、上海市教育委员会关于2003年开展中小学校长职级制度的实施意见》为开端，上海市中小学校长职级制开始进入有计划、有组织、制度化的平稳发展阶段。

上海市教委坚持"全面试点、平稳衔接、有序推进、不断完善"的原则，在多次听取专家、学者和校长等多方面建议和意见的基础上，从中小学校长职级制实施范围及对象、职级设置、比例和名额、认定条件、认定机构等方面深化中小学校长职级制改革，形成校长队伍建设与专业发展的长效机制。

（1）实施范围和对象层次性扩大，涵盖普教系统各组成部分。

除所有全日制中小学校、职业学校、特殊教育学校和工读学校（简称中小学）的正职校长外，2003年增加了幼儿园园长，2015年增加了区县教师进修学院、面向中小学的校外教育机构以及本市各中等职业学校。职级制的对象层层扩大，惠及广大的普教系统校长群体。

（2）创新校长职级序列，优化校长专业化发展。

最初，作为先行试点区的卢湾区和静安区在职级制并轨前的几年里采用的都是四级十二等的"宝塔形"职级序列。2000年，全市推行五级十二等的"橄榄形"职级，即设置特级校长、一级校长（分二等）、二级校长（分四等）、三级校长（分四等）、四级校长（分二等）。2015年再次做了修改，对应校长专业发展过程的四个阶段，即角色适应阶段、经验积累阶段、职业成熟阶段和专业引领阶段，校长职级设置初级、中级、高级、特级四级共十一等，即初级一、二、三等，中级一、二、三、四等，高级一、二、三、四等，特级。现职级与原职级之间建立一定的对应关系，确保平稳过渡。综合来看，上海市职级序列设置的转变不是无的放矢，而是立足于校长的专业化发展，符合校长专业发展的规律。

（3）教育优质均衡发展，促进人才有序流动。

对于上海的中小学职级评定条件，除具备相应资格与资质条件外，《上海市教育委员会关于开展 2015 年普教系统校长职级评审和认定工作的通知》首次明确表达宝山、浦东、嘉定、闵行、松江、青浦、金山、奉贤、崇明等区县农村学校的校长，参评特级校长同等条件下优先考虑。不仅如此，中心城区自愿流动到郊区工作的校长，或需破格推荐的特别优秀的校长，可向上海教师专业发展办公室申请人才流动，流动校长评定为特级，需到郊区学校任职 3 年。可见，均衡发展的优质教育是上海普教系统始终秉持且一以贯之的信念。

（4）更综合、更全面的考核体系，立体评估专业校长。

2000 年采用三级指标体系。2003 年和 2015 年采用一套指标、两种标准。指标体系采取两级指标，对应二级指标给出 A、B 两种考察标准。A 标准作为市级专家组评定一级以及一级以上校长职级时的参照标准，B 标准作为区县专家组评定二级及其以下校长职级时的参照标准。上海市严格进行考核测评，首先强调普教系统校长应当具备的基本素质和必须履行的职责，其次强调要能体现校长工作结果和卓越个人素质，运用更综合、全面的考核体系，客观、公正、科学地评价中小学校长工作。

（5）保证职级晋升渠道，提升校长专业化水平。

年度考核为优秀或连续两个年度考核为合格的，原则上可在本级内升一等；已在本级内为一等的，有申报晋级评定的资格。初级校长任现职满 3 年后可取得晋升中级的资格；中级校长任现职满 3 年后可取得晋升高级的资格；高级校长任现职满 2 年后可取得晋升特级的资格。特别优秀的校长可以破格申报，但应从严控制。

（6）建立相匹配的职级工资分配制度，保障校长的切身权益。

校长职级工资是与校长职级评定相配套的，以校长岗位为主要特征的工资制度，体现了职务、责任、能力、实绩与合理报酬相结合的原则。它作为上海地方性制度运转，并形成校长职级工资构成形式和内部分配方法。实行校长职级工资所需增加的经费，由财政渠道全额列支。真正实现校长的待遇与学校办学水平挂钩，与学校的创收效益脱钩，以有利于校长集中精力抓好学校工作。校长职级工资由基础工资、级等工资和能绩工资三部分构成。其中基础工资即现行国家和地方规定发放的基本工资部分，由国家规定的职员职务工资（或中小学教师专业职务等级工资）、津贴、地方职务津贴和物价补贴等构成。这部分工资仍按现行的政策规定执行，并按国家和地方的规定进行调整。级等工资体现了校长的职级高低，按评定的校长职级确定相应的级等工资，并随职级的变化进行调整。能绩工资，是校长职级工资中活的部分，按校长基础工资和级等工资总额的20%~70%酌情核定，其工资分配与校长每学期或年终目标任务完成情况挂钩。

三、重大突破与意义

上海市基础教育借助先天开放的教育优势，贯彻先进的教育理念和思想，利用广阔的教育资源，海纳百川，在长期的教育改革发展中，一直处于全国领先地位，对全国各地的基础教育起着一定程度的引领和示范作用。发展教育，需要改革；基础教育科学管理，需要管理体制的变革。上海市在中小学管理体制改革中，重视有效利用基础教育的各种资源，校长是促进中小学变革的关键资源，建立和培养一批资质好、有能力、高层次的校长队伍，是保持上海基础教育学校发展的不竭动力。

学者王国维曾说："有境界则自成高格。"培养优质校长队伍，在当下和未来的教育领导领域中，最重要的是提升中小学校长的领导力和专业发展，这就是校长之"境界"。在推进教育现代化进程中，校长的领导力就体现为既要有制度规范，也要有文化引领，更要有人文关怀。上海市吸收国外教育的先进思想，在优秀校长培养方面，既注重制度保障，又注重思想引领，同时强调校长专业素质的提升，力求让每一位中小学校长成为新时代的教育家。

（1）制度创新是上海智慧的集中体现：上海率先进行学校管理体制改革，全面推广校长负责制和校长职级制。

上海市在把握基础教育体制改革的大方向下，率先进行改革与创新，最突出的是制度创新。为了优化校长队伍管理，上海市创造性地尝试和推广中小学校长负责制和校长职级制，使校长挣脱计划体制的束缚，在制度上增强校长的活力和自主性，成为国家管理体制改革的先锋。

"敢于承担、权责分明"。在制度方面，上海市首先明确了中小学校长的职权与责任，给予其充分的管理自主权，确立了校长作为学校的直接管理者和经营者的地位，明确了校长与学校党组织和上级教育管理部门的关系，让校长确实成为学校改革的有力推动者。坚持中小学校长负责制，把握"三位一体"的管理模式，让校长在实际的管理决策中，有一定的自主权，根据学校发展的现状，进行科学管理、民主管理，敢于承担学校稳定、可持续发展的责任。

"敢于制约、民主监督"。制度的有效推行离不开监督和评价的落实。上海市强调民主监督下的校长权力，建立全方位的综合评价体系。在实施中小学校长负责制和校长职级制的过程中，始终保证对校长权力的监督和校长能力考核的评定，目的重在改善校长的工作水平，为校长的专业发展提供指导，进而促进校长的专业成长。

同时，上海市重视设立、运行具有监督作用的组织机构。在中小学内部，党组织和教职工代表大会各司其职，各尽其责，分工合作，发扬民主管理和民主监督的职责，参与学校的管理和集体决策，评估学校各项工作的利害得失。在中小学外部，要发挥教育行政部门的能动性，对校长的工作进行综合测评。在实施中小学职级制的过程中，设立了"上海市推行中小学校长职级制度领导小组"，并组织了专家认定委员会，对校长的职级进行评定。

（2）兼收并蓄是上海教育的博大胸怀：上海市不断吸收先进的教育思想与理念，丰富校长专业化发展的应有之义。

上海市素来以"海派文化"著称，开放的胸怀及善于学习与接受先进事物的眼光令上海教育有着海纳百川、兼收并蓄的独特风格。新时代的办学需要世界眼光，教育国际化的内涵已不断被提及和丰富。上海教育走出国门，放眼国际，把握时代脉搏，用新的世界眼光为基础教育管理体制改革注入活力。

校长专业化发展也需要世界眼光，力求通过不同教育环境、教育制度、教育课程、教学理念与教学方法的交流与碰撞，更新校长管理的思想与理念，找到校长管理的新方法。教育走向国际化也是丈量上海基础教育与世界差距的一把尺，校长通过国际交流了解学校管理的优势与差距，有利于明确学校发展的定位，综合提升校长的专业化水平。

（3）超越自我是上海潜力的动力源泉：上海市注重不断提升校长专业素质，充分发挥校长领导力。

中小学校长是上海优质教育资源，关键是提升校长群体和个体的专业素养，这将直接决定本市的教育质量。上海立足于校长自身寻求超越，不断突破，是上海基础教育前进不懈的动力。

为了校长长期、可持续的专业发展，上海市在校长专业标准的基础上进行形式多样的校长培训。为了校长终身学习及学校事业的终身考虑，上海市成立校长研修机构，实现校长事业的全面培训。这一类培训贯穿校长职业发展的始终，从新校长初任阶段的职前培训，到校长高级研修培训，培训为校长的职业生涯保驾护航，提供恰如其分的指导。为了提升校长的理论层次和研究水平，上海市鼓励中小学校长进行高一层次学历进修，满足校长专业发展的实际需求。

为了全面提升校长的综合素养，建立了校长培训网络，提供了校长交流平台。校长研修网络鼓励校长与校长、校长与专家、校长与其他教育相关人员无障碍地展开互动，达到综合提升校长管理水平的目的。

上海市鼓励校长流动并加强偏远区县校长培训，实现教育均衡发展。在实施校长职级制过程中，上海市教委特别强调流动校长的重要性，鼓励流动校长对偏远区县进行教育指导。同时还加强对来自不同地区、不同层次、不同规模学校的校长的培训，帮助他们解决在当前学校管理和办学过程中遇到的各种实际问题。

第六章
办学体制改革

第一节　民办学校兴起与公办转制学校

第二节　率先建立公共财政扶持民办教育制度

第三节　推行年金制缓解民办学校教师社保瓶颈问题

第四节　"纳民"管理和成本补贴，发展随迁子女学校

第五节　率先发展行业组织探索多元治理

引　言

办学体制是国家设置其教育机构的主要制度安排，规定教育机构可以由哪些组织或个人（即办学主体）来举办，不同类别的教育机构其设置主体也应有所差别。办学体制改革是对现有的教育机构设置制度进行调整。办学体制改革在我国的特定内涵是对学校的举办方式进行制度创新，通过激发与教育相关的行为主体参与办学的积极性，改变原有的教育管理模式，重新整合教育资源，逐步形成以政府办学为主体、社会各界共同参与、公民办学校共同发展的办学体制。[①]

第一节　民办学校兴起与公办转制学校

追溯办学体制改革历程，不难发现公办学校办学体制改革的兴起与发展、民办学校的出现，是日益明显的政府单一办学体制带来的弊端，与社会对教育多样化、多规格的诉求越来越强烈的矛盾的产物。经济体制改革的不断深化和国民经济的迅猛发展，为办学体制改革的实现提供了基础。

一、上海民办中小学的兴起与发展

上海民办中小学的重新兴起是在 1992 年，在"南方谈话"精神的鼓舞下，扬波中学、扬波外国语小学、新世纪中学、新世纪小学、明珠高中 5 所学校成为上海市首批民办中小学。

1. 起步与快速发展阶段（1992—2003 年）[②]

自 1992 年上海市首批民办中小学审批设立以来，民办中小学机构数基本处于逐步增长的态势。这一时期全市小学数量呈逐年递减的趋势，但民办小学数量却稳步上升，但增幅逐步下降，所占比重稳步攀升，2003 年民办小学数量已

---

① 胡卫，何金辉，朱利霞. 办学体制改革：多元化的教育诉求［M］. 北京：教育科学出版社，2010：2.

② 这一阶段民办中小学数据包括转制学校数据。

经从 1997 年的 20 所增至 40 所（见表 6-1），比 1997 年增长一倍。中学方面，全市中学数量在 2001 年之前逐年上升，但增幅却逐步下降，2001 年之后数量减少，民办中学数量的变化趋势与全市中学数量的变化趋势基本相同，在 2002 年达到峰值 188 所之后，数量开始减少。

表 6-1　1995 年、2000 年、2003 年三年上海市民办中小学基本情况

类别	1995	2000	2003
民办中学			
学校数（所）	29	155	187
在校学生（万人）	0.74	8.48	13.33
高中人数（万人）	0.42	4.54	6.74
初中人数（万人）	0.31	3.94	6.59
专任教师（人）	106	2 400	5 723
民办小学			
学校数（所）	11	35	40
在校学生（万人）	0.63	3.95	5.93
专任教师（人）	53	831	2 091

资料来源：http：//www.stats-sh.gov.cn/tjnj/nj06.htm?d1=2006tjnj/C2106.htm。

2. 规范与调整发展阶段（2004—2010 年）

2004 年前后市教委开始对转制学校以及以接受进城务工就业农民工子女为主学校进行整顿。这一年的民办中小学数量和在校生人数都出现了锐减（见表 6-2）。2002 年之后，教育部先后出台了一系列的文件对公立中小学转制现象进行规范、叫停。上海 2003 年开始停止转制学校的审批，结合年检和督导评估，对现有的"转制学校"和"民办学校"进行了一次全面清理和重新登记，通过恢复建制、关闭重组、停止招生、转为民办对转制学校进行改革。2007 年已经基本完成转制学校深化改革，转制学校数量急剧减少。转制学校出现以来一直饱受争议，主要集中在学校属性以及转制学校是否合法两个方面。但是转制学校的出现，改变了单一的政府包揽办学的格局，初步形成了教育投资渠道多元化、办学形式多样化的新体制，改善了办学条件。管理体制得到一定的改善，学校的办学自主权有所扩大，在一定程度上缓解了择校压力，较好地遏制了乱收费等问题，促进了教育制度的创新。

2004 年，上海市教委下发了《关于进一步加强本市以接受进城务工就业农民子女为主学校管理工作的意见》，对进城务工就业农民工子女学校开展了清理登记和专项督查，进一步扩大义务教育阶段公办学校招收进城务工就业农民工子女人数。

表6-2　2003年、2004年、2007年、2010年四年上海市民办中小学基本情况

类别	2003	2004	2007	2010
民办中学				
学校数（所）	187	127	124	109
在校学生（万人）	13.33	8.85	9.11	7.87
高中人数（万人）	6.74	3.62	2.95	1.68
初中人数（万人）	6.59	5.23	6.16	6.19
专任教师（人）	5 723	2 552	3 785	4 583
民办小学				
学校数（所）	40	17	24	184
在校学生（万人）	5.93	2.24	3.52	16.42
专任教师（人）	2 091	1 079	1 746	7 181

资料来源：http：//www.stats-sh.gov.cn/html/sjfb/tjnj/.

3. 内涵发展阶段（2011—2015年）

2010年"国家规划纲要"提出要"鼓励学校办出特色"。"上海规划纲要"也非常明确地要求民办教育走特色发展的道路，强调"促进民办教育规范特色发展试验"，"推动各级各类教育办出特色、争创一流"，"按照国家有关规定，在进一步规范民办教育管理的基础上，加大对民办教育的资助力度，鼓励民办学校特色发展和可持续发展"。民办学校已经成为上海中小学教育发展的重要结构性力量（见表6-3）。

表6-3　2003年、2004年、2010年、2011年、2015年五年上海市民办中小学基本情况

类别	2003	2004	2010	2011	2015
民办中学					
学校数（所）	187	127	109	106	117
在校学生（万人）	13.33	8.85	7.87	7.66	7.39
高中人数（万人）	6.74	3.62	1.68	1.45	1.42
初中人数（万人）	6.59	5.23	6.19	6.21	5.97
专任教师（人）	5 723	2 552	4 583	4 625	6 246
民办小学					
学校数（所）	40	17	184	181	173
在校学生（万人）	5.93	2.24	16.42	16.67	13.94
专任教师（人）	2 091	1 079	7 181	7 368	7 661

资料来源：http：//www.stats-sh.gov.cn/html/sjfb/tjnj/.

二、公办转制学校的出现与改革

转制学校的正式名称是"公办中小学办学体制改革试点学校"。在学校国有教育资源产权不变或部分产权合法转移的前提下，由国家提供校舍、教师编制和开办经费，由家长承担教育教学成本，校长和董事会承办，试行转变单一的投资体制、管理体制和运行机制。[①] 转制试点是根据1993年上海教育工作会议的精神，从上海国营经济发展较充分而私营经济相对弱小的实际出发，推动中小学教育办学体制改革而发展起来的办学体制改革形式之一。转制学校吸纳的社会资金以捐赠性质为主。转制学校可以跨区招生，相对于公办学校有较大的办学自主权。[②]

转制学校从诞生之日起就与民办学校概念相互交叉，2002年，《中华人民共和国民办教育促进法》颁布，为民办学校和公立转制学校制定明确的政策界限。

由于转制改革带来了不同于政策制定者预期的后果，2002年之后，教育部先后出台了一系列的文件对公立中小学转制现象进行规范、叫停。上海在深化转制学校改革上主要包括恢复建制、关闭重组、停止招生、转为民办四种方式。

三、扶持与规范并举，构建民办教育政策

民办教育是上海教育事业的重要组成部分，是促进教育改革的重要力量和教育发展的重要增长点，上海市委、市政府历来重视民办教育事业发展。2005年和2010年分别召开全市民办教育工作会议，明确上海"扶持与规范并举"促进民办教育发展的总体思路。2017年第三次全市民办教育工作会议召开（见图6-1），在遵循"扶持与规范并举"的思路下，贯彻落实《民办教育促进法》修正案及一系列配套政策，出台上海市民办教育系列政策。

1. 行政管理架构不断健全

民办中小学诞生之初，为加强管理，市教委在中小学教育办公室设置专人兼职管理民办中小学，各区县均设置一名联络员兼职管理。1998年之后上海进

[①] 方建锋. 公立转制中小学未来发展走向的政策研究：以上海地区为例的个案研究 [M]. 上海：世纪出版集团，2017：1.

[②] 胡卫，何金辉，朱利霞. 办学体制改革：多元化的教育诉求 [M]. 北京：教育科学出版社，2010：11.

图6-1 上海市第三次民办教育工作会议召开

一步完善了市、区县两级在中小学教育办学体制改革中的管理网络,市和区县两级教育行政部门都将办学体制改革的规划、管理纳入本级工作职责范围,落实分管领导和专管干部,形成了一支市、区县两级的管理队伍。市和区县的政府督导部门也将民办学校纳入了督导范围。2009年6月,上海市教委正式成立民办教育管理处,负责上海民办教育政策及管理制度的制定,承担民办教育管理的各项职责,一些区县也相应成立了民办教育科。民办教育管理处的成立加强了全市民办教育统筹规划、综合协调和宏观管理工作,有力规范了全市民办教育机构的办学行为。

2009年12月,市政府批准成立上海市民办教育联席会议制度,由市发展和改革委员会、市财政局、市国家税务局、市地方税务局、市审计局、市住房保障房屋管理局等与民办教育相关的十个委办局共同出面,统筹解决民办教育发展中的重大问题,共同推进上海民办教育健康发展。联席会议相继出台了《上海市民办中小学校财务管理办法》《上海市民办中小学校会计核算办法》,并在民办中小学实施,规范了上海市民办学校会计核算行为。

2. 规范制度建设日趋完善

1992年5所民办中小学应运而生,1994年《上海市民办学校管理办法》随即颁布，之后一批民办中小学相继成立，为维护举办者和学校的合法权益，在发展民办学校同时，在国务院、教育部先后制定和颁发有关的政策、法规、条例的情况下，上海市相继颁布了《关于加强上海市民办中小学管理工作的若干意见》、《民办中小学申办、审批工作程序》和《关于加强上海市公立中小学转制试点管理工作的意见》。

针对民办学校适用财务会计制度较为混乱的状况，上海市在全国率先制定了《上海市民办中小学校财务管理办法》《上海市民办中小学校会计核算办法》等一系列政策，并在民办中小学实行。以此为基础，上海市开发了统一的民办学校会计核算软件，目前民办中小学90%已经使用。对于随迁子女学校，制定了《关于加强以招收农民工同住子女为主的民办小学规范管理的若干意见》，从规范学校财务管理、加强经费使用监督、严格财产核实和财务清算三个方面完善市级政府随迁子女学校的资产和财务管理制度。适用于民办中小学的财务会计制度已经基本建立。

在《上海市教育综合改革方案（2014—2020年)》总体框架下，上海市教委出台《上海市深化民办教育综合改革指导意见》，以规划性文件指导各区县深化民办教育综合改革，进一步深化办学体制和机制创新，激发民办学校办学活力，提升民办学校办学质量，满足人民群众日益强烈的多样化教育需求。

2017年底第三次全市民办教育工作会议召开，会议总结了上海民办教育发展情况，发布《上海市人民政府关于促进民办教育健康发展的实施意见》（沪府发〔2017〕94号)、《上海市民办学校分类许可登记管理办法》（沪府发〔2017〕95号）等配套文件，明确全市民办教育分类管理政策框架及现有民办学校过渡管理办法，除学历教育、义务教育阶段之外，承担其他学段教育的民办学校正式进入营利性和非营利性分类管理时代。

3. 以年检管理办学过程

民办中小学市级审批由教委分管主任负责，基础教育办公室牵头，督导、人事、财务、装备等有关处室共同参与。为了进一步规范民办中小学评审，市教委下发了《关于本市民办中小学设校评审和公办中小学办学体制改革试点审批工作通知》，重申在民办中小学的审批中要加强统筹规划和监督管理，严格评审程序和规范操作，严格按照规定设计条件进行审批；在设校评审专家组对办学资质进行评估基础上，出具评估报告，再提交主管教育行政部门做出审批决定。在评审过程中，各区县一般能根据民办学校设校的基本要求进行审批，符合条件的才准予设校。通过专家组政策咨询，指导和审核起到了重要的把关作用。通过评审工作，进一步促进了区县有关部门和办学者学法、知法、守法的意识，也在实践中培训了一支民办教育的管理和评估专业队伍。由于在评审中坚持以评审带指导，重在导向，服务基层，取得了良好的社会效益。

1997年，上海市即对民办中小学开展年检，由于每次年检重点是民办学校发展中存在的主要问题，采取突出重点，逐年推进策略，因此方向明确，成效显著，对政府依法管理和学校依法规范办学起到了积极的推动和导向作用。负责对民办中小学进行年检的各区县已形成一支由教育督导部门和教育局有关科室、部门成员组成的管理队伍，这支队伍对本地区民办学校的健康发展发挥了支持、指导和监督作用。

四、加强党建，充分发挥政治核心作用

中共中央办公厅印发的《关于加强民办学校党的建设工作的意见（试行）》中明确指出，民办学校作为社会主义教育事业的重要组成部分，承担着培养社会主义建设者和接班人的重任。加强民办学校党建，有助于全面贯彻党的教育方针，坚持社会主义办学方向，落实立德树人的根本任务。

1. 基层党组织基本覆盖

上海市民办教育协会调研显示，在283家民办中小学中，共有从业人员19 480人，其中党员4 432人，占比22.8%。党组织形式主要是建立党委、党支部、党总支、活动型党组织等，其中67.49%的民办中小学建立了党支部，15.19%建立了联合支部，8.13%建立了活动型党组织。[①] 党组织活动方面，上海市民办教育协会调研显示，主要集中在工作计划和总结、民主评议、党员大会等；一半以上的民办中小学每年开展的活动超过6次，包括党政学习、参观考察、帮扶公益、评比选拔活动等。[②]

2. 规范党组织书记队伍建设

目前上海民办中小学党组织书记一般从学校管理层中产生，由党性观念强、专业素质强的"双师型"教师担任，学校内部没有合适人选的，可由上级党组织选派，同时规定，办学规模大、党员人数多、出资人或校长担任党组织书记的民办中小学校，应配备专职副书记。

3. 党建工作方式不断创新

各民办学校党组织在不断探索和实践中，积极创新工作方式，推动了民办

[①②] 李宣海，高德毅，胡卫. 上海民办教育发展报告（2013—2016）[M]. 北京：科学出版社，2018：78，79.

学校党建工作科学化。多数民办中小学利用智能终端普及的条件，建立了属于自己的党建工作微信群，党组织随时随地通过网络向党员传达相关信息、发送学习材料，党员之间可以随时沟通、学习，提高了党建工作的效率。同时部分民办中小学通过创建特色党组织，不断推进机制创新，完善各项党建工作，西南位育中学创新党组织形式，建立了融入式服务型党组织。

第二节　率先建立公共财政扶持民办教育制度

办学经费紧张、融资路径不畅是民办教育发展以来的主要问题，为了缓解民办学校办学压力，2002年《民办教育促进法》及其实施条例颁布实施，为鼓励民办教育的发展奠定了基调。

2005年3月，上海市召开第一次民办教育工作会议，在充分肯定上海市民办教育发展贡献的基础上，提出改善民办教育发展环境，落实各项优惠政策。4月上海市人民政府颁布《上海市实施〈中华人民共和国民办教育促进法〉、〈中华人民共和国民办教育促进法实施条例〉若干问题的暂行规定》（简称《暂行规定》），明确表明上海市政府对发展民办教育重在鼓励的基本态度。《暂行规定》提出三条鼓励民办教育发展的举措，一是每年对捐资举办民办教育表现突出的组织和个人以及为民办教育事业做出突出贡献的组织和个人予以表彰和奖励；二是规定市政府设立民办教育发展专项资金；三是规定各区县政府可根据本地区民办教育发展的情况，设立民办教育发展专项资金。

一、制度建设，落实民办专项资金补贴

1. 制定专项资金管理办法

为了落实《暂行规定》的鼓励精神，2006年4月28日，上海市教委和上海市财政局联合发布了《促进民办教育发展专项资金管理办法》（简称《专项资金管理办法》）。

《专项资金管理办法》规定专项资金列入市级财政年度教育经费预算，明确了专项资金主要用于促进民办中小学教育发展，支持全市性的重大教育改革；构建促进民办教育发展的公共服务平台；奖励和表彰为民办教育做出突出贡献的集体和个人；采取补贴、贴息和奖励等多种方式对专项资金资助项目给予资助。《专项

资金管理办法》实施后，上海市各区县相继出台了专项资金管理办法。

2. 明确专项资金资助条件

为了营造公、民办学校公平、有序、共同发展的环境，上海市政府决定加大对民办学校的扶持力度，与此同时加强对专项资金申报流程的管理。2010年3月18日，市教委和市财政局联合发布《关于加强扶持民办中小学发展的通知》，明确民办中小学申请政府专项扶持资金需要满足三个条件，即坚持教育的公益性，出资人不要求回报；依法规范办学，年度检查合格；建立教职工年金制度，改善教职工待遇。民办中小学还需要执行《上海市民办中小学校财务管理办法》和《上海市民办中小学校会计核算办法》，建立民办学校学费专户和政府扶持资金专户，接受政府部门监管。

此外，各区县相关部门要根据本区实际情况支持区域民办中小学发展，对符合条件且收费标准低于同级同类公办学校经费拨款的义务教育阶段民办中小学校按照本市义务教育阶段公办学校生均公用经费基本定额给予补助；将民办中小学教师培训和师资队伍建设纳入全区（县）统筹规划实施。

3. 通过专项资金扶持引导办学方向

2011年，"上海规划纲要"颁布实施，把促进民办教育规范特色发展作为十大试点项目之一，为了保证这一试点项目目标的实现，2012年4月18日，上海市教委发布《关于拨付上海市民办教育政府扶持资金的通知》，对专项资金的内容、用途及拨付原则做了相应调整。

专项资金的使用要体现政府对民办教育的分类指导和分类管理原则，重点支持办学不要回报、坚持教育公益性的非营利性民办学校发展，对于捐资举办以及出资人不要求学校所有权和剩余财产分配权的学校予以更大力度的扶持和鼓励。资产过户情况作为确定资助额度的重要依据，具体以过户到学校名下的土地校舍比例以及达到教育部设置标准为确定专项资金额度的重要衡量指标。

二、财政扶持对民办中小学发展日益重要

1. 不断加大财政资金投入

2004年到2007年，市政府每年拨出4 000万元用于建立上海市民办教育发展政府专项资金，促进民办教育健康发展，其中2 000万元用于民办基础教育，重点扶持有特色、高质量的民办学校，做大做强优质民办学校。2008—2009年，上海市本级财政两次增扩民办教育发展专项资金，对民办中小学扶持资金达到了3 000万元。与此同时，市政府还要求各区县同步设立民办教育发展扶

持资金，给予收费标准低于同级同类公办学校生均经费拨款的义务教育阶段民办中小学生均公用经费补贴。2011年，市级财政预算内安排民办基础教育5 000万元、以招收进城务工人员随迁子女为主的民办小学3.5亿元。2014年市级财政设立民办教育政府专项资金约9.4亿元，其中用于民办基础教育的专项资金约4.4亿元，主要包括对以务工人员随迁子女为主的民办学校的补贴以及课程改革、学生综合素质、教育教学内涵建设、特色学校和优质幼儿园创建等项目。对义务教育阶段收费低于同级同类公办学校生均事业经费标准的民办中小学，按照生均公用经费定额的标准加以补贴，小学每年1 600元/生，初中每年1 800元/生。上海公共财政对民办教育的扶持力度比较大、扶持政策相对完善、扶持效果比较明显、资金管理严格规范，激发了民办教育体制机制的优势，为民办教育的发展创设了积极的政策环境。

2. 扶持手段日益多样化

委托管理、购买服务等业已成为政府扶持民办学校发展的又一重要手段。当前，上海出现了民办学校、民非登记的教育中介服务机构委托公办学校管理、民办学校委托公办学校管理等多种形式，扩大了优质教育资源辐射范围。其中，徐汇区推进跨体制委托管理，率先启动民办学校委托公办学校管理的改革实践，并强化专业师资队伍和课程建设经验的输入。静安区不断发掘民办学校持续发展的新的生长点，尝试允许公办学校和民办学校之间实现委托管理及服务购买，形成实现民办、公办学校协同进步、共同发展的良好局面。虹口区通过委托管理方式，将先进的教育教学理念、管理经验传递给郊区。支教教师在郊区学校认真完成带教任务、开设公开课、组织参与教研活动等，通过两地交流，在提升支教学校教师能力素质的同时，其自身水平也得到了进一步的提高。青浦区把"民办小学"教育纳入本区义务教育的重要组成部分，增设专门的"纳入民办管理学校"机构——青教师生服务社作为全区"民办小学"的举办者，实行"集体举办、委托管理"运行模式，相继出台实行了规范办学和教学工作的基本要求，建立了"公民结对"帮扶机制，使"民办小学"办学质量逐步提高，教师队伍相对稳定，学校运行规范有效，促进区域义务教育均衡发展。对于在随迁子女小学就读的学生，上海市自始至终实行全面的购买教育服务制度。

3. 引导民办基础教育内涵发展为扶持目的

2012年8月，上海市教委发布《关于开展上海市民办中小学特色学校（项目）创建工作的通知》和《上海市民办中小学特色学校（项目）创建实施方案（试行）》，规定"市教委将民办中小学特色学校（项目）创建纳入本市中长期教育规划纲要市级专项经费支持范围，给予经费资助。经区县审核推荐、市教委复核确定为创建学校（项目）后，给予每个特色学校创建校市级创建资助资金30万～40万元，每个特色项目市级创建资助资金20万元，区县根据办学规模和层次给予相应配套资助，经绩效评估合格后，再由市、区县教育行政部门给予相应的支持"。2012年底，经学校自愿申报、区县教育局审核，市教育局共批准首批特色学校创建校34所，特色项目校30所。

特色学校（项目）创建工作启动以来，各项工作以政策为导向、以资金为抓手、以培训为途径，分阶段有序推进。为提高创建校的教育理念和办学水平，市教委委托教育部中学校长培训中心和上海教科院民办所对创建校开展培训、创建指导和互动交流等活动，同时以经费和资源上的有力保障，受到了首批参与学校的欢迎。2013年，教育部中学校长培训中心已经举办了上海市民办特色学校创建校长培训班，培训旨在强化民办学校自身能力建设和特色的创建，帮助校长优化知识结构，拓宽视野，分享上海市民办中小学特色学校创建的实践经验，进一步凝练办学思想，创新特色办学的思路。

第三节 推行年金制缓解民办学校教师社保瓶颈问题

一、社保待遇低导致民办学校教师队伍不稳定

《国务院关于机关事业单位工作人员养老保险制度改革的决定》（国发[2015]2号）正式开启全国养老保险并轨改革。自2014年10月1日起依法足额缴纳社保并连续缴纳15年的人员，即目前45周岁以下（假定60岁退休）的人员，将享有基本同等的社保养老待遇。对改革前参加工作、改革后退休的人员，国家的基本政策是通过实行过渡性措施，保证待遇水平不降低。

按照我国社保法规定，用人单位应当按照国家规定的本单位职工工资总额的比例缴纳基本养老保险费，计入基本养老保险统筹基金。职工应当按照国家规定的本人工资比例缴纳基本养老保险费，计入个人账户。在各类单位养老社保并轨的情况下，上海人保局数据显示2015年在职工城镇养老保险月平均养老金计发水平方面，企业单位和机关事业单位仍然相差2 051元（企业3 317元、机关事业5 368元）。除了民办学校缴费基数低、参照企业标准缴费以外，机关事业单位普遍推行了补充性的职业年金制度也是重要原因。职业年金是指机关

事业单位及其工作人员在参加机关事业单位基本养老保险的基础上建立的补充养老保险制度。2015年出台《国务院办公厅关于印发机关事业单位职业年金办法的通知》(国办发[2015]18号),规定职业年金缴费基数与基本养老保险一致,单位缴费比例为本单位工资总额的8%,个人缴费比例为本人缴费工资的4%。这些费用将直接计入职业年金个人账户。即便机关事业单位与企业单位基本养老保险缴纳一致,在机关事业单位存在职业年金的情况下,也将存在上述社保待遇上的差异。

二、建立年金制提高民办学校教师社保待遇

为了提高民办学校教师的退休待遇,2008年12月5日,市教委下发《关于推进本市民办学校建立年金制度的通知》,鼓励民办学校根据经济承受能力自愿建立补充养老保险制度,即教职工的年金制度,同时规定民办学校建立并实施年金制度,是申请促进民办教育发展专项资金的条件之一。2015年,市教委又再次发文对完善民办学校年金制度提出指导意见——《上海市教育委员会关于完善本市民办学校年金制度的通知》(沪教委民[2015]14号),对民办学校年金制进一步完善。目前上海民办学校年金方案中以单位缴费为主、个人缴费为辅,学校缴费比例在4%~8%,平均缴费水平为工资总额的6%,个人缴费平均水平为总工资的2%。在缴纳比例上略低于职业年金。

上海对民办学校实施年金制度管理主要体现在:一是要求建立年金制度的民办学校,制定本校的年金方案,签订年金基金管理合同,并经教职工代表大会或相应的民主程序通过;二是已实施年金制度并正常缴费的民办学校,应将经账户管理人盖章确认的缴费凭证等材料,在校内公示并送教育行政部门;三是根据市教育体制改革领导小组有关专题会议精神,鼓励民办高校对目前离退休时间不足10年的专职教师特别是骨干教师,进行年金加速积累,但不得超过当年度本校个人账户平均分配水平的5倍;四是民办学校建立并实施年金制度,是申请促进民办教育发展专项资金的条件之一。

三、年金制度引导民办学校师资队伍建设

根据市教委颁发的文件,年金制度作为民办学校教师的补充养老保险,由民办学校自己决定是否要建立。政府通过鼓励的方式,将年金制度设置为专项

资金申报的必要条件，并将此写入部门规章，以及地方落实民办教育新政文件，引导民办学校建立年金制度，提高师资待遇，稳定教师队伍。2016年市教委联合财政局共同发布《上海市促进民办教育发展专项资金管理办法》，对2006年专项资金管理办法进行修订，文件与市教委鼓励民办学校建立年金制度政策相统一，明确将建立教职工年金制度与坚持教育公益性、依法办学、财务管理规范，以及落实学校法人财产权等条件一起，作为民办学校提出民办教育专项资金申请的必要条件。

2017年底上海市正式发布落实国家民办教育新政文件《上海市人民政府关于促进民办教育健康发展的实施意见》（沪府发［2017］94号），文件提出，鼓励民办学校通过建立年金制度、购买商业保险等补充养老保险方式，改善教职工退休后的待遇，试点对距退休时间较短的专职教师加速年金积累。对实施全日制学历教育的民办学校，年金制度的建立与落实情况作为拨付民办教育专项资金的重要因素之一。进一步用地方规范性文件的形式，明确将年金制度作为拨付专项资金的主要考察因素。

第四节 "纳民"管理和成本补贴，发展随迁子女学校

为贯彻落实国务院关于进城务工人员随迁子女义务教育"两个为主"的规定，上海进一步提高了公办学校接纳随迁子女的比例，也取缔了一些不符合基本办学条件的简易农民工子女小学，并将一部分符合条件的简易学校纳入民办学校管理。

上海市民办随迁子女学校是过渡时期的特殊类型的民办学校。这类学校享有政府提供的办学成本补贴，可以满足来沪人员随迁子女在上海接受免费义务教育的需求，但是，由于部分学校在政府改造、维修之前是由私人举办，学校的基本办学条件难以达到政府设定的标准，且这类学校数量较多，公办学校难以短时间内吸纳这类学校的学生，为简化管理程序，上海将这类学校纳入民办学校管理。

一、财政专项补贴民办随迁子女学校

2008年，上海市颁布了《关于进一步做好本市农民工同住子女义务教育工

作的若干意见》，将 66 所农民工子女学校纳入民办教育管理并给予基本成本补贴。同年上海市启动了农民工同住子女义务教育三年（2008—2010 年）行动计划，规定在公办教育资源确实不能满足进城务工人员子女教育需求的城郊接合地区，将基本满足办学条件的简易学校经过办学设施改造后纳入民办教育管理，政府鼓励社会力量申办以招收农民工同住子女为主的民办小学。

市级财政对农民工子女学校投入专项经费，用于扶持与资助以招收农民工同住子女为主的民办随迁子女小学。对新审批的以招收随迁子女为主的民办小学，市政府给予 50 万元的办学设施改造经费，不足部分由区县予以补贴。从 2008 年开始，对委托接纳的农民工同住子女免缴学杂费、课本和作业本费，按接纳人数市教委给予每生每年 1 000 元基本成本补贴，余下部分由区县根据实际成本核算情况予以补足。2008 年到 2012 年间，每年给予民办随迁子女小学的生均办学成本基本达到了 2 000 元、2 500 元、2 800 元、4 500 元和 5 000 元，2016 年达到 6 000 元。2014 年到 2016 年，上海市区两级财政对全部随迁子女小学的在校生补贴高达 17.7 亿元。对民办随迁子女小学的补贴制度由原来市区两级财政共同承担，到 2015 年改为由区县统一发放。此外，各区县对民办随迁子女学校还有其他专项补贴，用于学校的校舍改造和设施设备的添置。

二、"纳民"管理和成本补贴，满足随迁子女义务教育需求

在逐步加大公办中小学接收随迁子女入学的同时，通过扶持和资助"纳民"的随迁子女小学招收随迁子女，较好地贯彻落实了国务院关于农民工子女接受义务教育"两个为主"的精神。在推动"纳民"管理的同时，市教委关闭了一批不符合办学条件的简易农民工子女学校，将这些学校的学生安排到区域内公办学校或政府委托的民办随迁子女小学接受义务教育，保障了义务教育的基本办学要求。

"纳民"管理计划实施之后，市教委于 2008 年暑假就开始对批准"纳民"的随迁子女小学的举办者和校长实施培训。对民办随迁子女小学开展年检工作，推动民办随迁子女小学的行政管理、财务资产管理、师资队伍、教育教学、安全卫生等各方面建设，通过行政职能部门和专家的指导，民办随迁子女小学得到快速的提升。通过每年的财务与专项经费督查活动，民办随迁子女小学的经费管理越来越规范。从 2012 年开始，各区逐步将民办随迁子女小学的经费纳入各区县结算中心统一管理，做到资金管理和核算办法的统一。

"纳民"管理之后，通过清除原来学校中的不合格教师，要求学校严格按照

教师资格证聘用教师，逐步提高教师队伍的整体水平。区县教研部门也将随迁子女小学的教研服务纳入工作范围，为学校教学工作开展指导和服务。由于学校具有法人单位资质，学校与教职工签订了规范的劳动用工合同，学校为教职工缴纳综合保险等费用，使教职工的合法权利有了基本保障。市教委和区县教育局将教师培训也纳入管理范围。2009年上海市教委发布《关于开展以招收农民工同住子女为主的民办小学教师培训的通知》（沪教委人［2017］60号文），将民办随迁子女小学教师的培训工作纳入规划和管理。这些政策使得学校教师队伍更加稳定，教师工作积极性高涨，教师的职业定位和专业追求更加理性。

民办随迁子女小学在市教委和区县教育局的大力扶持下，通过校长和全体教师的共同努力，学校的日常教育教学工作得以顺利开展，在校学生的九年义务教育能够基本保障。相当部分学校的教育教学质量较以前有明显提升。部分学校不仅可以完成国家和上海市既定的各项基本教学任务，还编写了校本课程，开发了丰富多彩的活动课程，有的甚至形成了本校的校园文化特色。

民办随迁子女小学是适应人口流动变化而出现的，近年来随着上海市产业结构调整、公共服务规范化，外来人口规模锐减，上海市民办随迁子女小学整体处于规模缩减的态势。另外，由于对民办随迁子女小学的入学条件提出更高要求，加上教育主管部门对部分学校采取停招、限招等措施，民办随迁子女小学的招生数普遍下降。作为历史过渡产物的民办随迁子女小学，因教学设施不合格、教师素质资质不够，教育质量难以保证而逐步退出历史舞台，符合条件的外来人口子女在上海享受到了更加公平和优质的义务教育服务，这也是一个自然、正常的发展趋势。

第五节　率先发展行业组织探索多元治理

一、政策诉求日趋强烈，行业协会雏形形成

民办学校创建初期，由于投资者财力有限，人力不足，办学十分艰难，不少民办学校缺资金，缺教师，缺校舍，缺设备，有的学校借了工厂厂房当教室等，民办学校虽然同样肩负着培养社会主义建设者和接班人的重任，但校长并没有与教育管理部门建立联系的渠道，当时教育管理部门也只有兼管部门或人员，没有专门的管理机构和人员，更缺乏民办教育管理的有关指导性政策。由

于学校条件不足，有的学校在改革中，大浪淘沙"自生自灭"。随着民办学校求生存、求发展，对政策的诉求也日益强烈。

上海市民办中小学行业组织最早可追溯到民办中小学校长联谊会。1993年2月26日，在上海市和各区政府的努力下，联谊会在杨波小学宣告成立。上海市民办中小学校长联谊会是改革开放以来上海第一个民办教育领域的行业协会，在只有六所民办中小学且都刚刚诞生不久的情况下，就成立了联谊会。联谊会诞生之初就受到教育行政部门的支持，尤其是在很多地方政府对民办教育并不支持的情况下，上海教育行政部门的支持为联谊会工作的顺利开展提供了保障。联谊会是行业协会的初始形态，从现有可查资料看，联谊会存在没有协会章程、组织架构也不尽完善等缺点，然而其基本职能如上下沟通、协助管理、传播信息、政策宣传等为后来的专业委员会、教育协会和其他协会的诞生发展提供了样本。

二、以协会为基础，多元治理结构初步建立

2004年在新建的市科教党委的直接领导下，2005年经市民政局批准，上海市民办中小学协会成立。协会以促进上海民办中小学教育的健康发展，促进民办中小学教育办学的自律和自主管理为目的。围绕这一目的，协会的职责包括：一是作为民办学校与政府之间的桥梁，及时传递政府政策信息，向有关部门反馈民办中小学教育中存在的问题；二是保护民办中小学合法权益，为民办中小学的健康发展营造积极有利的舆论氛围和发展环境；三是加强民办中小学行业自律；四是积极开展学术交流、咨询服务、专业培训和课题研究等。2012年，经市教委批准，民办中小学协会与高教协会合并，成立上海市民办教育协会。

同期中小学教育专业委员会作为新协会的分支机构成立，截至2016年底，中小学教育专业委员会共发展会员单位265家，其中全市民办中小学132所，民办随迁子女小学133所。[①]

上海市民办教育发展服务中心成立于2014年，是一所民办教育专业服务机构。中心作为一个相对独立的部门，人员聘任采用专兼职结合的方式，业务工作接受市教委民办教育管理处指导和管理。中心坚持"以依法诚信为基石，以工作目标为导向，以专业服务为主线，以成果质量为核心"的工作理念，履行

---

① 李宣海，高德毅，胡卫. 上海民办教育发展报告（2013—2016）［M］. 北京：科学出版社，2018：157.

工作职责，为市区两级政府、行业协会和各级各类民办学校提供专业服务。

中心通过政府委托项目、购买服务，开展民办学校办学许可证复核申领管理、督导管理服务、教育培训、信息化建设、政策咨询、课题研究等业务，为全市民办教育事业发展提供优质专业服务，主要包括为民办学校提供政策咨询和服务，组织民办高校督导，为民办高校内涵建设和民办中小学、幼儿园特色发展提供服务，承担民办学校办学许可证信息管理，承担民办学校校长和教师培训，协助指导和监管民办学校依法规范办学，协助做好民办高校党员发展和党组织建设等工作。与民办中小学相关内容主要包括：

一是负责民办学校办学许可证换发。中心成立以来，受市教委委托开始承担全市民办学校办学许可证复核申领工作。仅2015年中心对全市1 410所各级各类民办学校网上递交的许可证申领材料进行复核。

二是负责"民办教育信息管理网"的日常运行维护工作，包括发布民办教育的相关政策和会议通知以及外网信息公示平台的日常信息更新和维护等，以及"民办教育信息管理网"新业务模块需求分析及与技术运营方的沟通和开发业务监管工作。2016年中心除全面优化升级网站外，进一步对接网上政务大厅的日常运营维护，为民办学校和区县教育管理人员提供服务。

三是每季度组织召开全市各区县办学许可证管理工作会议，每年更新《上海市各区县教育局民办教育管理部门通信录》《全市民办学校办学许可证申领备案情况专报》等。

四是编制上海市民办学校信息指南。中心已经完成全市2 000多所民办高校、中小学、幼儿园、非学历教育机构的信息采集和汇总审核工作，编制《上海市民办学校办学信息指南（2016版）》，为建立上海市民办学校信息收集和更新机制奠定基础，确保公开信息的合规性、准确性、及时性。

上海市民办教育发展基金会是全国首家由民办学校联合发起、用以发展民办教育的非公募基金会。国外私立教育发达地区和国家的经验表明，社会捐赠是私立学校资金来源的重要渠道之一，通常占比在30%～40%。2014年，上海7所非营利性民办学校发起并捐赠7 730万元，成立上海市民办教育发展基金会。截至2017年4月，基金会净资产为9 299.78万元，运行以来，基金会依法筹措各方资金，资助本市民办教育改革与发展，其中公益性支出1 527.32万元，占总资产的8.24%。[1]

---

[1] 李宣海，高德毅，胡卫．上海民办教育发展报告（2013—2016）[M]．北京：科学出版社，2018：163.

三、发挥更多功能，有效改善治理环境

民办教育协会成立以来，随着民办教育发展服务中心、民办教育发展基金会的相继建立，上海市民办基础教育社会组织类型趋向多样化，功能也从行业自律、桥梁逐步延伸至引领民办中小学发展、政府决策咨询、重大政策文件起草等多个领域。民办教育协会中小学教育专业委员会一方面以协助行政政策调研，服务学校内涵发展，发掘教改亮点经验，统筹协调难点问题，推进特色品牌建设为指导思想，积极发挥桥梁功能，强化平台功能，突出课题引领，在推动上海民办中小学的内涵发展过程中发挥作用；另一方面，积极配合市教委，参与到课题研究、方案制定、文件起草、大会动员、材料审核、校长培训等各环节，有序推进特色学校创建工作。服务中心着重于民办教育发展中的热点、难点，围绕决策咨询与应用研究两个维度主动开展科学研究。如参与《上海市民办学校分类登记管理办法》文件制定，开展民办学校信用监管机制研究，研究成果应用于市民办教育信息管理平台；通过承接各类横向课题、联合研究，服务于民办学校科研能力的提升。

同时通过政府转变、剥离职能，第三方专业机构承担更多管理服务职能，也促使服务更加专业化。民办教育协会中小学教育专业委员会相继完成了民办小学招生政策、民办中小学依法规范办学等级评估等课题，积极开展优秀德育工作者、民办中小学突出贡献奖、优秀校长等评选工作，通过设立语文、数学、英语学科基地等措施不断提升民办中小学内涵发展能力；在行业引领方面，参编"纳民"学校《规范管理手册》，向社会承诺行业自律守则，得到媒体重视和社会认可。2017年底在上海市民办教育发展服务中心基础上成立的、由教育部发展规划司和上海市教育委员会共建的"民办教育协同发展服务中心"正式揭牌。该中心将充分利用上海教育综合改革排头兵、领头羊的政策优势和改革红利，汇聚全国民办教育管理智慧，利用信息化管理新手段，切实服务民办教育政策制度建设全过程，全面贴合事业发展新需求，推动上海民办教育发展步入新时代，并发挥全国辐射引领功能，建立全国民办教育长期协同工作新机制。

第七章
以对外开放促进教育改革发展

第一节　改革开放以来上海教育对外开放的历史发展

第二节　对国外教育理论的引进与借鉴

第三节　教育对外开放本土化实践的典型案例

第四节　国外对上海教育的引入与借鉴

引　言

改革开放以来，我国各领域都取得了举世瞩目的成就，迎来了中华民族崛起的伟大时代。上海作为改革开放的先行者，在不断开放、不断迈向国际大都市的过程中，一方面通过教育领域的改革与开放为城市的发展提供了助力，满足上海城市发展过程中的教育需求；另一方面为其他省区市提供了很多可供借鉴的经验，引领了全国范围内教育领域的改革开放。

第一节　改革开放以来上海教育对外开放的历史发展

教育对外开放是教育改革发展的推动力，是经济全球化发展的客观要求。上海的基础教育对外开放从无到有、从少到多、从单一到多样逐渐发展起来，反映了随着改革开放的不断深入，外籍人士"走进来"和中国人"走出去"的交流越来越频繁背景下产生的多样化的需求。本章仅以改革开放以来上海教育对外开放的几个典型事例加以叙述。

一、外籍人员子女学校办学

在一定意义上，可以说外籍人员子女学校办学既是改革开放后上海教育对外开放的开端，也是上海城市国际化发展进程的缩影。随着上海经济的发展和投资环境的改善，来沪外资企业不断增加。20世纪80年代初，上海市政府教育主管部门开始帮助各国驻沪领事馆开办附属学校。1988年，当时的上海市教卫办与有关方面商定，提出了外国人士来沪投资开办国际学校的设想，并通报各国驻沪领事馆、三资企业及外国驻沪机构。美国驻沪领事馆接到这一通报后不到一年，即于1989年3月21日照会市府外办，提出开办上海美国学校的要求。经市府外办同意，上海美国学校于1989年3月31日在上海市教育局正式注册，成为上海市第一所外籍人员子女学校。1992年邓小平发表"南方谈话"之后，随着上海城市"一个龙头、三个中心"位置的确定，上海的人文教育环境、经济投资环境、科技信息和政策法规等，都具备了足够的条件，跟随上海改革开放发展的步伐，上海市外籍人员子女学校也进入了蓬勃发展的时期。

1993年，上海市教育局、市外办根据《上海市社会力量办学管理办法》等，结合上海实际情况，提出了《关于在上海建办国际学校的若干意见》，就国际学校的建办原则与规范、申报程序、管理办法等主要问题，提出了具体建议，随后讨论并通过了《境外团体或个人在沪举办国际学校的管理办法》。上海的实践与立法，推动了全国的国际学校办学实践与法规建设。

伴随着上海国际化大都市发展进程，外籍人士的居住比例也越来越高，越来越多的外籍中小学生出于对中文学习、扎实的基础教育、远低于国际学校的学费等的需求，选择就读于上海市中小学校，为适应上海改革开放形势发展的需要，上海市教委在2000年制定《上海市中小学接受外国学生管理实施细则》，含学校资格和条件，学生资格和条件，中小学接收外国学生资格的审批，接收外国学生的中小学管理、职责、义务以及附则共5章。① 目前上海所有的中小学校都已向外籍学生开放，允许外籍学生以随班就读的形式在中小学就读。目前，在本地学校随班就读的外籍人员子女及港澳台学生约占20%。②

截至2017年，上海的外籍人员子女学校已达37所，校区57个（以上含本地学校国际部），在校人数达到2.9万名（未包括补习中心在校生数）。

至今，上海已形成学段完整、课程多样的外籍人员子女学校教育体系，基本满足在沪居留的外籍人员子女及港澳台学生的就学需求，免除了他们的后顾之忧，为上海优化人才引进环境提供了坚实的保障（见图7-1）。

二、学习和引进西方的教育内容

改革开放以后，学习和引进西方的教育内容成为上海基础教育对外开放的重要内容。

直接引进国际课程，是不少学校在国际化进程中的新探索。对于20世纪90年代中期经市教委审批相继成立国际部的5所公办中学来说，这并不是什么新鲜事。面对来自世界各地的生源，国际部的课程设置必须与校本部有很大区别，它们必然要引进国际课程，与本国教育衔接。以上海中学国际部为例，引

---

① 上海市中小学接受外国学生管理实施细则［EB/OL］.（2004-05-01）. https://www.shmec.gov.cn/html/xxgk/200001/41320040005.php.

② 上海市外籍人员子女学校蓝皮书［EB/OL］.（2016-08）. http://www.shmec.gov.cn/UserFiles/File/wjznzw.pdf.

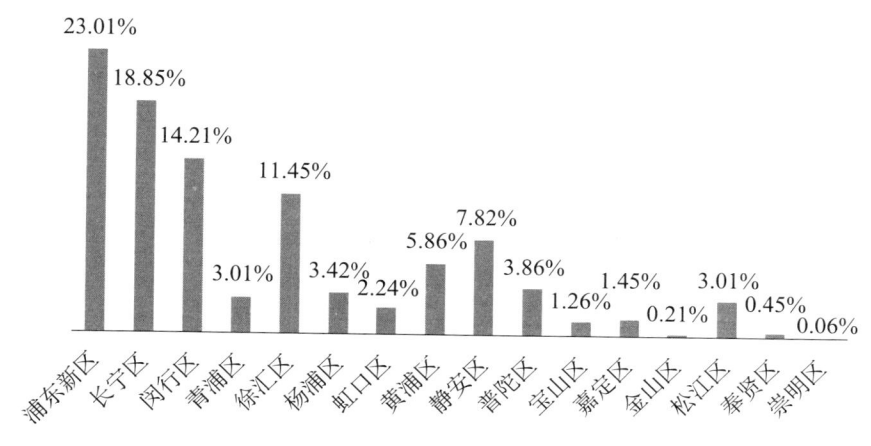

图 7-1　上海市外籍人员子女学校分布情况（自制）

资料来源：http://www.shmec.gov.cn/web/jyzt/zhgg16/detail.html?id=92569.

浦东新区 23.01%、长宁区 18.85%、闵行区 14.21%、青浦区 3.01%、徐汇区 11.45%、杨浦区 3.42%、虹口区 2.24%、黄浦区 5.86%、静安区 7.82%、普陀区 3.86%、宝山区 1.26%、嘉定区 1.45%、金山区 0.21%、松江区 3.01%、奉贤区 0.45%、崇明区 0.06%

进了 IB 课程和 AP、SAT 等美国课程，引进国外教材多达 500 余种，形成中英文两大系列四大类的子课程体系，较好地满足了来自不同国家或地区的学生的学习需求。

改革开放之初，上海的一些中小学校即吹响了向境外学校学习的号角。除了带有国际部的几所中学之外，另有一部分中学也引进了国际课程，不同的是，课程的教育对象是中国学生，而非境外学生。

在那个年代，大同中学就已引进了我国香港地区的英文教材，后来又引进了数学教材，到了 90 年代，由于感觉到对培养学生的创新思维有好处，学校又引进了一些 IB 核心课程。[1]

2014 年，上海率先出台了高中国际课程的规范试行办法，明确引进国际课程的目的和定位，加大管理和支持力度，关注优秀国际课程所体现的国际教育改革与发展的先进理念和主流方向，丰富学校的课程内容和教学方式，服务于学生个体发展需求，为普通高中多样化发展提供参考和借鉴，推动学校整体的可持续长远发展。

三、推进国际交流与合作

在改革开放之初，上海普教系统即开始推进国际交流与合作。1980 年至

---

[1] 罗阳佳，徐星，吴敏. 寻路之旅：上海基础教育课程国际化的探索与思考 [J]. 上海教育，2010（6）.

1988年，计有54个国家和地区以及9个国际组织和民间团体，共258批2 376人次来沪访问考察，出席国际教育研讨会和友好交流合作活动；上海共派出89批教育团（组）计251人次分赴美国、法国、联邦德国、英国、日本、瑞典、新加坡等19个国家和地区进行友好访问、教育考察或参加国际学术会议。八区二县的20所中小学先后同5个国家的21所中小学校建立了校际友好通信联系，进行人员交往和学生作品交流。全市派遣60余名教师分别到美国、加拿大、澳大利亚、联邦德国和日本等国家进修学习。聘请外籍教师培训中学英语教师80余名。上海市第二师范学校、大同中学、华东师大一附中和二附中等学校，接收了日本、英国、法国、丹麦和澳大利亚等国家100余名学生来沪学习交流或参加短期汉语培训。上海已接受了一些国际组织和民间团体的9个教育合作项目。[①]

进入"十三五"以后，上海对外教育交流进入一个新的阶段，交流的规模日益扩大，交流的形式日益多样，交流的内容日益丰富，在国内外产生了广泛的影响。

总之，改革开放以来，上海基础教育对外开放水平显著提升，上海的经验与举措，为全国的基础教育对外开放起到了良好的示范作用。2009年，上海率先参加OECD开展的PISA和TALIS，学生学业水平和教师教学水平居国际领先地位。上海基础教育成为世界各国了解中国教育的一个"窗口"，成为中国教育走出去的一张"名片"。

第二节　对国外教育理论的引进与借鉴

改革开放后，重新起步的中国教育亟须借鉴"他山之石"，汲取他国优秀的教育经验来为我所用。在此背景下，20世纪70年代后期至80年代，上海教育理论研究领域积极开展"百家争鸣"的讨论，引进国外各家学派的教育学说，上海在基础教育理论研究方面走在前列。本章将选取其中几个有较大影响的教育理论加以介绍。

一、教育目标分类学

自1956年布卢姆主编的《教育目标分类学：认知领域》出版，布氏教育目

---

① 上海普通教育志[M].上海：上海社会科学院出版社，2015.

标分类学对全球的教育领域产生了重大而深远的影响。[①] 1985 年下半年，华东师范大学邀请布卢姆来上海讲学，1986 年 1 月华东师范大学出版社组织翻译、出版了该书（见图 7-2），从而掀起了学习和运用该理论的热潮。

图 7-2 布卢姆主编的《教育目标分类学：认知领域》

早在 1982 年，上海市教科所、华东师范大学、上海中学、控江中学、五十四中学等单位的一些研究者就开始了初中平面几何学业成就评价的研究，当时就是接受了布卢姆等人的目标分类思想，将学科教学目标划分成认知、情意和动作技能三个领域，并在认知领域内，将学生的学习水平分成识记、了解、应用、分析、综合和评价六个级别。该项研究确定了平面几何各章教学中各知识点应达到的水平目标，考试时也据此编制测验题，并用知识内容和测试水平目标合成双向细目表，组成一张完整的试卷对学生进行考试。这一研究开了全国学科教学评价之先河。[②]

随着改革开放的深入，上海先后引进了国外许多教育流派的理论，诸如布鲁纳的课程结构理论和发现教学法等，对上海教育乃至全国教育的发展都带来了深刻的影响。

---

① 张春莉，高民. 布卢姆认知领域教育目标分类学在中国十年的回顾与反思 [J]. 华东师范大学学报（教育科学版），1996（1）.
② 张民生. 上海普教科研十年 [M]. 上海：上海教育出版社，1992.

二、结构主义

结构主义代表学者杰罗姆·S. 布鲁纳是美国享誉盛名的认知发展心理学家和教育家。1959 年，他主持召开了全美伍兹霍尔教改会议，根据会议，布鲁纳总结出版了其代表作《教育过程》(1960)，该书在美国引起了巨大的轰动，成为 20 世纪七八十年代美国轰轰烈烈教改的指导手册，并在全球得以广泛传播，对各国掀起的教育改革运动产生了重大影响，是西方当之无愧的"划时代的著作"。

早在 1973 年，上海师范大学外国教育研究室组织了一批研究人员，根据美国哈佛大学出版社 1963 年英文版的 The Process of Education 翻译出第一本中译版的《教育过程》，由上海人民教育出版社出版。当时该书仅属于内部发行，但这标志着布鲁纳"教育过程"教育思想正式在中国开始传播。

1978 年，上海教育学者邵瑞珍教授在《外国教育资料》期刊第 5 期上发表了《布鲁纳的课程论》，称布鲁纳为"课程论'知识-结构'派前列的主要人物"，首次全面系统地介绍了布鲁纳的课程论思想，如注重学习各门学科的基本结构，强调基础学科的早期学习，提倡使用"发现法"等。

为了促进《教育过程》在中国的进一步传播，满足广大学者的需要，1982 年，邵瑞珍教授经过复校修订，再次出版了该书，此次再版使得本书由 1973 年中译版的内部发行转为公开广泛发行（见图 7-3），由少数教育理论工作者珍稀的研究资料变为人人可触的教育名著。

由此，布鲁纳"教育过程"思想为中国教育界普遍接受，《教育过程》"直到现在还是中国教育学者和研究者的必读书，并对教育理论和教育实践产生着持久的影响"[1]。

经历历史沉淀后，进入 21 世纪，布鲁纳"教育过程"思想在中国的传播又出现了新的特征，主要表现为以教育理论纵深化为基础转向侧重布鲁纳教育思想的探索与实践，传播渠道由以往单一的教育教学理论扩散到各个学科甚至医学护理等专业中。

---

① 布鲁纳. 论左手性思维：直觉能力、情感和自发性[M]. 彭正梅，译. 上海：上海人民出版社，2004.

图 7-3　《教育过程》图书的几个版本

注：1973 年上海师范大学外国教育研究室组织翻译了《教育过程》。1982 年，邵瑞珍翻译、著名比较教育家王承绪先生校订的《教育过程》，再次出版。

三、教育评估理论

随着教育改革和发展的深入，广大教育工作者越来越意识到教育评价在教育活动中的重要性，相比其他国家而言，我国的教育评估起步较晚，并且我国的基础教育评估体系尚未建立，为了尽快推进我国的中小学教育评估改革，完善教育评估体制，我们必须要在立足于本国实践的情况下，利用好教育对外开放、全球化为我们创造的良好条件，向外学习别国一切成功的教育评估经验。

1982 年，上海市率先提出了改革教学的十二字要求："加强基础，培养能力，发展智力"。随着这一研究的展开，如何考核学生能力、评价改革成效就提上了议程。1983 年，时任国际教育成就评价协会（IEA）主席的胡森教授应教育部邀请来华讲学，介绍了许多有关教育评价的内容。1984 年，我国正式加入了 IEA。紧接着华东师范大学刘佛年教授邀请美国教育评价专家布卢姆来华讲学，为普及教育评价知识奠定了基础。

自 20 世纪 90 年代开始，上海的教育评估经历了学习借鉴发达国家经验、结合上海实际进行研究、进行试点推广及全面发展的过程。华东师范大学是我国教育评价研究领域内关键学者的集中地，也可以说是我国教育评价研究领域的"桥头堡"[1]，以陈玉琨教授为代表的一批教育评价理论研究者，在引进以美

---

[1] 翟思卿. 近十五年来我国教育评价研究的演进分析 [D]. 开封：河南大学，2014.

国为代表的教育评价理论的基础上，引领了上海乃至全国的教育评价的转型。

近年来，国外教育评价理论和研究一直处于不断创新的状态中。最为引人注目的是，上海学者张民选教授引入的 PISA 在近年来引起了我国乃至世界范围的教育研究者的普遍关注（见图 7-4）。PISA 是基于终身学习的动态模型设计，其口号是"评价学生现实生活和终身学习所必需的知识和技能"[1]。这引起了我国教育评价研究强烈的反思，并产生了深远影响，许多研究者基于 PISA 展开了深入研究，而且越来越多的研究成果会继续引起我国教育评价研究者的持续关注。PISA 2012 部分成绩见表 7-1。

图 7-4 张民选教授与 PISA

表 7-1 PISA 2012 部分成绩

	数学 PISA 得分	阅读 PISA 得分	科学 PISA 得分
平均值	494	496	501
中国上海	613	570	551
新加坡	573	542	551
日本	536	538	547
加拿大	518	523	525
英国	494	499	514
美国	481	498	497

---

[1] 李广．为生存而学习：PISA 评价思想价值取向研究［J］．外国教育研究，2005（7）．

第三节 教育对外开放本土化实践的典型案例

全球化进程的加快使中国与世界愈加紧密地联系在一起。改革开放以来，我国已经取得了引人注目的成就，上海作为我国改革开放的排头兵，率先开展教育创新改革试验，并取得了不错的成效。

一、加强国际理解教育

1946 年，联合国教科文组织第一届大会首次提出国际理解教育的概念。1994 年，联合国教科文组织通过的《第 44 届国际教育大会宣言》指出，在青少年中开展国际理解教育以便于使青少年在认同本民族文化的基础上了解别国文化，正确认识和处理重大国际问题，培养关心人类共同发展的情操，担负起全球公民的责任和义务等。[1]

随着外语教育开展的深入、外语交流能力的提高，学生国际理解素养的培养已被提上议事日程，教育界的有识之士们感到，国际化人才的培养不应仅停留于语言的学习，更主要是对多元文化的理解和认同，具有国际视野和胸怀。

上海市作为我国的国际性大都市，在国际理解教育的开展方面拥有良好的地理优势、财政及智力支持，且具备较为丰富的国际理解教育实施与发展经验。

在办学实践领域里，上海浦东新区的国际理解教育课程建设具有一定的代表性。浦东新区的国际理解教育并不强求为学生举办专门的国际部或国际班，而是注重引领学生学习外国语言及文化，后逐步拓宽其国际视野，培养其国际素养，最终让理解、尊重、民主等国际教育理念深入学生内心。[2] 如浦东福山外国语小学等学校，沿袭多年积淀的外语教学的扎实基础，大力开展国际理解教育的研究与实践，开设国际理解教育课程，实施国际理解教育，培养具有国际视野的中国人。它们从引领中国学生学习外国语言、文化起步，到拓宽国际视野、培养国际素养，最终让理解、尊重、民主等国际教育理念深入学生心中。

1992 年，联合国教科文组织发布的国际教育大会建议书《教育对文化发展

---

[1] 徐辉，王静．国际理解教育研究［J］．西南师范大学学报（人文社会科学版），2003（6）．
[2] 徐士强．发达地区普通高中国际化办学的实践模式述析：以上海为例［J］．全球教育展望，2012（1）．

的贡献》正式提出了跨文化教育的概念。这是国际社会第一次在世界范围倡导跨文化素养培育，这一倡导极大地拓展了联合国教科文组织所倡导的国际理解教育（强调不同文化群体的相互理解），不仅强调对其他国家文化的理解，而且强调尊重、鉴赏其他国家的文化和世界性文化。

上海浦东新区又紧抓时代发展主题，将中小学跨文化素养培育作为教育综合改革的重要内容，率先在中小学开展了跨文化素养培育课程建设，明确提出以浦东区本课程（如《国际理解教育》）为基础，开展中小学跨文化素养培育。浦东跨文化素养培育课程建设以国际理解教育为基础，立足于课程理论，结合校本课程开发与实施，并以跨文化能力和跨文化学习的相关理论为基础，研发并在学校实施新阶段适合区域师生需要的跨文化素养培育课程。

二、引进牛津英语教材

英语是目前我国学校教育中最主要的外国语，与其他学科相比，英语教育具备更为广泛的国际导向性，在国际理解教育中发挥着重要的作用。上海市的英语教育在我国长期领先，但英语教材类型单一、内容新颖性不足以及忽视语言的实际应用等缺点制约着新世纪上海市英语教育的持续发展。因此，上海市积极寻求引进优质的英语教材，以适应新世纪英语教育的发展需求。

1997年底，上海市教委和市课改委决定，在第二期课改工程中引进牛津大学出版社在香港部分学校使用的英语教材，并对其进行改编，致力于出版一套自小学三年级至高中三年级共10个年级的英语教材，并部署于1999年秋季学期在部分中小学进行牛津英语改编本的试验。[1] 上海市中小学课程教材改革委员会和牛津大学出版社（中国）有限公司依据教育部所颁布的《国家英语课程标准》，并立足于上海市英语教育的实际状况和发展需求对原版牛津英语教材进行了合作改编，改编后的英语教材兼具地方特色和国际视野，便于学生开展探究与创新，培养学生独立自主的学习能力与合作学习的意识。

改编后的牛津英语教材具有容量大、信息多、起点高、语言地道、编排科学、单词复现率高、趣味性强、生动形象、图文并茂、时代感强等特点。正是由于具备了上海市原有的英语教材所不具备的优势，上海版的牛津英语教材在上海市迅速走红，并带动了其他国外教材在上海的引进，该套教材在很大程度

---

[1] 引进改编牛津英语教材，实现英语教材多样化［EB/OL］．（1999-07）．http://www.3edu.net/lw/3/lw_10356.html.

上影响着上海市的英语教学与实践，上海市部分重点中学及外国语中学以上海版的牛津英语教材为突破口，开展了学校英语教学的积极改革。

三、引进英特尔未来教育信息技术课程

英特尔（Intel）未来教育信息技术课程是由美国英特尔公司发起并组织，全美数十所大学及教育研究机构共同策划，并在全球二十多个国家和地区开展的教师培训计划，该计划旨在为教师提供有效利用计算机进行教学的培训，从而提升学生的学习效率。2000年，我国教育部与英特尔公司正式宣布在中国启动英特尔未来教育项目，随后该项目首先在上海及北京进行了试点，并计划在上海和北京两地共培训95 000名左右中小学学科教师。该项目率先与上海市教委达成合作，以上海市师资培训中心为培训机构试点运行，而后向其他省市推广。英特尔公司全程跟进项目运行，以及时获取有效的反馈信息，不断完善教材以使其适应当地的现实需求。

英特尔未来教育信息技术课程所倡导的教学模式与传统的教学模式存在诸多差异。首先，英特尔未来教育具有强烈的信息意识，其教材彰显了信息技术在教学中的应用，主张受培训者利用现代信息技术完善自己的学习成果。其次，英特尔未来教育强调相互合作与成果分享，注重培养参与者的团队合作意识与能力。再次，英特尔未来教育重视培养参与者的口头表达能力与创新精神，课程的每个板块均设有讨论环节，成员可在表达自我的过程中提升口头表述的能力，而成员间的思想碰撞可进一步激发出创新的火花。英特尔未来教育信息技术课程的根本宗旨是"以学为中心，以用为目的，帮助教师把信息技术有效地整合到学科教学中去"[①]。

英特尔未来教育信息技术课程的引进使我国教育界更深刻地认识到信息技术在教学实践运用中的重要性以及培养教师的信息技术能力的重要意义，推动了我国教师信息化转型的前进步伐。

四、参加OECD组织的PISA测试

PISA由OECD开发、执行并主办，面向各参与国家中已经完成和即将完成义务教育的学生开展，每三年进行一次，旨在考察参与测试的学生是否具备

---

① 钱家荣．"INTEL未来教育"对教师培训的启示［J］．外国中小学教育，2002（5）．

了参与社会所需的知识与技能。[①] 该项目的开展有利于各国互相了解彼此的教育现状并开展教育领域的合作与交流，有利于参与国家省察本国教育的不足，并推动各国在发展教育的基础上促进本国的经济、文化与社会发展。

2009 年，上海市第一次正式参加 OECD 组织的 PISA 测试，此次测试结果表明，上海市学生的阅读、数学和科学成绩在 65 个国家和地区中均为第一（见表 7-2），该结果引发了国内外的强烈反响。2012 年，上海市共有 155 所学校的 6 374 名学生参加了此次测试，在所有参与测评的国家和地区中，上海市学生在阅读、数学和科学三大领域的平均成绩远高于 OECD 成员的平均成绩（见表 7-3），保持了 2009 年 PISA 测试所取得的成绩。上海市在 PISA 测试中接连取得的良好成绩使"上海模式"成为全球教育领域的热门话题，并进一步推动上海市的基础教育走出国门，走向世界。

表 7-2　2009 年 PISA 排名，上海各项均为第一名

排名		数学 PISA 得分		阅读 PISA 得分		科学 PISA 得分
1	中国上海	600	中国上海	556	中国上海	575
2	新加坡	562	韩国	539	芬兰	554
3	中国香港	555	芬兰	536	中国香港	549
4	韩国	546	中国香港	533	新加坡	542
5	中国台湾	543	新加坡	526	日本	539
6	芬兰	541	加拿大	524	韩国	538
7	列支敦士登	536	新西兰	521	新西兰	532
8	瑞士	534	日本	520	加拿大	529
9	日本	529	澳大利亚	515	爱沙尼亚	528
10	加拿大	527	荷兰	508	澳大利亚	527

资料来源：http://www.sohu.com/a/245686070_100181643.

表 7-3　2012 年 PISA 排名，上海各项均为第一名

排名		数学 PISA 得分		阅读 PISA 得分		科学 PISA 得分
1	中国上海	613	中国上海	570	中国上海	580
2	新加坡	573	中国香港	545	中国香港	555
3	中国香港	561	新加坡	542	新加坡	551
4	中国台湾	560	日本	538	日本	547

[①] 杨艳菊. 家庭财富与基础教育阶段教育获得[D]. 上海：上海社会科学院，2015.

续前表

排名	数学 PISA 得分		阅读 PISA 得分		科学 PISA 得分	
5	韩国	554	韩国	536	芬兰	545
6	中国澳门	538	芬兰	524	爱沙尼亚	541
7	日本	536	中国台湾	523	韩国	538
8	列支敦士登	535	加拿大	523	越南	528
9	瑞士	531	爱尔兰	523	波兰	526
10	荷兰	523	波兰	518	列支敦士登	525

资料来源：http://www.sohu.com/a/245686070_100181643.

上海市在 PISA 测试中取得的良好成绩是其长期以来教育发展的成果体现，也凸显出上海市积极参与全球教育交流、紧跟全球教育发展步伐的决心与毅力。上海市积极引进 PISA 测试、参与全球教育交流与学习也为全国带来了积极的影响，有助于我国树立起文化的自觉和自信，在认识并发扬自身优势的基础上唤起教育发展的信心与动力。[1]

五、参加 TALIS 项目

教师的教学质量对学生的学习发挥着重大影响，在开展全球性的 PISA 之后，OECD 实施了 TALIS 项目，它并不对各国教学实践是否有效进行主观判断，而是致力于调查义务教育阶段的教师在专业发展、教学理念及实践、教师工作环境等方面的状况，即考察各国教育政策所意图的学校改进和教师专业发展理念和策略在现实的学校和课堂情境中是如何被教师及校长解读和执行的[2]，并在提供调研结果的基础上通过国际比较为各国提供教育发展的信息资料与最佳经验。因此，TALIS 有助于帮助各国政策制定者及学校管理者审视其教师教育与专业发展的状况及政策，并为跨国的分析和比较提供国际平台。

2015 年，上海市作为中国（不包含港澳台地区）首个参与 TALIS 的地区参加了 TALIS 2013＋"初中教师"项目的调查，共有来自 200 所初中的 4 000 名教师及 200 名校长代表参与其中。上海市教委组织 TALIS 在上海市的开展，并于上海师范大学国际与比较教育研究院开设了 TALIS 研究中心，专家团队、

---

[1] 朱小虎，张民选. 上海基础教育中外来人口的分布及 PISA 成绩表现［J］. 教育发展研究，2014（4）.

[2] 张倩，李子建. 国际比较视域下的教师专业发展：以 TALIS 2010 教师专业发展主题报告为基础［J］. 教育发展研究，2011（6）.

部分上海市市政机关及 17 个区县的教育局相关处室也在此次测试中发挥了重要的作用。①

2015 年上海市的 TALIS 结果显示，在全球 38 个国家和地区中，上海市在多个主题中的测评成绩均居于领先地位。②

上海市在 TALIS 中取得的良好成绩使上海市初中阶段的教师培训和教师教育获得了全球更为广泛的关注，也使上海市的初中教师在全球比较中认识到了自身在专业发展过程中所具备的各类优势，这些优势可进一步转化为促进学生全面发展的优良因子。

上海市 TALIS 的测评结果也促使教师政策制定者、校长以及教师自身等相关利益团体在认可并发扬其在教师专业发展方面的优势的基础上积极进行反思，关注学生的个性与差异、提升教师的 ICT 能力、提高教师的科研水平，并建立教师专业学习共同体。③

第四节　国外对上海教育的引入与借鉴

上海基础教育的表现让其他国家和地区眼前一亮，古老的东方也蕴含着独特的教育智慧。上海作为一个中式教育的优秀代表，接受着来自全世界各地的赞扬和审视，各国纷纷开始了自己对上海教育的解读与借鉴。

一、上海教育经验成为世界关注热点

2009 年和 2012 年 PISA 测试上海排名两次获得全球第一后，许多国家和地区开始学习上海教育的经验。世界多个国家教育部和联合国教科文组织、联合国儿童基金会和世界银行均来到上海，探寻上海基础教育优质均衡的奥秘。

2010 年 12 月，OECD 发布了 PISA 2009 测试的结果：上海学生的阅读、数学和科学成绩在 65 个国家和地区中均为第一，一时间成为人们关注的焦点。

---

① TALIS2013+项目在上海实施的过程 [J]．上海教育，2016（7）．
② 上海教师教学国际调查（TALIS）项目结果揭晓，11 项目领先 [EB/OL]．(2016 - 02 - 18)．http://news.cnr.cn/native/city/20160218/t20160218_521410435.shtml.
③ 王洁，张民选．TALIS 教师专业发展评价框架的实践与思考：基于 TALIS 2013 上海调查结果分析 [J]．全球教育展望，2016（6）．

《纽约时报》等西方主流媒体纷纷在第一时间刊发讨论文章,试图对上海教育进行解读。美国全国教育与经济研究中心主席马克·塔克在研究了中国上海、芬兰、日本、新加坡、加拿大五个被认为是教育最成功的国家和地区后,对它们的成功经验做了详细的分析与解读,旨在从一位美国教育研究者的角度出发去回答如何学习世界最好的教育系统的经验,并建立一个更好的教育系统的问题,其著作《超越上海:美国应该如何建设世界顶尖的教育系统》被哈佛大学教育出版社出版。《世界是平的》这本畅销一时的书的作者托马斯·弗里德曼访问中国后,也在美国《纽约时报》刊文分析了上海教育的秘密。[1]

上海 PISA 测试还对塔克提出的报告《修复美国的问责制》(Fixing Our National Accountability System)有所影响。报告认为,目前美国的《不让一个孩子掉队》法案里的考试取向问责制(test-based accountability)多年来一直没有较好效果,因此,塔克提出用新的问责制,提倡用类似中国上海的高风险考试让学生为自己的学业成就负责。这一报告在美国国内引起重大反响。

2016 年 5 月 17 日至 19 日,在上海市教育委员会支持下,世界银行主办、上海师范大学承办的"公平与卓越:全球基础教育发展论坛"隆重召开(见图 7-5),主题为"上海基础教育发展经验分享"。来自世界银行和三十多个国家和地区共计 130 多名教育官员出席该论坛,与上海教育界人士齐聚一堂。

图 7-5 "公平与卓越:全球基础教育发展论坛"在上海召开,张民选教授在做大会报告

---

[1] 弗里德曼,曹安琪.上海的秘密[J].世界教育信息,2013(22).

会上，上海市教育委员会副主任贾炜做题为《教育综合改革背景下的基础教育考试与评价改革》的主报告，介绍了上海基础教育在考试、评价与课程方面进行的改革和取得的成就。世界银行高级教育专家、中国教育主管梁晓燕向大会来宾做了以《上海是如何做的？——上海基础教育政策和实践的基准测评》为题的主报告，该报告是世界银行梁晓燕博士团队与上海师范大学国际与比较教育研究院张民选教授的团队在过去两年的时间里合作完成的，展示了上海基础教育在全球层面的领先之处，也指出了面临的问题与挑战，希望上海的教育能够为世界各国的教育提供宝贵的经验和可靠的借鉴。

除了具体的教育制度和模式等，国外专家还对上海教育开放的视野与心态做出了积极评价。"对于上海来说，比任何政策更具影响力的是上海对新事物的开放心态和不断提高及改进自身的愿望。这种态度是进行大刀阔斧的改革必须具备的前提条件。如果世界各国想效仿上海的成功，必须持有这样的国际视野和心态。"①

世界其他国家和地区的学者普遍认为上海学生在 PISA 测试中的优秀表现与中国传统教育文化、政府的重视、充足的准备有着相当密切的关系。当然，也不能忽略上海在教育方面对于课程改革的不懈努力和薄弱学校改造、师资水平提高等方面所付出的辛劳。在吸收上海经验的过程中，这些学者坚持理性的原则，有选择性地吸取长处，因地制宜，具体情况具体分析。国别不同，面对着文化的碰撞和观念的不同，中外教育的进步和提高正是在宽容接纳和积极学习有益部分的过程中慢慢发生着变化。

二、上海教育教学被外国系统引进

要说对上海教育进行借鉴的国家和地区，最典型的莫过于英国。英国在看到上海教育的优势后，积极加强双方交流互动，吸收中国教育的有益经验。

数学对于一个人的发展和国家的经济竞争的重要性不言而喻。英国的数学教育有显而易见的问题。英国学生在 PISA 测试中的排名很不理想，落后于中国、韩国、日本等东亚国家，而上海在测试中尤其显示出了数学上压倒性的优势，所以英国开始向上海取经。

2013 年，英国教育考察团访问上海。考察团把"勤能补拙"的东方哲学与

---

① Wendy Kopp，赵春花．PISA 给我们带来什么：来自国际专家的观点［J］．外国中小学教育，2014（6）．

上海在数学教育上的优异表现联系起来，认为上海 PISA 测试结果和"华人学习者"的独特文化传统密不可分。2014 年 2 月，英国教育部副部长伊丽莎白·特鲁斯率代表团来沪考察基础教育，并提出在"中英人文交流机制"中增设"英格兰-上海数学教师交流项目"，随后，英国教育部正式启动"中英数学教师交流项目"，由中方派出一批数学教师到英国去指导和示范如何提升数学课堂教学质量，与此同时，英国也挑选一批数学教师到中国上海来学习进修。作为老牌发达国家的英国也开始派出人员到我国进行学习交流，并且所有经费均由英国政府承担，这在我国教育国际交流史上还是第一次。[1]

而在 2015 年，据英国《卫报》2015 年 11 月报道，专家指出，在英国学校使用上海数学教学方式的政府实验计划可能很快能使英国学生在 PISA 中的排名提升至 26 位。这项颇具争议的实践或将在 4 年内显著提高英国学生的数学成绩。

上海的数学教学经验在持续的国际交流中被凸显出来，不管是九九乘法表的流行还是"一课一练"等数学练习册的输出都在舆论上掀起了很大波澜。而上海数学教材将要在英国翻译出版并成为部分学校范本教材的消息更是令人感到新鲜和激动。

从 2014 年至 2017 年，中英双方共互派数百名教师、教育管理人员、专家及研究人员等进行交流。"中英数学教师交流项目"的持续开展，也引起了全球范围的关注。

三、上海教师教育成为范例

上海 PISA 测试成功的原因，必然少不了师资力量这重要的一环。而师资水平的高质量则是与教师专业发展培训密切相关的。教研体制就是教师专业发展的制度保障和资源依托。程介明就认为这种教研可以说得上是中国的特色。"中国教师经常地、有组织地进行专业的研讨与提高，这是其他国家难以比拟的。现在全世界都对上海的教研体系感到很有兴趣"[2]。例如学校有教研组、政府教育部门有教研室。这与许多地方的教师需要个人应付多个课程、课时繁重大不相同。同样，我们自己习以为常的，在别的国家很难实现。[3]

---

[1] 谢巍，刘淑杰．上海 PISA 引起的国际反响：来自欧美等国的最新动态及其思考 [J]．教育测量与评价（理论版），2015（7）．

[2] 张佳，彭新强．上海 PISA 夺冠与课程改革之间的关系 [J]．复旦教育论坛，2015（2）．

[3] 程介明．上海的 PISA 测试全球第一到底说明了什么 [J]．探索与争鸣，2014（1）．

2017年11月4日,在法国巴黎举行的联合国教科文组织第39届全体大会上,100多个国家和地区的会员代表以"无辩论"通过方式,决议在中国上海设立联合国教科文组织教师教育中心,这成为落户上海的首个联合国二类机构。

成立后的联合国教科文组织教师教育中心作为全球教师教育的知识生产与创新平台,其目标是"成为教师教育领域的服务提供者、标准制定者、研究与资源管理中心",将承担四大任务:知识生产,即为教师教育发展理论的研发提供学术支撑;能力建设,为各国的教师教育提供各类支撑,提升各国的师资质量;信息交流,提供一个交流平台,汇聚世界各国教师教育以及教育的可持续发展的先进理论和经验;技术支持,为世界各国的教师教育提供技术支持和咨询服务。目前已初步设计涉及东南亚、中亚、中东、非洲等地约10个研发与培训项目。同时,联合国教科文组织也将为中心提供专业领域所需的专家支持等。[1] 这一举措是对基础教育"上海模式"和教师教育经验的肯定,同时能够缓解世界范围内师资力量短缺的问题,尤其是为发展中国家和不发达国家培养合格的教师。

通过国外教育相关人员对上海教师教育的学习可以看出,中国教育真正开始了"走出去",不再只是跟在人后学习、模仿,不再因为不了解而心存戒备,而是开始主动把握国际规则,在国际舞台上崭露头角。举动的背后都是实力的支持和自信的姿态。

四、境外办学取得突破

近些年,上海市积极开展境外办学项目,推广我国的教育成果,积极传播中国文化,提升上海基础教育对外开放水平。2014年,上海中学应卡塔尔方的邀请,获上海市教育部门批准,到卡塔尔办分校,这是改革开放以来中国基础教育领域公办高中走向海外办学的首次尝试。[2] 上海中学境外办学这一举措,能够将上海优质的国内外课程和教育理念等输出到国外,是一次中国教育走向世界的扬帆之旅,必将产生深远的影响。[3]

上海教育"十三五"对外开放规划,进一步明确了扩大教育对外开放,提

---

[1] 徐瑞哲. 联合国教科文组织教师教育中心落户上海[N]. 解放日报,2017-11-05.
[2] 唐盛昌. "国际标准"创世界一流名校 "中国特色"树国内领先标杆:上海中学创办国际部20年走出中国基础教育国际化新路[N]. 中国教育报,2013-06-03.
[3] 彭薇. 基础教育公办学校出国门 上中将赴卡塔尔办分校[N]. 解放日报,2014-01-29.

升国际影响力和竞争力的任务。上海将积极推动开展境外办学，鼓励学校开展境外办学，争取建成若干个境外办学项目或机构。上海还积极配合国家"一带一路"倡议，组织实施专项教育合作计划，加大对"一带一路"沿线国家（地区）教育市场研究，采取针对性措施，支持各级各类学校加强与"一带一路"沿线国家（地区）教育的交流合作。

第八章
以科学的评估与督导助推教育改革发展

第一节　上海教育督导的历史发展

第二节　教育综合督政：区县政府落实教育法定责任

第三节　学校发展性督导评价："一校一品牌"

第四节　督学资格制度：发挥"蓄水池"作用

第五节　中小学校责任督学挂牌督导：延伸督导触角

引 言

自邓小平同志倡导恢复教育督导制度以来，1987年9月上海市成立了教育督导机构。这为进一步增强区县政府严格履行义务教育法定责任和基础教育发展的目标责任制，推动各级各类学校全面实施素质教育，促进校长和教师专业化发展发挥了积极的作用。到目前为止，上海教育督导已有三十余年的发展历程。三十余年，在历史的长河中也许只是短暂的一瞬。然而，对于上海市的教育督导，却是弥足珍贵的一段历程。从探索实践到依法督导，从创建特色到完善体制，三十余年的教育督导为上海教育发展蓝图添上了浓墨重彩的一笔，更为上海全面实施素质教育、率先基本实现教育现代化奠定了扎实的基础。

第一节 上海教育督导的历史发展

三十余年来，上海教育督导工作经历了初创探索、规范督导和创新发展三个阶段，不仅凸显了其在推进教育现代化中应有的地位与作用，而且为促进本市各级各类教育整体协调发展提供了保障，确保区县政府和中小学全面实施素质教育，促进教育均衡发展和内涵发展，率先基本实现教育现代化。

一、初创探索期（1987—1997年）

这一时期的主要标志是：上海市教育督导机构建立、完善，由上海市教育局教育督导室更名为上海市人民政府教育督导室。

1987年1月，国家教委下发了《关于转发〈国家教委督导工作座谈会纪要〉的通知》，这是规范教育督导人员条件与推动各地建立教育督导机构的1号文件。当年9月，上海正式成立教育督导机构。这一年是国家教委正式设立督导司的第二年，这是全国所有省区市中的第一批，也是上海解放以来的第一次，标志着上海教育在法制化、科学化、现代化发展进程中迈出了重要一步。[1]

1989 年 7 月,上海市人民政府办公厅下发了《关于本市普教系统建立教育督导制度问题的通知》(沪府办 [1989] 100 号),明确建立本市普教系统督导制度的机构设置与人员配备问题。按照基础教育实行"地方负责、分级管理"原则,建立市、区县两级督导机构或配备专职督学人员,并委托市、区县教育局代管。督导室和专职督导人员对下级政府所管理的教育工作、教育行政部门和所属学校及其他有关教育单位行使督导权,重点是抓好基础教育督导工作。督导室和专职督导人员受同级政府和上级督导机构的领导。

1993 年 2 月,上海市九届人大常委会第四十一次会议通过《上海市实施〈中华人民共和国义务教育法〉办法》,在总纲第五条规定:市和区县人民政府设立教育督导机构,对下级人民政府、教育行政主管部门和学校的义务教育组织实施工作以及有关行政部门配合实施义务教育职责的履行情况进行监督、检查、评估和指导,保证国家和本市有关义务教育的法律、政策的贯彻执行和义务教育目标的实现。这是上海市第一次以立法形式,规定了市和区县教育督导机构的职责、工作范围等,具有开创性意义。

1993 年 12 月,上海市人民政府教育卫生办公室发出的《关于批准上海市教育局、上海市教育督导室〈加强当前教育督导工作的几点意见〉的通知》(沪府教卫 [93] 第 296 号)进一步明确了教育督导机构的性质是同级人民政府设置的行政职能机构,由同级人民政府授权行使教育督导权,受同级政府和上级教育督导机构的双重领导;其任务是对下级人民政府的教育工作、教育行政部门和学校以及有关行政部门配合实施教育职责的履行情况进行监督、检查、评估和指导,保证国家和本市有关教育的法律、政策的贯彻执行和教育目标的实现。在督导队伍建设方面,必须按督导人员的任职条件严格遴选督学,充实骨干力量,保持队伍的相对稳定性和权威性。

1997 年 4 月,市教委、市政府教育督导室颁布《贯彻落实国家教委〈关于加强教育督导队伍建设的几点意见〉和〈督学行为准则〉的若干建议》,明确:"教育督导作为各级政府对教育工作进行宏观管理的重要手段和制度,只能加强,不能削弱,凡机构不健全或人员不足的地方,可以根据工作需要,健全机构、充实人员;全市区县督导室统称为某某区县人民政府教育督导室,挂靠区县教育行政部门;建设一支与督导任务相适应的教育督导队伍,做到数量足够、

---

[1] 上海市教育委员会,上海市人民政府教育督导室. 督学风范:上海建立教育督导制度 20 周年回顾与展望 [M]. 上海:上海教育出版社,2007:26.

结构合理、素质较高；各区县教育督导室要有一定数量、相应职级的公务员编制及若干名事业性编制，以保证履行其职能等。"这些举措细致明确，操作性强，有力地推动了督导工作规范化。

经过历时将近10年的实践探索，1995年市教育督导室更名为市人民政府教育督导室。"这段历史恰好反映了教育督导制度的不断深化和逐步完善，名称的改变是教育督导职能不断强化与拓展的必然结果，也充分体现了上海市和区县两级政府依法治教的决心和行动。"①

伴随着上海市教育督导机构的成熟，教育督导工作实践积极推进，启动了以确保教育经费增长为主要内容的"五项督导"（落实教育经费增长及教师待遇、改造校舍危房、制止中小学流失、纠正乱收费以及加强中小学德育），实施了德育和薄弱学校更新改造工作专项督导，出台了《上海市教育督导评估标准体系》，为规范教育督导行为积累了经验。同时，积极组织开展普及义务教育督导，1994年首批通过督导验收，从而保证了本市基础教育在全国的应有地位。

二、规范督导期（1998—2014年）

这一时期的主要标志是：《上海市教育督导规定》颁布，上海市教育督导进入推动规范建设、完善督导体制阶段。

1999年12月，《上海市教育督导规定》出台，全面规定了教育督导的机构建设、人员配备、督导程序、督学职责和法律责任，不仅体现了市教育督导制度建设进入了规范化、法制化阶段，而且体现了教育督导工作务必坚持公平、公正、公开和增强透明度的要求。

2004年10月，上海市人民政府第一次召开了教育督导工作会议，全面部署了教育督导立法、完善教育督导体制、推动教育督导专业发展的工作，为教育督导制度改革进一步明确了发展方向。2005年，市政府颁发了《关于本市建立对区县政府教育工作进行督导评估制度实施意见的通知》、《上海市教育督导工作发展规划（2005—2007年）》和《关于深化与完善中小学"学校发展性督导评价"工作的若干意见》三个文件，对本市依法督政与督学工作做出了具体规定，并为本市教育督导的长期发展明确了原则性建议。

上海在深化教育综合改革、深入推进义务教育均衡的过程中，始终高度重

---

① 上海市教育委员会，上海市人民政府教育督导室. 督学风范：上海建立教育督导制度20周年回顾与展望[M]. 上海：上海教育出版社，2007：27-28.

视和发挥教育督导的监督保障作用。2004年,"加强初中建设工程督导"是贯彻落实"科教兴市"主战略和率先基本实现教育现代化的重大举措,是上海市基础教育促进均衡发展和内涵建设的重要实践。这标志着市政府为人民群众创造公平教育的环境和条件已基本成熟,为率先基本实现教育现代化发展目标打下了坚实基础[①];2005年起,积极探索建立区县政府依法履行教育责任执行情况的公示公报制度,为推动区县重视教育,并对依法履行教育责任的到位起到了积极有效的作用;2011年起,上海市政府对所有区县逐一开展了"推进教育现代化暨义务教育均衡发展"综合督政,于2014年整体接受教育部督导认定,成为全国首个整体通过"义务教育基本均衡发展督导认定"的省份。

上海市的学校发展性教育督导在全国教育界有广泛的影响。20世纪90年代末以来,上海市教育督导部门与英国教育文化委员会进行合作,开展了学校发展性教育督导评估实践探索,积极推动中小学的持续发展和学生个性化的自主发展。"发展性督导评估颠覆了之前终结性督导评价的做法,它根据学校自身制定的规划来评价学校,从一把尺变成多把尺,使督导的内涵发生了变化,从评价发展的程度变成促进过程发展,以提升水平,也就是说,督导不仅是验收、评价,更侧重推动学校的发展。"[②]

教育督导机构不断规范完善。2008年3月18日,市教委、市政府教育督导室决定成立"上海市教育督导事务中心",同时增挂"上海市教育行政执法事务中心"牌子,并依据《行政处罚法》《教育法》等法律法规,委托其承担市教委有关行政执法事务,依法对本行政区域内涉及教育工作的法律事务进行监督、检查,办理教育行政处罚、行政强制等执法事务工作。2010年8月,上海市教育督导委员会成立(2017年9月改名为上海市人民政府教育督导委员会),分管副市长任该委员会主任,下设办公室(设在市教委)。

督学队伍建设注重规范管理。2007年3月,市教委、市政府教育督导室颁布了《上海市督学聘任实施办法(暂行)》,旨在建立一支专业化、高水平、有权威的市级督学队伍,充分发挥市督学的重要作用。2009年以来,根据国家教育督导团办公室关于在京津沪渝四市开展督学资格制度试点工作的意见,上海市开展督学资格试点、试行工作,成为提升督学人员的整体素质和专业水平的有力抓手。

2013年10月,市教委、市政府教育督导室《转发〈国务院教育督导委员

---

① 上海市教育委员会,上海市人民政府教育督导室.民心工程:上海市加强初中建设工程成果巡礼[M].上海:华东师范大学出版社,2005:2.
② 上海市教育委员会,上海市人民政府教育督导室.督学风范:上海建立教育督导制度20周年回顾与展望[M].上海:上海教育出版社,2007:48-49.

会办公室关于印发《中小学校责任督学挂牌督导办法》的通知〉的通知》(沪教委督［2013］37号），逐步建立中小学校责任督学挂牌督导制度，开展中小学校责任督学挂牌督导创新区认定，从常态化、制度化、规范化入手，形成学校常态督导机制，有效保障了学校健康发展和教育方针的贯彻落实。

三、创新发展期（2015年至今）

这一时期的主要标志是：《上海市教育督导条例》实施，上海市教育督导进入督政、督学与评估监测"三位一体"发展阶段。

《上海市教育督导条例》由市十四届人大常委会第十九次会议于2015年2月11日通过，自2015年5月1日起施行，是自20世纪80年代上海市实施教育督导工作以来，首次以地方法规形式对教育督导工作进行全面系统规范，为推进各级政府依法履行教育责任，确保各级各类学校依法规范办学提供了依据，对推动上海基础教育事业健康良性发展将起到保驾护航的作用，必将为本市全面实施开展教育综合改革提供制度保障。

《上海市教育督导条例》既反映了上海教育督导实践成果，也反映了上海教育改革发展要求。其主要内容和特点有[①]：一是凸显了推进教育治理体系和提升治理能力的主题；二是提出了督导必须尊重各级各类学校办学规律的要求；三是强调了教育督导"两个主体"相对独立的特征，规定了"市和区、县教育督导委员会及其教育督导室"是教育督导机构，在本级人民政府领导下依法独立行使教育督导职能；四是确立了实施开展"同级督政"应有的法律地位，规定了教育督导的职能是对人民政府相关职能部门和下级人民政府依法履行教育职责、各级各类学校和其他教育机构规范办学实施监督、指导，并对教育发展状况和教育质量组织开展评估、监测；五是规范了督政、督学与评估监测"三位一体"的架构；六是明确了教育督导的体制以及督导接受社会监督的属性，规定了家长、社会组织和社会公众参与教育督导的途径和方式；七是强化了专职督学应有的地位和专业发展晋升的空间，规定了市和区、县人民政府应当加强对教育督导工作的领导，从经费列入财政预算、配备专职督学方面保障教育督导工作，规定"专职督学由市和区、县人民政府任命"；八是体现了第一线的责任督学将是教育督导的主体；九是强调了督导结果是对法人进行考核奖惩和

---

① 杨国顺. 深刻理解教育督导条例的内涵，加快推进教育治理体系的建设［J］. 教育督导与执法，2015（2）：8-11.

任免的依据；十是规定了督导部门可以组织或委托第三方中介评估与监测，对委托依法成立的研究机构、评估机构及其他组织，开展相关教育质量评估和监测活动做了专门规定。

《上海市教育督导条例》按照党的十八届三中全会"强化国家教育督导"的要求，对教育督导在教育改革发展中的责任做了规定，确立了教育督导在推进"政府依法管理、学校依法自主办学、社会各界依法参与和监督"的教育治理体系建设中的重要地位。它的实施，将对形成教育决策、执行、监督相互协调、相互制约的教育管理体系，推动政府及其职能部门依法履行职责，推动各级各类学校和教育机构规范办学行为发挥重要的保障作用。

伴随着《上海市教育督导条例》的实施，上海市教育督导委员会办公室、上海市人民政府教育督导室不断完善教育督导政策，明确了上海市的教育督导体制机制改革与发展的战略方向和策略举措，督政、督学与评估监测"三位一体"日益形成。

2015年9月，上海市人民政府教育督导室出台了《关于对本市各级各类学校实施教育督导的意见》，强调"实施各级各类学校教育督导的根本任务是监督、指导学校全面贯彻执行教育法律、法规和国家教育方针、政策，依法规范办学行为，深入实施素质教育，全面提高教育质量"。其中，对基础教育学校实施教育督导的主要内容包括：依法办学与民主管理，课程改革及素质教育实施效果，教育教学管理制度建设与执行，教师队伍建设与专业发展，学校与家庭、社区合作及资源共享，以及法律、法规和国家教育政策规定的其他事项。对基础教育学校主要采用政府教育督导和学校年度自评相结合的教育督导方式。市和区县教育督导部门分别负责统筹本行政区域内各级各类学校的教育督导工作，同时进一步加强对区域内教育质量的评估、监测工作。教育督导部门对社会组织接受委托实施的对各级各类学校的评估、监测工作进行统筹协调和规范引导。

2016年9月，上海市教育督导委员会办公室下发了《关于进一步加强本市教育督导工作的意见》，从深化教育领域"管办评"分离改革，切实加强对本市教育工作的监督、指导和服务，加快推进教育治理体系和治理能力的现代化的高度，明确了新时期加强教育督导工作的目标任务是以促进教育公平、提高教育质量为宗旨，深入贯彻《上海市教育督导条例》要求，着力构建督促政府依法履职的督政机制，指导各级各类学校规范办学提高质量的督学体制，科学评价教育教学质量的评估监测体系，形成督政、督学、评估监测"三位一体"的教育督导体系，为促进本市教育综合改革提供支持和保障；加快落实新时期加强教育督导工作的具体举措，包括继续加强针对各级政府依法履职的督政制度、不断完善针对各级各类学校规范办学提高质量的督学制度、建立健全科学开展教育质量评估监测的委托制度和优化提升督学队伍的专业境界与评价能力。尤其值得关注的是对教育督导机构的规范建设提出了要求，各区县要规范设置政府教育督导室，理顺体制，强化职责，确定教育督导机构编制数，按照600～800名教职工配备1名督学的标准配齐配强专职督学，确保政府教育督导室作为同级教育督导委员会办事机构，在本级政府的领导下切实履行督政、督学和评估监测的职责。

2017年3月，根据《教育督导条例》、《上海市教育督导条例》以及《上海市教育委员会　上海市人民政府教育督导室关于转发〈教育部关于印发《督学管理暂行办法》的通知〉的通知》（沪教委督〔2016〕24号）有关规定，上海市人民政府教育督导室制定了《上海市督学资格认定和管理办法》，对督学资格认定和督学资格人员管理提出了明确规定，有助于进一步加强本市督学队伍建设，促进督学管理科学化、规范化、专业化，提高教育督导工作质量和水平。

2017年12月，上海市人民政府办公厅印发了《对市政府相关职能部门和下级政府履行教育职责的督导评估办法》，加强党对教育工作的领导，增强各级政府把教育放在优先发展战略地位的意识，加大教育督导部门统筹协调力度，在本市现有对区政府履行教育职责实施督导评估制度的基础上，建立健全针对各级政府履行教育职责的督导评估制度，主要督导评估国家规定的各级政府贯彻执行党的教育方针情况，落实教育法律、法规、规章和政策情况，各级各类教育发展情况，统筹推进本行政区域教育工作情况，加强教育保障情况，学校规范办学行为情况六个方面。同时，还包括推进本市教育改革与发展的相关情况。

第二节　教育综合督政：区县政府落实教育法定责任

一、教育综合督政的背景

教育督政，就是教育督导机构对政府相关职能部门和下级人民政府依法履行教育职责实施监督、指导。教育事业的优先发展是国家的战略，保障教育事业是政府的法定职责，没有政府的经费投入、校园建设和师资保障，办好人民满意的教育就无从谈起。教育督导制度建立以来，国务院及相关部委多次发文，对地方政府贯彻落实《义务教育法》、全面推进素质教育、深化教育体制改革等情况实施监督。

上海积极探索区县政府履行教育职责的教育综合督政制度,在全国率先将各区县政府履行教育责任的执行情况向社会公开,是对《国务院关于进一步加强农村教育工作的决定》(国发〔2003〕19号)和《国务院办公厅转发教育部关于建立对县级人民政府教育工作进行督导评估制度意见的通知》(国办发〔2004〕8号)的贯彻落实,有助于确保实现率先基本实现教育现代化的目标,成为上海教育优质均衡和内涵发展的一大特色。

二、区县政府履行教育职责督导评估的主要内容

2005年1月,上海市政府办公厅转发市教委、市政府教育督导室《关于本市建立对区县政府教育工作进行督导评估制度实施意见》,明确建立了对区县政府教育工作进行督导制度的总体要求。

区县政府履行教育职责督导评估的主要内容从增强区县政府依法行政的意识,落实政府公共管理和公共服务的职能,促进区县教育事业发展,满足人民群众对优质教育的需求出发,涉及领导职责、教育改革与发展、经费投入与管理、办学条件、教师队伍建设、教育管理和城乡教育一体化发展七个方面,具体见表8-1。其中,领导职责以政府的教育决策、执行制度、教育监督为重点,教育改革与发展以义务教育均衡发展、各类教育协调发展、教育改革与创新为重点,经费投入与管理以及与教育经费的三个增长、教育投融资改革、落实经费管理为重点,办学条件以教育公建配套建设、教育基础设施配备为重点,教师队伍建设以完善教师队伍结构、落实待遇保障机制、促进教师专业发展为重点,教育管理以教育行政行为、反馈与调控机制、教育服务与指导为重点,城乡教育一体化发展以政府政策保障、教育对口支援和先进示范辐射为重点。这些内容不仅为区县政府依法履行教育职责明确了导向,也为上海市开展教育综合督政工作提供了法定依据。

表8-1　对区县政府教育工作进行督导评估的主要内容

主要内容	具体要求
领导职责	1. 贯彻市委、市政府确立的"科教兴市"主战略,立足增强上海城市综合竞争力和建设国际化大都市的要求,把教育工作摆在优先发展的战略地位,并列入重要议事日程。 2. 落实市委、市政府颁布的《关于进一步加强和改进未成年人思想道德建设的实施意见》和《上海市关于减轻中小学生过重课业负担的若干意见》,把加强和改进未成年人思想道德建设放在全面实施素质教育的首位。 3. 区县政府主要负责人是领导管理教育工作的第一责任人。

续前表

主要内容	具体要求
教育改革与发展	1. 坚持以政府办学为主体，形成公办、民办教育共同发展，义务教育均衡发展与各级各类教育整体协调发展的教育新格局。 2. 坚持教育改革和创新，形成本区县的教育特色，打造品牌，满足人民群众对优质教育的需求，提高社会对教育的满意度。
经费投入与管理	1. 根据有关法律、法规和政策规定以及本市教育经费"三个增长"的计算口径，完善教育经费管理办法。 2. 深化教育投融资体制改革，建立以财政拨款为主，社会、企业、个人多渠道筹措教育经费的体制。
办学条件	1. 根据住宅建设规划和教育事业发展的需求，加强对教育公建配套的统一规划，确保学校布局合理，标准落实到位。 2. 根据本市及区县发展总体规划和教育事业发展需求，合理调整教育结构和学校布局，优化教育资源的配置，保证教育资源不流失。
教师队伍建设	1. 建设一支适应教育事业发展需要的师德高尚、学历与职称结构合理、富有活力和综合竞争力的高素质的专业教师队伍。 2. 制定落实校园长、教师专业发展的培养、培训措施，着力提高教师育人能力和适应课程教材改革的能力，实施名校园长、名教师的培养工程。
教育管理	1. 坚持依法行政、依法治教，实施教育方面政务信息公开制度，增强教育决策的科学性和预见性。 2. 增强指导和服务意识，多渠道、多形式听取学校和社会各界对区域教育发展的对策与建议，及时改进、调整教育发展策略，提高教育工作管理效能，形成自我评估、自我完善、自我发展的良性运行机制。 3. 遵循教育规律，落实学校依法自主办学的主体地位，搞好对学校检查评比的归口管理，推进现代学校制度建设。
城乡教育一体化发展	1. 根据"两级政府、两级管理"的教育管理体制，落实向边远地区学校的倾斜政策，落实干部、教师到重点加强的学校任职、带教、轮岗、兼职等措施。 2. 建立中心城区与远郊区县挂钩结对、对口支教、合作交流的长效机制，充分发挥市实验性示范性高中、素质教育实验校的辐射作用，缩小区域内校际的办学差距，缩小市区、近郊与远郊区县之间的教育差距，加快基础教育城乡一体化的发展。

三、区县政府履行教育职责综合督政制度的价值所在

（一）进一步推动了区县政府确立教育优先发展的战略地位，依法履行教育管理职责

上海市建立对区县政府教育工作督导评估制度，是推动区县政府依法履行

教育管理职责的重要举措。它对保持区域性义务教育均衡发展、内涵发展以及其他各类教育的整体协调发展，加快实现上海教育现代化具有重要的作用。

上海自2007年起至今，已启动了两轮综合督政，教育督导在建立区政府依法履行教育职责的自评机制、推动义务教育均衡发展、确保教育优先发展、推动重大教育政策项目扎实落地、督促破解教育热点难点问题等方面发挥了重要的保障作用。其中：2007—2009年，完成了对全市18个区县政府的教育综合督政工作；2011—2014年，对浦东新区等16个区县开展了推进区域教育现代化综合督政工作；2016年起，市教委、市政府教育督导室拟用5年时间，开展第三轮综合督政工作。

第一轮教育综合督政工作确立了"四个坚持"的指导思想：坚持依法督政，统筹协调整合；坚持分类指导，实施项目交叉；坚持公示公报，规范监督机制；坚持综合督导，注重整改到位。根据教育部、财政部关于建立义务教育经费保障机制督导的意见，上海市设置的综合督政项目主要有教育经费保障、教育公建配套和学前教育三年行动计划、教育发展与教师队伍、学校德育、职业教育、语言文字6个方面，针对各区县教育工作的现状和特点，对每个区县交叉实施3~4个督导项目。

第二轮教育综合督政工作以教育现代化是动态渐进、持续推进的发展过程为原则，以本市教育现代化指标体系为参照，以推进教育内涵发展为重点，通过开展推进区域教育现代化综合督政工作，全面贯彻落实全国和上海市教育工作会议精神，推进"上海规划纲要"实施，进一步推动区县人民政府履行教育公共服务均等化职能，进一步推动区县政府及其各职能部门共同落实未来5~10年区域教育现代化发展整体规划，进一步推动各级各类学校转变教育发展模式、促进国民教育体系和终身教育体系的联动发展和资源共享，确保"为了每一个学生的终身发展"的理念及相关政策落到实处。督导的主要项目包括教育基本公共服务均等化情况、规范和完善学前教育发展情况、义务教育优质均衡发展情况、高中多样化特色化办学情况、特殊教育全纳性发展情况和职业教育与学习型城区建设情况。鉴于2011—2012学年，本市启动并将开展对区县政府义务教育均衡发展督导、考核与评估工作。由此，对完成义务教育均衡发展专项督导的区县，在接受推进区域教育现代化综合督政时，此项目可免检。

第三轮教育综合督政工作重点突出以国家和本市中长期教育改革和发展规划纲要和"十三五"教育规划为主线，重点围绕城乡义务教育一体化发展、未成年人思想道德建设、学前教育发展、现代职业教育发展、学生健康促进工程暨体教结合工作、语言文字工作6大主题开展，并结合区域实际，对某一区域实施3个主题项目组合的综合督政,旨在通过督政工作的实施,进一步推动区政府及其职能部门依法履行教育责任,把促进公平和提升质量作为教育改革发展的"车之双轮",进一步推动各级各类学校"为了每一个学生的终身发展"的理念及相关政策落到实处,进一步形成上海教育事业优先发展、优质发展、公平发展、创新发展的良好氛围,办好人民群众满意的教育。截止到2018年上半年,已完成了对嘉定区、金山区、崇明区和奉贤区四个区的依法履行教育责任综合督政工作。

(二)进一步增强了区县政府的依法行政意识,落实了政府公共管理和公共服务的职能

建立市对区县政府教育工作进行专项或综合督导报告的公报制度,形成督导评估运行机制,有助于增强区县政府依法行政的意识,落实政府公共管理和公共服务的职能,促进区县教育事业的发展,形成区域教育的特色和品牌,满足人民群众对优质教育的需求。

自2005年建立区县政府教育工作自评公报制度起,截止到2016年,市教委、市政府教育督导室连续11年在"上海教育""上海教育督导"网站上公示各区县政府依法履行教育责任执行情况。这项工作在国家教育督导检查组对本市17个区县义务教育均衡发展的督导检查中得到充分肯定,被媒体誉为上海财政史上的一大创举,有力地推动了各区县政府自觉将教育责任落实到位。[①]

首先,确保关键数据与指标的正确和科学。要推动区县政府依法履行教育责任的到位,最关键的是确实保证区县教育经费拨款、教师待遇提高、生均公用经费、实际生均经费等投入到位。因此,市教委、市政府教育督导室要求区县政府在自评报告中严格按照《教育法》和《义务教育法》的规定,科学、规范和正确地填报数据和指标,并且规定了填写核心指标的依据。如:区县财政总收入和财政经常性收入的统计口径,必须以向区县人大提交的年度报告的数据为准;教育公建配套建设,必须按照市政府关于《上海市新建住宅区公共服务设施规定》执行;新建学校标准必须按照市政府关于《上海市新建住宅的配套建设与交付使用管理办法》执行;中小学、幼儿园校舍标准化建设和义务教育阶段小班化教育资源配置,必须按照《上海市2004年普通中小学建设标准》和《上海市2005年幼儿园建设标准》执行。这就确保了公示公报的核心数据和关键指标"无缝隙"和"无漏洞"状况,为数据指标的科学比较以及研究相关

---

① 杨国顺. 以公示公报制度确保地方政府依法履行教育责任[J]. 人民教育,2006(23):7-8.

政策措施提供了可靠的依据。

其次，对各类数据进行全面客观的比较分析。2006年，上海市向社会公布了6个区县政府教育经费拨款不符合"三个增长"的规定，其中有4个区县政府义务教育经费拨款不符合"三个增长"的规定。

最后，按照"透明度"原则进行公示公报。只有当公共服务财政制度的制定和落实引入了更广泛的民意参与和社会监督，并成为地方政府政绩考核的重要指标之后，公正才可能真正实现。因此，为了强化政府公共管理职能，保证社会各界和人民群众的知情权、参与权和监督权，市教委、市政府教育督导室必须保证政府履行教育法定责任情况的透明度和公开性。

第三节 学校发展性督导评价："一校一品牌"

一、学校发展性督导评价产生的背景

上海督学工作的特点是开展"学校发展性督导评价"，它进一步促进了各级各类学校实施素质教育和依法自主办学积极性、创造性的发挥。市教委、市政府教育督导室于2005年印发《上海市关于深化与完善"学校发展性督导评价"工作的若干意见》，要求发挥督导功能，不断完善与创新"学校发展性督导评价"工作，提高教育督导评估效能，指导与服务学校发展；积极构建具有时代特征、上海特点、区域特色的"学校发展性督导评价"体系。

第一，教育管理体制改革，提出"逐步建立政府宏观管理，学校面向社会自主办学的新体制"，使学校的行为方式由外控式管理向资质式管理转化，要求学校逐步成为在政府的宏观指导和调控下，依法自主办学，实现与经济建设和社会发展相联系的、具有自我发展机制的、充满活力的办学实体。地方教育行政部门和教育督导部门应为学校自主发展创设条件，促进学校内部管理的改革。

第二，基础教育改革的深化，呈现出"数量扩张型"向"质量提高型"转变，由粗放型的外延增长向集约型的内涵发展转变，更好满足人民群众对优质教育的需求。地方教育行政部门和教育督导部门应激发学校内在发展的动力，引导学校内涵发展、优质发展。

第三，素质教育全面实施，要求学校认真贯彻教育法律法规，全面实施教育方针、政策，遵循客观的教育规律，依据学校自身办学的主客观条件，逐步形成具有个性化的办学模式。地方教育行政部门和督导部门应帮助学校树立可持续发展理念，提高依法自主办学能力，保障学校素质教育稳步、健康、有序地实施和推进，争创办学特色。

第四，教育督导面临发展机遇和挑战，教育部明确提出，"把推动实施素质教育作为督导评估的中心任务"，"要建立全面的、科学的、有效的督导评估机制"。以往用"一把尺"来评估不同办学背景的学校，求统一、少个性、重结果、轻过程的运作方式，已难以完全适应学校依法自主发展的需求，教育督导必须与时俱进、改革创新。

二、学校发展性督导评价的主要内容

（一）学校发展性督导评价的内涵

学校发展性督导评价是以现代教育发展观为指导，以促进学校发展为目的，以学校发展过程为对象的评价，是依据国家对学校的法律法规要求、学校的办学现状和学校自主选择的发展目标，关注学校的发展目标和潜力，注重诊断学校发展中的问题，寻求学校发展的关键因素，从而发现和判断教育价值、得到教育增值的过程。

它在价值定位上，做到三个"关注"：一是关注学校的个体需要，从关注学校外显的办学行为向关注学校内在的发展需求转变，反映并关注家长、社会等各类主体的教育需求，努力实现社会发展需求与学校自身发展需求的融合；二是关注学校教育活动的潜在价值，努力创设使潜在价值向现实价值转化所需要的各种条件，并关注新的价值、意义的生成，力求面向每一所学校，努力促进处于不同发展阶段的学校的最优化发展，实现教育活动的增值；三是关注学校评价主体地位的确立，提升学校的自我精神、主体意识，引导学校关注自身发展过程，关注多方面的发展，关注未来发展，重视价值的生成和评价活动的非预期效应，努力推动学校的自主发展。

它在实践探索中，处理好四对关系：一是同一性与差异性的关系。同一性坚持用基础性指标对学校进行评价，强调依法办学的要求，重在横向比较。差异性坚持依据学校确定的方针目标对学校进行评价，注重学校的发展水平、发展速度和发展趋势，侧重学校的纵向比较。评价应讲共性要求与个性要求有机结合。二是自评与督评的关系。学校要自主发展，必须形成自我评价、自我监督、自我调整的机制。督评是在学校自评基础上的外部评价，重在督促指导学校不断发展。两者相辅相成。三是形成性评价与终结性评价的关系。形成性评价重在诊断、改进和激励，终结性评价重在评估学校发展目标达成度，前者是后者的基础，后者为前者提供发展动力。四是定性与定量的关系。由于学校发展性评价的涉及面广，评价对象复杂，仅仅使用定性或定量评价方法都不能准确反映学校办学水平，应实现两者的有机结合，使评价结果更为客观公正。

(二) 学校发展性督导评价的指标体系

上海的学校发展性督导评价指标体系，由基础性指标和发展性指南两部分组成。在评估内容上，采用共性规范要求和个性发展需求相结合，既有学校必须共同遵循的法定规范和基本质量，又体现各校发展中具有个性发展需求的改革实践，为学校自主发展创设空间；在评估标准上，采用统一标准与学校的自订标准相结合，既有每所学校履行法定规范的统一标准，又有依据学校自主发展目标达成度的自订标准，以利于更有效地调动学校办学的积极性、主动性和创造性。

1. 基础性指标

基础性指标主要是指学校在依法办学、办学质量、效益等方面必须达到的基本规范和水平，是依据国家有关教育法律、法规与政策提出的对学校在管理和办学质量方面的基本要求。它强调的是所有学校必须达到的基本要求，是对学校一种规范上的引导，旨在强化学校依法办学的意识和行为，体现不同办学背景条件学校发展的共性，并依据新的法律、法规，做及时调整、充实，具有基础性、强制性和统一性。监督、责成学校达到基础性指标的规定要求，是教育督导必须履行的监督职能。

《上海市中小学"学校发展性督导评价"指标纲要》中"学校办学基础性指标"（见表8-2）主要包括办学条件、管理状态和教育状况等部分。在评价内容上突出现行教育法规、政策、文件对学校管理的基本要求，如执行国家规定的课程计划、按规定合理使用经费等等，以此来强化学校依法办学的目标意识和责任意识，规范学校的办学行为，促进学校素质教育的健康发展；在评价标准上要求尽可能采用量化指标来检测目标的达成度，以增强督导评价的可操作性和比较上的客观性，从而体现基础性指标的法规性、普适性和可测性特点。

表8-2 学校办学基础性指标

A级指标	B级指标	评价要素
办学条件	校舍面积	达到上海市中小学校舍建设一类或二类标准。
	设施设备	达到上海市中小学装备设施设备标准。
管理状态	行政管理	学校有三年发展规划或办学章程,学校发展目标和分年度目标清晰,针对性强,措施落实。 校长负责制、教代会制度、校务公开制度、安全保卫制度等相应制度健全并得到认真贯彻执行。 学校管理机构设置合理,职责明确,运转正常。
	教学管理	执行国家规定的课程计划,有"减轻学生过重课业负担"的具体措施。 备课、听课、评课等教学研究制度,学生作业检查制度及教学质量监控制度等相关制度落实。学校教学流程运作规范。 教务管理制度健全,有教学业务档案、学生学籍管理档案,图书馆、实验室、各专用教室及教学资料的管理和使用按制度正常运作,教学设备使用率高。
	德育管理	落实中小学生日常行为规范,达到合格校水平。 注重结合节假日、重大活动和学科特点,有针对性地对学生进行爱国主义教育。 组织各类主题性的学生社会实践。 学校、家庭、社会形成教育合力,有相应的组织形式并运作正常。
	队伍管理	学校内部人事管理制度健全,全员岗位职责明确。 学校任课教师的任职条件达到市颁标准。 学校有师德规范与师德考评制度,师德建设措施落实,杜绝体罚、变相体罚学生的现象。 学校对新、老教师开展多种形式的专业培训,加强青年、骨干教师的培养。 其他人员管理育人职责明确,有培训,有考核。
	总务管理	建立学校财务管理制度,按规定合理使用经费,规范办学行为。 有财产设备、校舍场地管理制度。 净化、美化、绿化校园环境,学校安全防卫和卫生措施落实。
教育状况	入学率与巩固率	义务教育阶段入学率保持在100%。 辍学率为"0"。 严格控制大龄退学人数。
	基本要求	学生刑事案发率低于3/10 000。 学生行为规范验收合格。 各年级留学率:小学低于1%,初中低于2%(小学五年级、初三除外)。

续前表

A级指标	B级指标	评价要素
教育状况	基本要求	毕业率：小学高于99%，初、高中按时毕业率达90%。 体育课合格率：中小学均高于95%。 体锻达标率：中小学均高于90%。 学生身体素质主要指标均值处于全国中上水平。 近视新发病率低于5%。 80%以上学生能参与学校经常性的艺术、科技活动。 学生参加艺术、科技团队活动率高于25%。 学生劳技课成绩合格：具有自我服务、家务劳动、公益劳动和简单生产劳动的能力。
社会评价		社区满意度80%以上。 家长认可度80%以上。

2. 发展性指南

发展性指南主要是指学校在达成基础性目标的基础上，根据时代和社会发展对学校教育的要求以及学校自身的发展现状，为进一步提高学校办学水平、质量和效益，创建学校特色而确立的发展目标。它是由学校的个体差异性和学校自主发展需求决定的，体现了教育督导为学校实现预定发展目标提供帮助而需要发挥的指导功能。

《上海市中小学"学校发展性督导评价"指标纲要》中"学校办学发展指南"（见表8-3）提供了学校发展目标、学校课程建设、教学改革与学生学习、学校德育、校园文化建设、教育科研、师资队伍建设、保障机制、发展成效九个方面内容。其中，办学特色需要具有"三性""六有"：稳定性、独特性和示范性；有先进的办学理念和教育思想支撑；有独特的、师生共同认同的发展目标；有一支具有专门特长、育德能力强，能发展特色项目的教师队伍；有相应的教育教学设施、环境和学校文化；有学生广泛参与和支持，并有一批有特长的学生；有反映学校发展的具有特色的翔实资料。

表8-3 学校办学发展指南

发展领域	评价要素
学校发展目标	学校有先进办学理念，办学目标符合教育改革发展要求，符合学校实际和发展规律，体现出阶段性、递进性和自身特点。 学校培养目标符合教育方针，注重促进学生主动发展与个性特长发展，体现递进性和个性。

续前表

发展领域	评价要素
学校课程建设	课程设置符合市二期课程改革精神和学生实际，创设学生自主选择的内容和探究的空间。 课程内容有时代气息，体现学科整合的特点，体现学生创新精神和实践能力的培养，体现学生个性发展的需求。 结合学校实际，积极开发具有校本特色的课程。
教学改革与学生学习	教学改革主攻目标清晰，针对性强，教学研究氛围浓厚，课堂教学优化，形成学校特色课程与特色项目。 教师积极转变教学方式，利用现代化信息技术，指导学生学会学习，提高教学效率。 学生有学习动力和学习兴趣，有生活热情、自信心、进取心、自学能力、实践能力、独立思考能力，不断进取。 学生能运用各种学习资源，通过团队合作、探究活动、社会实践等多种方式进行学习。 学生评价制度体现促进不同层次学生发展，提高学生综合素质的原则。
学校德育	重视德育队伍建设，注重德育目标与途径的针对性、实效性，形成以学校为主体，学校、家庭、社区相结合的教育网络。 重视德育课程和基地建设，充分利用社会资源为学生教育服务。 学校资源向社会开放，组织学生参与地区精神文明建设。
校园文化建设	校风、教风、学风蓬勃向上，积极进取，人际关系和谐。 校园文化活动丰富，师生参与面广。 学校注重学习型组织建设，注重创设良好的人文环境。
教育科研	课题研究结合学校的教改实际和发展要求。 课题管理规范、有序，教师参与面广，形成校科研骨干队伍。 课题研究成果及时应用于学校教育教学工作实际，切实推动学校发展。
师资队伍建设	教师队伍年龄、性别、专业等结构合理，适应学校发展要求。 根据不同层次教师专业发展需求，创设开放式的校本培训格局。 建立名教师培养和各层次骨干教师培养的机制。 建立教师聘任和评价制度，促进教师主动学习、研究和反思，促进教师职业道德和专业水平提高。
保障机制	管理方式民主、务实，管理制度健全、完善，形成现代学校管理特色。 周期性地进行学校综合自评，建立自我反思、自我完善、自我发展的内在机制。 建立社区、家长参与学校工作的监督、评价制度，提高学校的社会声誉。
发展成效	学校办学目标的实现与调整，学校发展情况。 学生培养目标的实现与调整，学生发展情况。 师资建设目标的实现与调整，教师发展情况。

各区县根据《上海市中小学"学校发展性督导评价"指标纲要》，积极探索具有区域特点的发展性督导评价指标体系。如：黄浦区力求做到"一校一指标"，把制定二、三级指标的权力赋予学校，各校从校情出发自主制定指标体系；闵行区加大了"基础性"部分"校长负责制""教学质量监控"等重点指标的规范程度，增加了"中小学教育信息化"评价指标，拓宽了"发展性"项目的选择空间；长宁区将发展性指标划分为综合发展指标、重点发展指标和校本评价指标三类，并从目标达成度、措施落实度和调整合理度方面进行评价；虹口区在对学校自主发展内涵及学校发展阶段理论进行探索的基础上制定了《中小学依法治校、自主办学，推进素质教育督导评价指标》，分为学校管理系统、教育工作系统和保障服务系统三个领域，并按照"常规稳定发展阶段""个性化发展阶段"分别拟定相应的评价标准；浦东新区按照学校发展的阶段性与递进性、教育投入产出的合理性与有效性、学校发展的同一性与差异性等原则，设计了学校发展性督导评价方案，包含《学校基础性发展教育督导评价指标体系》、《学校整体性发展教育督导评价指标体系》和《学校主体性发展教育督导评价指标体系》三套具有递进关系的指标体系。

（三）学校发展性督导评价的运行机制

素质教育是一项需要长期实践的系统工程。学校发展性督导评价必须对整个过程予以关注，贯穿学校办学的全过程。学校发展规划是学校教育活动的起始环节，也是衡量学校发展是否规范、是否高效、是否具有持续性的重要依据。为此，学校发展性督导评价正是从这一环节介入学校发展全过程的。在对学校发展的基础进行全面诊断、评价，对学校发展规划制定加以指导，对规划实施过程进行监控，对规划实施成果进行评价等一系列活动中实现发展性学校评价，由此，构成了发展性学校评价的运行机制。

1. 办学目标责任机制

目标责任机制是在目标责任制基础上的发展，旨在使目标责任制变为自动运作的机制。它着眼于动态考核校长发展教育的绩效，并通过机制来规范校长实施素质教育的主体责任。区县教育行政部门要把校长履行任期目标责任制与实施"学校发展规划"有机结合起来，落实校长在加强未成年人思想道德建设、推进中小学课程教材改革、促进教师专业发展和发挥团队组织主体作用等方面引领学校改革与发展的重要责任，将校长履行任期目标责任的考核与"学校发展性督导评价"有机结合，提高校长综合素质和自主办学的能力，促进中小学校长的专业发展。

2. 学校发展规划自评机制

学校把自评作为促进学校依法自主办学和促进教师与学生发展的一个重要环节，作为现代学校建设和校本管理的一项重要内容。校长根据自身发展需要，健全内部管理信息系统，建立年度自评和综合自评制度，准确设定自评目标，建立健全自评组织，严格规范自评程序，将单项评价与综合评价、个体评价和部门评价有机结合。学校在自评过程中，要扩大自评主体的参与度，重视教师、学生的互动评价，重视社区、家长及教育督导部门的意见反馈，对自评过程中发现的问题采取积极的措施进行改进。

3. 规划实施成效的综合督导评价机制

区县教育督导部门以指导学校制定发展规划为起点，以监控规划实施为基础，以评价学校发展规划达成度为重点，不断完善对学校规划的会商评审、监控调整和自评指导、督导评价等工作。可以采用形成性督导评价和终结性督导评价相结合的方式对规划实施效果进行评价。形成性评价即对学校发展规划在某一阶段的实施情况和阶段性目标达成情况进行的督导评价，一般每年进行一次；终结性评价即在规划实施周期结束后对规划实施成效和各项目标的达成度进行的全面的、总结性的评价。综合评价过程包括准备、实施、结果处理三个阶段。准备阶段包括制定学校督导评价计划、下达督导评价通知书、组织与培训督导评价队伍等工作。实施阶段主要是在学校自评基础上开展督导评估。结果处理阶段包括撰写督导评价报告、督导评价结果（主要是督导评价报告）的处理与利用。各个阶段不同环节在实践过程中会有灵活交叉和调整。

4. 督导评价结果运用机制

一是评价报告按规定主送督导评价对象，同时抄送区域政府有关部门、教育行政主管部门，在行政决策中注重采取教育督导的可行性建议，充分运用教育督导结果，激励不同层次的学校提高教育质量和办学水平。二是对在评价过程中发现的典型经验，建议有关部门组织人员做进一步的专题总结，并在面上进行宣传、推广。三是对在督导评价中发现评价对象有违背教育法规、方针、政策等错误，应及时向督导评价对象发出整改通知书，限期整改，督导评价对象应及时向教育督导评价机构报告整改情况，教育督导评价机构应加强回访。四是把督导评价结果作为对政府有关部门和学校进行奖惩和对政府有关部门"一把手"和校长工作绩效进行考核的重要依据，作为组织人事、计划财务等部门任免干部、配置师资、投入经费、调拨设备等的参考。五是通过网络、报纸、杂志等向学生家长和社会公布评价结果。

(四) 学校发展性督导评价的技术方法

学校发展性督导评价的技术方法的运用遵循的基本原则是：绝对评价、相对评价与个体内差异评价有机结合，以个体内差异评价为主；诊断性评价、形成性评价与终结性评价有机结合，以形成性评价为主；内部评价与外部评价有机结合，以内部评价为主。

首先，坚持绝对评价、相对评价和个体内差异评价有机结合，以个体内差异评价为主。学校发展性督导评价重视学校的未来发展，重在评估对象的"增值"。对基础性指标的督导评价侧重于绝对评价与相对评价的结合，以确定学校规范办学行为与客观标准的差距；对发展性指南的督导评价重在学校的现在与过去的纵向比较，强调发展，鼓励进步，激励不同条件背景、不同层次学校自主发展的积极性，使学校获得成功的体验，增强学校发展的内驱力。

其次，坚持诊断性评价、形成性评价与终结性评价有机结合，以形成性评价为主。学校发展性督导评价把整个督导评价活动视为一个动态过程，开展对学校发展规划审核认定的诊断性评价，对学校发展规划实施年限到期后的终结性评价，但更强调规划实施过程中及时反馈调节，促进学校发展的形成性评价，尤其是针对学校偏离素质教育轨道与学校期望目标要求的问题，采用必要的纠正措施，完善可持续发展的运行机制，从而实现学校的发展目标。

最后，坚持内部评价与外部评价有机结合，以内部评价为主。学校发展性督导评价认为受评学校是发展的主体，有效的评估建立在对受评学校高度信任和尊重的基础上，以受评学校的自我认识、自我改进、自我完善能力的提高为归宿，因而必须坚持以自评为基础，自评与督评相结合的方向。同时，指导学校建立自评组织，形成自评制度，不断增强自评意识，调整评估心态，提高自评能力，形成学校内部的自律工作机制。

三、学校发展性督导评价的突破意义

(一) 有利于完善教育督导职能，创新教育督导方式

教育督导活动是一个开放的、动态的系统，教育督导职能的发挥取决于系统内各要素的作用以及系统与外部环境关系的变化。学校发展性督导评价为确保教育督导的监督、指导职能提供了调整契机，有助于构建教育督导机构与学校的合作关系，在共同促成学校持续发展上，提高了学校对督导结果的认可和接受，促进了学校的发展，也提高了督导工作的效能。

（二）有利于推动教育行政职能的转变

作为行政管理的一种基本职能，行政监督是维持行政对象活动正常运转并提高其运转效能的有效手段。学校发展性督导评价要求教育行政部门必须运用法规、拨款、规划、信息服务、政策指导和必要的行政手段，进一步加强宏观管理，真正从"办学校"转到"管学校"，逐步建立起办事高效、运作协调、行为规范的教育行政管理系统。

（三）有助于促进现代学校制度的建设

学校发展性督导评价，强调以协商为基础，督导双方共同建构督导过程，为发展而评价，以评价促发展。这有助于激发学校自主发展意识，帮助学校在遵守国家法规前提下，从实际出发确定办学目标、发展思路和发展策略，形成办学特色，深度推进现代学校制度建设。

第四节　督学资格制度：发挥"蓄水池"作用

一、上海市实施督学资格制度的背景条件

（一）教育改革和发展的必然要求

随着教育改革和发展的深入，教育体制和机制改革成为了重中之重。国家和上海市中长期教育改革和发展规划纲要指出，要以转变政府职能和简政放权为重点，深化教育管理体制改革，提高公共教育服务水平，明确各级政府责任，规范学校办学行为，促进"管办评"分离，形成政事分开、权责明确、统筹协调、规范有序的教育管理体制。作为承担"监督、检查、指导、评估"职能的教育督导部门，在教育管理体制改革中，必将被赋予更重要的职责。因此，建设一支具有专业素养的督学队伍，提高督学的业务能力是教育改革和发展的必然要求。

（二）完善教育督导机制的必然要求

我国自恢复教育督导制度已有20多年了，其间教育督导工作取得了长足的进步，但由于历史原因，教育督导的体制与机制尚未理顺，多数地区的督导机

构尚未完全独立，多数督学是从学校抽调到督导室，编制挂靠在基层学校，职称和职务评定尚未有专门的体系。"上海规划纲要"指出，要"推行教育督导资格制度，促进教育督导工作和督学人员专业化发展，促进优秀教师和优秀管理者担任教育督学的制度"。因此，开展督学资格制度实践探索，建设一支稳定的督学队伍，是完善教育督导机制的必然要求。自 2007 年起，上海市浦东新区开展了"关于建立我国督学职务、职级制度的研究""浦东新区开展督学专业资格证书制度建构研究"两项课题研究，为督学资格制度实践探索搭建了理论框架，奠定了实践基础。

（三）促进督学专业化发展的必然要求

教育改革和发展的新形势、教育督导实践的不断深入，迫切要求整体提升督学队伍专业素养。而现行的督学队伍，存在着人员严重不足、年龄结构不尽合理、专业职称不高、督导能力不强等问题，督学的专业化建设已滞后于校长的专业化建设。基于这样的背景，以督学资格制度实践探索为抓手，加强督学队伍建设的专业化发展，使督学经过督导专业训练和自主学习，具备先进的教育督导理念、娴熟的督导技能，已是发展的必然趋势。

二、上海市督学资格制度的主要内容

（一）督学资格试点的制度设计

上海市教委、市政府教育督导室先后下发了《关于开展督学资格制度试点工作的通知》（沪教委督［2009］15 号）、《关于成立上海市督学资格认定工作领导小组和专家工作组的通知》（沪教委督［2010］8 号）、《上海市开展督学资格认定工作的实施细则（试行）》（沪教委督［2010］10 号）、《上海市教育委员会上海市人民政府教育督导室关于在浦东新区等 4 区试行督学资格考试工作的意见》（沪教委督［2010］23 号）和《关于在本市教育系统开展督学资格注册管理工作的实施意见》（沪教委督［2013］26 号）等规范性文件，明确了督学资格制度试点的制度保障和组织保障。

1. 督学的分类

主要涉及专职督学和兼职督学。其中，专职督学是任职于市、区县教育督导部门，专职从事教育督导工作的人员。按其编制性质，分为公务员编制专职督学和事业编制专职督学。而兼职督学是由市、区县教育督导部门聘任，从事教育督导工作的兼职人员。按兼职人员是否在职，分为在职的兼职督学和退休的兼职督学。

2. 督学的资格条件

根据《教育督导暂行规定》《上海市教育督导规定》中关于督学资格的有关规定，结合上海市教育督导工作的需要，具有上海市督学资格的人员应当符合下列基本条件：坚持党的基本路线，热爱社会主义教育事业；熟悉有关教育法律、法规、方针、政策，具有较强的业务能力、组织协调能力、口头与书面表达能力；熟悉教育行政管理和教育事业相关工作的管理，以及学校教育教学与管理等专业工作，具有丰富的实践经验；具有大学本科（含同等学力）以上的学历，从事教育管理或者教育教学、研究工作十年以上；或具有中学高级教师职务和特级教师称号；或具有硕士学位在督导部门从事督导工作四年以上；或具有博士学位在督导部门从事督导工作三年以上；热心教育督导事业，身体健康，能保证参加市、区县政府教育督导室组织的有关教育督导和专题调研活动；根据督学的专业分类，在学校教育某一领域具有较深的专业造诣，参加过市级培训，并具备一定的督导评估技能。

3. 督学资格的申请范围和专业分类

首先，申请范围。凡在上海市市、区县教育行政部门及其所属的全日制中小学、职业学校、特殊教育学校、幼儿园及其他教育机构中，符合督学资格条件的人员，均可申请督学资格。

其次，专业分类。一是管理类督学，指学前教育、中小学教育和职业教育管理等；二是学科类督学，指语文、数学、外语、德育、心理等学科教学管理、教学研究等；三是保障类督学，指教育经费、设施设备使用和管理、现代信息技术开发专业等。

4. 督学资格认定的操作要求

按照"加强领导、平稳过渡、试点先行、分步推进"的工作原则展开，由市政府教育督导室统一部署、市教育督导事务中心具体实施、各区县教育督导室积极配合，各方统筹协调，保证工作的顺利开展。同时，采取在浦东新区、黄浦区、长宁区和闵行区先行试点的办法，严格按照文件对督学申请范围、督学资格条件、督学专业分类等的规定，有序开展认定工作。

5. 督学资格认定的程序

凡符合督学资格条件，2009年7月31日前已在市、区县教育督导部门从事督导工作的专职督学，以及兼职督学可申请督学资格过渡。程序如下：各区县政府教育督导室根据相关要求，将《上海市专职督学资格过渡申请表》、《上海市兼职督学资格过渡申请表》、《上海市督学资格过渡情况汇总表》和《区县督学资格过渡工作小组的审核报告》等材料报市教育督导事务中心,并将汇总情况及审核报告报市政府教育督导室备案;市教育督导事务中心对上报材料进行统一审核;召开市督学资格认定领导小组和工作小组专题会议,进行统一认定;市政府教育督导室以文件形式对具有上海市督学资格的人员进行公示;由市政府教育督导室向具有上海市督学资格的人员颁发《上海市专职督学资格证书》或《上海市兼职督学资格证书》,并予以注册。

凡本市市、区县教育行政部门及其所属的全日制中小学、职业学校、特殊教育学校、幼儿园、其他教育机构中,有志于从事教育督导工作的人员,根据督学资格条件、专业分类和要求,提出督学资格申请。认定程序如下:申请人员向所在区县政府教育督导室提出督学资格认定申请,并填写《上海市督学资格认定申请表》;区县督学资格推荐工作小组对申请督学资格的人员进行初步审核,并安排基本符合条件的申请者参加2~3次的区级督导工作,对申请者的督导评价能力提出初审意见,报市教育督导事务中心;市教育督导事务中心根据区县督学资格推荐工作小组的初审意见进行预审,经预审合格者参加由市教育督导事务中心组织的笔试和面试;经市督学资格认定委员会审核认定,由市政府教育督导室颁发《上海市专职督学资格证书》或《上海市兼职督学资格证书》。

6. 督学资格考试的办法

督学资格考试分为笔试和面试两个部分。笔试重点考查申请人的教育督导理论和专业知识水平,包括教育法律法规、教育管理、教育督导评价等。笔试形式为闭卷,时间为120分钟,满分为100分。面试重点考查申请人的教育督导理论及其应用能力。面试采取答辩形式,考生随机抽签,答辩时间为15分钟。

对符合以下情形之一者,可免笔试直接进入面试程序:特级校长或特级教师;具有一级校长职级的校园长或书记;具有中学高级教师职称,且担任中小学、幼儿园校园长或书记正、副职十年以上;市、区县名师工作室负责人,教学研究、科研部门主要负责人。

7. 督学资格注册管理工作

上海市督学资格注册管理工作由市政府教育督导室主管,由市教育督导事务中心具体实施。上海市督学资格过渡人员或上海市督学资格考试合格人员,经市教委、市政府教育督导室资格认定,并已取得《督学资格证书》的,应在一个月内办理注册登记手续。督学资格注册登记的有效期为3年。期满进行资格复检,发现有下列情形之一者,不予办理重新注册登记手续:在开展教育督导工作中违反有关教育法律法规，贻误督导工作的；脱离督学岗位，或因其他原因无法正常工作，时间连续2年以上的；未按规定接受督学培训的。

督学资格人员应按规定接受督学岗位培训，不断提高专业素质和职业道德水平。督学岗位培训实行学分制。每参加一次督学培训讲座，即取得1个学分。督学每年至少参加3次督学培训讲座，三年内至少取得9个学分。规范并建立督学岗位培训课程，包括教育管理、教育督导、教育评价的前沿理论与实务操作等相关内容，每两月组织开设一次督学培训讲座。

上海市建立和完善督学资格人员信息库，按照管理类、学科类、保障类三大专业类别予以分类建库，为市、区县教育督导机构聘任督学提供储备人选。市和区县教育督导机构在配备专职督学、聘任兼职督学时，应在持有督学资格证书的人员中选聘。

（二）督学资格制度规范化管理的政策设计

根据《教育督导条例》、《上海市教育督导条例》、《上海市教育委员会上海市人民政府教育督导室关于转发〈教育部关于印发《督学管理暂行办法》的通知〉的通知》（沪教委督〔2016〕24号）以及本市深化教育综合改革的要求，市政府教育督导室制定了《上海市督学资格认定和管理办法》（沪教委督〔2017〕2号），这有助于进一步规范本市督学资格的认定和管理，促进督学管理科学化、规范化、专业化，提高教育督导工作质量和水平。

1. 管理系统与组织架构

上海市督学资格认定和管理由上海市人民政府教育督导室统筹指导，上海市教育督导事务中心具体实施，各区人民政府教育督导室协同配合。同时，以"加强领导、统筹协调、统一认定、规范管理"为原则，借助"上海市督学资格管理系统"，构建督学资格信息化管理体系。

2. 督学资格认定的程序

第一，个人申请。个人于每年4月登录管理系统提出督学资格申请。督学资格申请人员除符合《教育督导条例》第二章第七条的任职条件外，还应适应本市改革发展和教育督导工作需要，达到以下工作要求：申请人员原则上不超过62周岁；掌握必要的监督指导、评估监测等方面的专业知识和技术。

第二，机构审核。区教育督导室对本区申请人员的基本情况进行初步审核，对符合基本条件的申请人员安排区域层面2~3次教育督导活动，并通过管理系统提交初审意见。市教育督导事务中心根据区初审意见对申请人员进行复审。

第三，岗前培训。对于通过审核的申请人员，市教育督导事务中心组织开展岗前培训。

第四，资格考试。完成培训的申请人员，按规定参加督学资格考试。考试分为笔试和面试两个部分。笔试采取闭卷形式，重点考查申请人员的教育督导理论和专业知识水平。面试采取答辩形式，重点考查申请人员的教育督导理论及教育督导实践应用能力。

第五，资格认定。通过资格考试者，由市政府教育督导室发文认定其具有上海市督学资格，颁发《督学资格证书》。

3. 督学资格人员的管理程序

第一，注册登记。督学资格注册登记对象为市政府教育督导室发文认定的具有督学资格人员。市教育督导事务中心负责对督学资格人员进行首次注册登记及三年一次的复检注册。建立督学资格人员数据库，按照督学专业特长予以分类建库。

第二，在岗培训。市、区教育督导室加强督学培训的整体规划和资源统整，发挥"教育督导划片联合体"的作用，按照"市级统筹，区级为主"原则开展培训。培训采取集中培训、网络学习和个人自学相结合的方式。督学资格人员每年参加集中培训累计不少于40学时。市、区专职督学和责任督学应参加市、区两级培训，其中市级培训不少于10学时，区级培训不少于30学时。区聘兼职督学及尚未聘任的督学资格人员培训由区教育督导室自主安排。督学培训可纳入教师培训体系。区教育督导室负责培训学时的申报，市教育督导事务中心负责学时的认定，并通过管理系统为督学资格人员建立电子培训档案，实现培训学时申报、认定、查询一站式服务。

第三，资格复检。取得督学资格并注册登记的人员，每三年必须接受一次资格复检。资格复检条件为：年龄不超过68周岁，且身体健康能胜任督学工作岗位；按规定接受专业培训，三年内参加督学培训满120学时；三年内有督学岗位任职经历，年度考核合格。其中，区教育督导室负责资格复检的初审工作；市教育督导事务中心负责资格复检的复审工作，并对符合条件的人员进行复检登记。

第四，聘任使用。凡取得督学资格并注册登记人员，市、区教育督导室应根据实际工作需要，在三年内予以聘任。市、区教育督导室在配备专职督学，聘任兼职督学、责任督学时，原则上应选聘有督学资格的人员。如遇特殊情况人员，须在任职一年内取得督学资格。市、区教育督导室根据需要，可聘请相关专业人员以特邀督学的身份参加教育督导，不受督学资格的限制。

第五，资格注销与撤销。一是督学资格人员有下列情形之一的，市政府教育督导室注销其资格并收缴其《督学资格证书》：复检未通过，不能正常履行职责，本人自行提出终止督学资格。二是督学资格人员有下列情形之一的，市政府教育督导室撤销其资格并收缴其《督学资格证书》：督学资格认定过程中弄虚作假、骗取资格的，品行不良、影响恶劣的，受到行政处分、刑事处罚的。被撤销督学资格的人员，自撤销之日起五年内不得重新申请督学资格认定。督学资格人员对资格撤销处理有疑义的，可向市政府教育督导室提出申诉，市政府教育督导室自收到书面申辩意见之日起十个工作日内给予答复。

第六，社会公布。对于通过督学资格认定人员，以及被注销、撤销督学资格人员，市政策教育督导室向社会公布人员名单。

三、上海市督学资格制度的突破意义

上海市督学资格制度是贯彻《上海市教育督导条例》精神，推动上海市教育督导体制机制创新的重大制度设计，有助于保障督学队伍的专业化和职业化发展。

《上海市教育督导条例》第七条规定："符合国家规定条件的人员，经考核合格后可以任命或者聘任为督学。市教育督导机构负责制定本市督学考核的标准和规范，并通过政府网站等方式向社会公布。"这在上海市督学资格制度设计中得到了充分体现，全面体现了国家对督学任职的基本要求，包括思想政治道德作风素质、相应专业知识和综合能力水平、学历职称和教育工作经历及其实绩、身体健康状况、任职年龄和年限等多个条件。

通过实施督学资格工作，规范教育督导工作管理制度，完善督学队伍建设机制，吸引鼓励优秀学校管理人员充实加强督学队伍，推动区县督导部门成为培育学校管理人才的"蓄水池"，提高督学队伍的政策水平、理论素养和业务能力，实现督学整体专业素养的提升，推动上海市教育督导工作的专业化发展，以适应教育督导工作在教育改革深化发展中所面临的新任务和新要求，确立教育督导在推动基础教育均衡发展中的应有地位，促进教育督导管理制度的创新与发展。

第五节　中小学校责任督学挂牌督导：延伸督导触角

一、中小学校责任督学挂牌督导启动的背景

设立教育督导责任区、实行责任督学挂牌督导制度是转变政府管理职能、

加强对学校监督与指导的重要举措，是我国教育督导制度建设的重要突破，对于推进教育督导制度的转型与发展具有积极意义。2013年10月，市教委、市政府教育督导室转发《国务院教育督导委员会办公室关于印发〈中小学校责任督学挂牌督导办法〉的通知》，就本市开展中小学校责任督学挂牌督导工作提出具体的工作要求。

（一）确保责任到位，全面启动责任督学挂牌督导工作

上海市按照本市教育督导的特点和原则，启动实施责任督学挂牌督导工作。各区县政府教育督导室按照国家要求，以及本市和各区县教育督导工作实际，本着"配强配好督学，宁缺毋滥；体现专业能力，责任到位；督导流程规范，确保质量；自律接受监督，信息公开"的原则，结合本区域中小学教育督导工作已有的经验和成效，加快推进责任督学挂牌督导工作。

（二）实施挂牌督导，切实保证中小学校依法自主办学

责任督学应具备督学资格，由区县人民政府聘任。责任督学主要从在职和退休的校长、教师、教研人员和行政人员中遴选。要按照政府依法治校、校长依法办校、社会依法评校的"管办评"分离原则，避免导致责任不清、越权干涉学校依法办学、增加学校负担等问题。

（三）加强实践探索，创新责任督学挂牌督导机制

各区县责任督学挂牌督导制度与教育行政部门职能有效整合，建立有效的校园安全、食品卫生、突发事件处理等联动机制。可设立由多名责任督学挂牌一所学校的公示牌，通过公示牌告知相关行政职能部门热线电话。

（四）细化配套措施，建立挂牌督导工作长效保障机制

各区县人民政府教育督导室结合本区域实际，解决好相关工作人员的配置和经费问题，从挂牌督导责任督学聘用、学习培训、工作量核定、考核奖惩、设立专管等方面形成配套措施，保证工作有序、长效地开展。

（五）突破重点难点，确保责任督学挂牌督导工作不断完善

按照国家要求，2013年底前挂牌督导制度要覆盖所有中小学校。各区县明确要求、落实责任、建章立制，全面启动此项工作，并及时将实施情况报告市政府教育督导室。市政府教育督导室针对工作过程中的重、难点问题，联手试

点区县政府教育督导室进行重点课题攻关，突破瓶颈问题，并适时组织区县交流工作经验，推广有特色的做法，建立一套有效的监督、评价、反馈和激励机制，努力为办好人民满意的教育提供有力支撑。

二、中小学校责任督学挂牌督导的主要内容

（一）中小学校责任督学挂牌督导的规范管理

2013年，市教委、市政府教育督导室下发了《关于贯彻〈中小学校责任督学挂牌督导办法〉的实施意见》（沪教委督〔2013〕40号），从组织管理与保障、责任督学资格履职与培训、责任督学的督导方式和组织领导与分类指导四方面，对贯彻《中小学校责任督学挂牌督导办法》提出具体的实施意见。在此基础上，2015年，又下发了《上海市中小学校责任督学挂牌督导工作管理办法》（沪教委督〔2015〕13号），标志着上海市中小学校责任督学挂牌督导工作进入规范化管理阶段，责任督学挂牌督导工作机制逐步完善。

1. 教育督导责任区的设立

教育督导责任区是指各区县教育督导部门根据教育管理职能、学校分布情况，将本行政区域内所有中小学进行划分而成的若干个工作片区。各区县教育督导部门应根据地域特点、区域内学校布局和在校生规模等因素，按照空间与学段相结合的原则来划分责任区，将责任督学挂牌督导工作和督学责任区建设相结合，建构并不断创新具有上海特色、区县特点的"中小学教育督导责任区"组织管理体系。同时，可根据实际情况，将区域内的幼儿园及民办中小学纳入责任督学挂牌督导工作范围。

各区县教育督导部门根据区域学校数量、布局及规模等实际情况，按1名责任督学负责5所左右学校的配备标准组建责任督学队伍，建议2名责任督学共同承担一所学校的挂牌督导任务。责任督学可采取专兼职结合、管理类和专业类结合、区域覆盖和学段分类结合、分设AB角色等形式，联合在一所学校开展挂牌督导。

市政府教育督导机构为各区县所有中小学统一标牌制作规格，标明责任督学人员信息，各校在学校公示栏予以公布，并可通过校园网、家长告知书等渠道让社会知晓。

2. 责任督学的管理机构与管理职责

市级教育督导部门承担的管理职责主要是：建立、完善全市责任督学管理制度，监督、指导区县责任督学挂牌督导工作，筹划、组织全市责任督学培训

工作，开发、优化全市责任督学信息化管理平台，总结、推广全市挂牌督导工作先进经验。

区县教育督导部门承担的管理职责主要是：划分、调整区域内督导责任区，设置专人管理责任区；为区域内中小学校选聘责任督学，聘任的责任督学原则上不超过65周岁，连续聘任一般不超过3个任期；按照统一规格制作标牌，标明责任督学的姓名、照片、联系方式和督导事项，在校门显著位置予以公布，并确保信息真实有效；建设区域内责任督学队伍，做好责任督学的聘任、培训、考核及人员储备等日常管理工作；制定区域内责任督学挂牌督导相关工作制度，明确责任督学的权利与义务；设立区域内挂牌督导工作的专项经费，提供责任督学工作的各项保障，确保区域内挂牌督导工作持续有效地开展。

3. **责任督学的职责**

责任督学挂牌督导制度要切实保证学校依法自主管理的落实，避免越权干涉学校依法办学，增加学校负担。为此，责任督学要严格遵守并执行本市责任督学守则，即依法履职、规范督导，公平诚信、恪尽职守，公正客观、常态真诚，公开透明、勤廉自律。其基本职责主要是：为挂牌督导学校的管理和教育教学工作提供服务与指导，督促学校遵循教育教学规律，全面提高教育教学质量；对学校在依法办学、学校管理和教育教学等方面存在的问题，及时向学校提出改进建议，同时上报区县教育督导部门并做好督查落实工作；根据区县教育督导部门的要求，参加挂牌督导学校的综合督导和专项督导，指导学校做好督导准备工作，跟进督导后学校各项整改措施的落实，对责任区内学校实施的经常性督导每学期不得少于两次；对发现危及师生安全的重大隐患，应及时督促学校处理；对各种突发事件或重大事故，应及时了解并敦促学校上报有关情况，协同相关责任部门人员按照法规政策加以处理，并及时上报区县教育督导部门；多渠道听取师生、家长和社区各界人士的意见，受理相关举报和投诉，配合有关部门做好核实工作；对涉嫌违法违规办学的，应当立即向教育督导部门报告情况，并向有关责任部门提出意见，启动行政执法程序；对涉嫌刑事犯罪的，应当明确告知举报投诉人向公安或者检察机关报案；完成市和区县教育督导部门交办的其他工作。

4. **挂牌督导的工作制度**

首先，工作会议制度。区县教育督导部门定期召开责任督学工作会议，了解责任区督学的工作状况，分析和研究责任督学反映的情况、问题和建议，总结推广学校先进办学经验，形成每月督学责任区挂牌督导情况汇报，报同级教育行政部门并下发通报。发现重大问题应及时报市级教育督导部门。市级教育督导部门每学期至少召开1次区县督导室负责人联席会议，通报全市责任督学挂牌督导工作情况，研究解决相关问题。

其次，学习培训制度。市及区县教育督导部门编排年度培训计划，对新任责任督学进行入职培训，对在职在岗责任督学进行定期培训，帮助责任督学准确把握工作职责，为责任督学提供学习教育督导理论和督导实务等方面知识的渠道，提高责任督学的专业能力，提升责任督学适应新形势、解决新问题的能力和水平。

再次，见习责任督学制度。区县教育督导部门配备见习责任督学，通过跟岗见习做好责任督学的储备工作，保证挂牌督导工作持续、有效地开展。

最后，"督学智库"制度。市及区县教育督导部门遴选教育教学经验丰富、教育督导能力强，在某些领域有一定影响力的责任督学组成督学智库，为责任督学提供咨询，保证挂牌督导工作的针对性和实效性。

5. 责任督学的考核与奖惩

责任督学有下列情形之一的，由区县教育督导部门通报批评并责令其改正；拒不改正或者情节严重的，应解除聘任；构成犯罪的，应依法追究其刑事责任：玩忽职守，贻误督导工作的；滥用职权，谋取私利，干扰被督导学校正常工作的；徇私舞弊，弄虚作假，影响督导结果公正的；包庇或借机打击报复他人，侵害他人合法权益的。

区县教育督导部门对责任督学履行职责、开展工作和完成任务情况应定期进行考核。对考核不合格的责任督学应予以解聘，对考核称职的责任督学可予以续聘。

市级教育督导部门定期对认真履行职责、工作实绩突出的责任督学给予表彰奖励。

（二）中小学校责任督学挂牌督导创新区县建设

2015年以来，国务院教育督导委员会办公室决定在全国开展中小学校责任督学挂牌督导创新区县创建和评估认定工作，上海市教委、市政府教育督导室积极行动，相继制定了《关于开展创建中小学校责任督学挂牌督导创新区县的实施意见》（简称《实施意见》）、《上海市中小学校责任督学挂牌督导创新区县评估工作实施方案》，采取"分步推进、全面提升"的工作策略，推进责任督学挂牌督导工作向纵深发展。

1. 指导思想

以创建中小学校责任督学挂牌督导创新区县为目标，通过以评促建的方式，引领各区县结合本区域工作实际，及时总结工作经验，进一步夯实工作基础，规范工作流程，创新工作机制，提高工作实效，推进上海市中小学校责任督学挂牌督导工作水平的全面提升。

2. 创建内容

上海市中小学校责任督学挂牌督导创新区县的创建内容主要包括以下八个方面。组织领导：包括责任主体的确立、工作推进机制的建立等；管理制度：包括督学责任区划分、工作制度的建立等；督学队伍：包括责任督学配备、督学队伍管理、督学专业发展等；开展工作：包括督导工作流程、督导工作方式、对挂牌学校的监督指导等；保障措施：包括开展挂牌督导工作的专项经费、工作条件等；督导信息化：包括建立信息化管理平台、督导方式信息化、督导信息公开等；问责整改：包括督导中发现问题的整改落实、问责机制的建立等；结果运用与工作成效：包括督导经验的推广、督导结果的运用、督导工作水平的提升等。

3. 创建要求

根据国务院教育督导委员会办公室关于责任督学挂牌督导创新区县必须通过省级验收，并报国务院教育督导委员会办公室进行审核备案的要求，本市从2015年到2017年底，根据各区县的申报及材料审核情况，每年对4~5个条件成熟的申报区县进行验收，力争未来3年内本市各区县全部通过验收。

首先，自评。各区县教育督导室根据《实施意见》及《上海市中小学校责任督学挂牌督导创新区（县）创建标准》开展自评，形成自评报告。

其次，申报。自评达到85分以上的区县教育督导室，向市教育督导部门提出验收申请，填写《上海市中小学校责任督学挂牌督导创新区（县）申报表》，并报送自评材料。验收申请及材料报送的截止时间为每年的9月30日。

再次，验收。每年的10月至11月，市教育督导部门组织专家队伍，赴申报区县进行材料审核，对符合条件的区县开展实地验收。对通过验收的区县，市教育督导部门将授予"上海市中小学校责任督学挂牌督导创新区（县）"称号。

最后，上报。对于通过验收的区县，市教育督导部门将组织填写《全国中小学校责任督学挂牌督导创新县（市、区）申报表》及相关材料，报国务院教育督导委员会办公室审核备案，并接受国务院教育督导委员会办公室组织的实地考察。

4. 创建实践

根据责任督学挂牌督导创新区县评估认定标准和工作程序，市教委、市政府教育督导室认定浦东、黄浦等 16 个区县通过评估（见表 8-4），并授予"上海市中小学校责任督学挂牌督导创新区（县）"称号。同时，截止到 2017 年底，已有浦东、黄浦等 11 个区县通过国务院教育督导委员会办公室的评估，授予"国家中小学校责任督学挂牌督导创新区（县）"称号。

表 8-4 上海市中小学校责任督学挂牌督导创新区（县）建设一览表[①]

区县名称	创建主题	创建举措
黄浦	以挂牌督导为抓手，服务学校依法自主办学	·全面有序推进，因地制宜落实挂牌督导 ·注重专业引领，强化督学队伍建设 ·坚持实践探索，创新挂牌督导工作模式
静安	立足静安教育新发展，稳步推进责任督学挂牌督导工作	·领导重视，明确区域推进的整体思路和工作要求 ·制度健全，做到责任督学挂牌督导中小学全覆盖 ·队伍精干，提升责任督学的专业水平和工作能力 ·工作规范，确保挂牌督导各项职责的落实到位 ·保障有力，促进挂牌督导工作有效开展 ·方式科学，责任督学挂牌督导工作基本实现信息化 ·问责整改，责任督学挂牌督导工作结果有成效 ·推进改革，责任督学挂牌督导工作促进教育事业新发展
徐汇	立足徐汇教育发展，创新责任督学工作	·责任主体明确，管理制度健全，组织领导得力 ·督学选聘科学，督查工作规范，服务学校发展 ·保障措施到位，督导信息公开，注重问责机制 ·重视结果运用，满足学校"需求"，提升工作成效
长宁	创新工作机制，提升督导成效	·细化规则，优化督导行为 ·内化自觉，强化自我修正 ·关注发展，促进内涵发展 ·突破难点，凝聚团队合力
普陀	重规划，建保障，强队伍，创特色	·注重顶层设计，科学规划责任督学工作 ·完善保障体系，有效落实责任督学工作 ·优化队伍结构，持续提升监督指导水平 ·形成区域特色，推动普陀教育强区建设

---

① 上海市人民政府教育督导室. 坚持实践创新，全面提升责任督学挂牌督导工作水平[J]. 教育督导与执法，2015（4）：12-14. 上海市中小学校责任督学挂牌督导创新区（县）建设. 教育督导与执法[J]. 2015（4）：15-30，2016（2）：8-13，2016（4）：11-18.

续前表

区县名称	创建主题	创建举措
虹口	制度创新，引领责任督学队伍建设	·制度建设是队伍建设的坚实基础 ·专业发展为队伍建设保驾护航 ·科研实践是保持队伍优质的不竭动力
杨浦	创新责任督学挂牌督导机制，整体提升区域教育品质	·创新责任督学挂牌督导运行机制 ·创新责任督学挂牌督导管理机制 ·创新挂牌督导责任督学队伍建设机制 ·创新责任督学挂牌督导结果运用机制
闵行	做细做强做出特色，把挂牌督导工作落到实处	·细化各项管理，打好挂牌督导的工作基础 ·强化监督指导，确保挂牌督导的工作质量 ·运用信息技术，创新挂牌督导的工作方式
嘉定	立足区域创新机制，开创责任督学挂牌督导工作新局面	·加强组织领导，确保责任督学挂牌督导工作整体推进 ·完善管理制度，促进责任督学挂牌督导工作有效开展 ·注重督学培训，夯实责任督学挂牌督导工作坚实基础 ·创新工作机制，实现责任督学挂牌督导工作新的突破 ·取得明显成效，积累责任督学挂牌督导工作特色经验
宝山	精准发力，务实履责，任务驱动，助推内涵	·立足系统思维，确立一个目标 ·聚焦难点重点，跟进两大策略 ·关注有效实施，运行三项机制 ·强化特色实践，落实"四化"建设
浦东	注重体制机制创新实践，服务浦东教育强区战略	·领导高度重视，注重规划引领 ·完善管理制度，创新保障机制 ·注重专业发展，创新工作机制 ·推进督导实践，创新工作方法
松江	创新责任督学督导工作，促进松江教育健康发展	·加强组织领导，完善工作机制 ·加强顶层制度设计，完善工作管理措施 ·加强队伍建设，提升专业能力 ·加强规范管理，推进工作成效 ·加强信息化管理，改进督导评价方式 ·加强结果运用，推进依法自主办学
金山	以规范奠基，用创新推动	·立足适应需求，构建督学管理机制 ·坚持专业引领，提升督学工作能力 ·规范操作流程，创新督导方法技能 ·实现以督促建，提升督导价值效能
青浦	有序推进实践创新，提高挂牌督导实效	·完善制度机制，有序推进挂牌督导 ·优化工作流程，努力探索实践创新 ·重视信息采集，运用督导结果，提升挂牌督导实效

续前表

区县名称	创建主题	创建举措
奉贤	坚持区本化实践创新，提高挂牌督导质效	·树立责任主体意识，提供三项保障 ·树立科学管理意识，加强三项建设 ·树立有效工作意识，构建三种模式
崇明	中小学校责任督学挂牌的实践与探索	·因地制宜，构建督导责任区工作网络 ·多措并举，加强责任区督学队伍建设 ·完善管理，提高责任区督导工作实效

三、中小学校责任督学挂牌督导的突破价值

（一）细化落实了国务院《教育督导条例》关于"设立教育督导责任区"的原则规定

上海市在全面实施中小学校责任督学挂牌督导制度以来，市区县政府高度重视，教育督导部门在教育行政和学校的大力支持下，结合区域实际，在制度建设、人员配备、工作规范、经费保障、方式改进、结果运用等方面进行了积极探索与实践，突出了责任督学的专业引领作用与本市发展性督导评价的目标定位，取得了明显的成效，在转变政府管理职能、促进区域教育和教育督导的改革发展中发挥了重要作用。

（二）构建了常态化的学校督导机制，提升了督导评价的针对性和时效性

实行中小学校责任督学挂牌督导是转变政府职能、加强对学校监督指导的重要举措，也是加强与学校联系、办人民满意教育的有效方式，有利于延伸教育督导的触角，及时发现和解决学校改革发展中出现的问题，推动学校端正办学思想，规范办学行为，实施素质教育，提高教育质量，实现内涵发展。建立中小学校责任督学挂牌督导制度，开展中小学校责任督学挂牌督导创新区认定，从常态化、制度化、规范化入手，形成学校常态督导机制，有效保障了学校健康发展和教育方针的贯彻落实。同时，加强了教育督导与学生及其家长、教师和社会公众的联系，建立起以责任督学为纽带的发现问题、解决问题机制，在学校和各利益相关主体之间架构了一座沟通桥梁，是学校"办人民满意教育"的重要支撑，有助于提升学校督导的针对性和时效性。

参考文献

一、普通图书

[1] 上海教育发展战略课题组．上海教育发展战略研究［M］．上海：复旦大学出版社，1988．

[2] 孙元清，徐淀芳，张福生，赵才欣．上海课程改革 25 年（1988—2013）［M］．上海：上海教育出版社，2016．

[3] 丹尼尔森．提升专业实践力：教学的框架［M］．杨晓琼，译．北京：教育科学出版社，2008．

[4] 钟启泉．课程的逻辑［M］．上海：华东师范大学出版社，2008．

[5] 张伟江，胡启迪．不懈的探索：上海高等教育改革与发展纪实［M］．上海：华东理工大学出版社，2010．

[6] 刘玉祥，李立峰．上海高校招生考试发展史纲［M］．上海：上海交通大学出版社，2014．

[7] 上海市教育委员会．2001 年上海教育年鉴［Z］．上海：上海教育出版社，2001．

[8] 上海市教育委员会．2005 年上海教育年鉴［Z］．上海：上海教育出版社，2005．

[9] 吕型伟．上海普通教育史［M］．上海：上海教育出版社，1994．

[10] 胡卫，何金辉，朱利霞．办学体制改革：多元化的教育诉求［M］．北京：教育科学出版社，2010．

[11] 方建锋．公立转制中小学未来发展走向的政策研究：以上海地区为例的个案研究［M］．上海：世纪出版集团，2017．

[12] 李宣海，高德毅，胡卫．上海民办教育发展报告（2013—2016）［M］．北京：科学出版社，2018．

[13] 上海普通教育志［M］．上海：上海社会科学院出版社，2015．

［14］张民生．上海普教科研十年［M］．上海：上海教育出版社，1992．

［15］布鲁纳．论左手性思维：直觉能力、情感和自发性［M］．彭正梅，译．上海：上海人民出版社，2004．

［16］上海市教育委员会，上海市人民政府教育督导室．督学风范：上海建立教育督导制度20周年回顾与展望［M］．上海：上海教育出版社，2007．

［17］上海市教育委员会．上海市教育督导条例释义［M］．上海：上海人民出版社，2016．

［18］白景龙，程锦慧．中国教育督导理论研究与实践［M］．北京：语文出版社，2014．

［19］张岚，杨国顺．学校发展性督导评估80问［M］．上海：上海文艺出版社，百家出版社，2007．

［20］张民生．上海市学校发展性督导评价探索［M］．上海：上海教育出版社，2004．

［21］胡庆芳．校本培训创新：青年教师的视角［M］．北京：教育科学出版社，2009．

二、报纸杂志

［1］张光圻．上海教育发展战略研究情况简析［J］．上海教育科研，1987（6）．

［2］傅禄建．回顾与展望：上海基础教育发展分析［J］．教育发展研究，2007（9）．

［3］王厥轩．上海教育发展战略研究综述［J］．人民教育，1987（1）．

［4］张民生．推进素质教育 建设一流基础教育［J］．上海高教研究，1998（12）．

［5］薛明扬．不断将上海教育现代化推向新的高度［J］．上海教育，2011（6A）．

［6］焦苇，沈祖芸．教育让这座城市越来越美好 上海宣告：2010率先基本实现教育现代化［J］．上海教育，2010（9B）．

［7］王月芬．课程改革：让上海教育从量变到质变［J］．人民教育，2016（8）．

［8］王生洪．上海中小学课程改革方案的基本特点［J］．学科教育，1990（5）．

［9］尹后庆．完善课程实施体系　提高基础教育品质［J］．现代教学，2008（12）．

［10］王厥轩．上海二期课改的历史地位及深远影响［J］．卢湾教师进修学院学刊，2002（2）．

［11］尹后庆．关于"研究性学习"若干问题的思考［J］．上海教育，2001（17）．

［12］尹后庆．上海市"绿色指标"教育质量综合评价改革透视［N］．中国教育报，2014-03-04．

［13］顾泠沅．再造教师的学习文化［J］．上海教育，2005（5）．

［14］胡庆芳．上海市新农村教师专业发展培训的设计与运行研究［J］．中小学教师培训，2011（6）．

［15］胡庆芳．中小学教师培训课程建设研究［J］．教育发展研究，2011（15/16）．

［16］李臣之．课程开发呼唤教师校本进修［J］．课程·教材·教法，2001（5）．

［17］上海工业大学招生工作小组．高校自主招生的一次探索［J］．上海高教研究，1993（3）．

［18］杨学为．论上海考试制度的改革［N］．中国教育报，1989-05-12．

［19］姚应香，黄汉禹．关于上海高校招考"三校生"的调查［J］．上海师范大学学报，1997（2）．

［20］熊丙奇．春季高考路何在［J］．教育与职业，2009（1）．

［21］年士萍．构建高等教育的立交桥：上海打通多层次、多向度、多样化接受高等教育的渠道［J］．上海党史与党建，2004（5）．

［22］杨德广．上海高考综合改革试点试出了什么［N］．中国教育报，2015-03-16．

［23］李瑞阳．上海高考改革三十年的探索与启示［J］．招生考试研究，2017（4）．

［24］尹后庆．"管办评联动"机制创新研究：基于浦东教育改革的探索［J］．教育发展研究，2006（10B）．

［25］尹后庆．创新公共教育管理模式推进区域教育发展［N］．文汇报，2010-04-25．

［26］谢翌，马云鹏．优质学校建设的背景、理念与维度［J］．教育发展研究，2007（5B）．

[27] 胡兴宏．"新优质学校"追求什么［J］．上海教育科研，2015（3）．

[28] 尹后庆．动态认识均衡［J］．上海教育，2014（4）．

[29] 罗阳佳，徐星，吴敏．寻路之旅：上海基础教育课程国际化的探索与思考［J］．上海教育，2010（6）．

[30] 张春莉，高民．布卢姆认知领域教育目标分类学在中国十年的回顾与反思［J］．华东师范大学学报（教育科学版），1996（1）．

[31] 李广．为生存而学习：PISA 评价思想价值取向研究［J］．外国教育研究，2005（7）．

[32] 徐辉，王静．国际理解教育研究［J］．西南师范大学学报（人文社会科学版），2003（6）．

[33] 徐士强．发达地区普通高中国际化办学的实践模式述析：以上海为例［J］．全球教育展望，2012（1）．

[34] 钱家荣．"INTEL 未来教育"对教师培训的启示［J］．外国中小学教育，2002（5）．

[35] 朱小虎，张民选．上海基础教育中外来人口的分布及 PISA 成绩表现［J］．教育发展研究，2014（4）．

[36] 张倩，李子建．国际比较视域下的教师专业发展：以 TALIS 2010 教师专业发展主题报告为基础［J］．教育发展研究，2011（6）．

[37] TALIS 2013＋项目在上海实施的过程［J］．上海教育，2016（7）．

[38] 王洁，张民选．TALIS 教师专业发展评价框架的实践与思考：基于 TALIS 2013 上海调查结果分析［J］．全球教育展望，2016（6）．

[39] 弗里德曼，曹安琪．上海的秘密［J］．世界教育信息，2013（22）．

[40] Wendy Kopp，赵春花．PISA 给我们带来什么：来自国际专家的观点［J］．外国中小学教育，2014（6）．

[41] 谢巍，刘淑杰．上海 PISA 引起的国际反响：来自欧美等国的最新动态及其思考［J］．教育测量与评价（理论版），2015（7）．

[42] 闵谷艳．上海-英国教师交换项目助力英国学生提高数学成绩［J］．世界教育信息，2016（3）．

[43] 张佳，彭新强．上海 PISA 夺冠与课程改革之间的关系［J］．复旦教育论坛，2015（2）．

[44] 程介明．上海的 PISA 测试全球第一到底说明了什么［J］．探索与争鸣，2014（1）．

[45] 徐瑞哲．联合国教科文组织教师教育中心落户上海［N］．解放日报，

2017 - 11 - 05.

［46］唐盛昌. "国际标准"创世界一流名校　"中国特色"树国内领先标杆：上海中学创办国际部 20 年走出中国基础教育国际化新路 [N]. 中国教育报，2013 - 06 - 03.

［47］彭薇. 基础教育公办学校出国门　上中将赴卡塔尔办分校 [N]. 解放日报，2014 - 01 - 29.

［48］杨国顺. 深刻理解教育督导条例的内涵，加快推进教育治理体系的建设 [J]. 教育督导与执法，2015 (2).

［49］杨国顺. 以公示公报制度确保地方政府依法履行教育责任 [J]. 人民教育，2006 (23).

［50］上海市人民政府教育督导室. 坚持实践创新，全面提升责任督学挂牌督导工作水平 [J]. 教育督导与执法，2015 (4).

［51］上海市中小学校责任督学挂牌督导创新区（县）建设 [J]. 教育督导与执法. 2015 (4).

［52］上海市中小学校责任督学挂牌督导创新区（县）建设 [J]. 教育督导与执法. 2016 (2).

［53］上海市中小学校责任督学挂牌督导创新区（县）建设 [J]. 教育督导与执法. 2016 (4).

三、公文报告

［1］上海市教育委员会. 上海市"两期课改"实施情况调研总报告 [R]. 2015.

［2］上海市教育委员会. 上海市教育委员关于"上海市普教系统名校长名师培养工程"的实施意见（沪教委人 [2004] 106 号）[Z]. 2004.

［3］上海市教育委员会. 关于开展上海市新农村教师专业发展培训项目的通知（沪教委人 [2008] 33 号）[Z]. 2008.

［4］上海市教育委员会. 上海市"十三五"中小学、幼儿园、中等职业学校教师培训工作实施意见 [Z]. 2016.

［5］上海市新农村教师专业发展培训项目办公室. 上海市新农村教师专业发展培训项目关于课程资源建设的若干规定 [Z]. 2008.

［6］上海市教育考试院. 上海市普通高中会考和普通高校招生考试制度改革 1985—1995 [Z]. 1996.

[7] 教育部学生司．关于上海市高考单独命题的复函（［85］教学司字007号）［Z］．1985．

[8] 上海市人民政府教卫办．关于一九八五上海市全日制高校招生试行改革的请示报告［Z］．1985．

[9] 上海市高招办．一九八五本市招生工作情况汇报．上海市档案馆，档案号：B243-3-227．

[10] 上海市人民政府教卫办．关于上海市普通高等学校招生考试制度改革方案的请示（沪府教卫［86］第190号）［Z］．1986．

[11] 关于"面向社会，自主办学，加快我校教育体制的改革"的请求（上海工业大学 上工办［93］第064号）［Z］．1993．

[12] 关于对上海工业大学面向社会、自主办学、加快教育体制改革请求的批复（市高教局 沪高教办［93］第572号）［Z］．1993．

[13] 上海市教育委员会关于做好2016年上海市普通高校考试招生工作的通知（沪教委学［2016］24号）［Z］．2016．

[14] 上海市人民政府．上海教育事业十年规划和"八五"计划纲要［Z］．1991．

[15] 关于组建上海市教育招生考试中心的报告（沪高教党组［91］第011号）［Z］．1991．

[16] 中共上海市委、上海市人民政府关于同意组建上海市教育考试院、上海市教育科学研究院的批复（沪委发［1995］52号）［Z］．1995．

[17] 一九九三年上海市普通高校招生工作总结//上海市教育招生考试中心．1993年上海招生考试工作年报［Z］．1993．

[18] 上海市人民政府．上海市深化高等学校考试招生综合改革实施方案［Z］．2014．

[19] 上海市教育委员会．关于实施普通高中学业水平考试的通知（沪教委基［2009］53号）［Z］．2009．

[20] 教育部．关于进一步提高普通中学教育质量的几点意见（教中字［1983］011号）［Z］．1983．

[21] 上海市教委关于印发《上海市新优质学校集群发展三年行动计划（2015—2017年)》的通知（沪教委基［2015］77号）［Z］．2015．

四、学位论文

[1] 王浩．关于上海市中学校长职级制的研究［D］．上海：华东师范大

学，2002.

[2] 翟思卿. 近十五年来我国教育评价研究的演进分析 [D]. 开封：河南大学，2014.

[3] 杨艳菊. 家庭财富与基础教育阶段教育获得 [D]. 上海：上海社会科学院，2015.

五、电子资源

[1] 吴善阳，焦苇. 上海市中小学学业质量绿色指标综合评价报告发布 [EB/OL]. (2015 – 10 – 28). http：//news. xinhuanet. com/politics/2015 – 10/28/c_128368186. htm.

[2] 一张图看懂上海高考综合改革方案 [EB/OL]. 中国教育在线，2014 – 09 – 19.

[3] 上海市中小学接收外国学生管理实施细则 [EB/OL]. (2004 – 05 – 01). https：//www. shmec. gov. cn/html/xxgk/200001/41320040005. php.

[4] 上海市外籍人员子女学校蓝皮书 [EB/OL]. (2016 – 08). http：//www. shmec. gov. cn/UserFiles/File/wjznzw. pdf.

[5] 引进改编牛津英语教材，实现英语教材多样化 [EB/OL]. (1999 – 07). http：//www. 3edu. net/lw/3/lw_10356. html.

[6] 上海教师教学国际调查（TALIS）项目结果揭晓 11 项目领先 [EB/OL]. (2016 – 02 – 18). http：//news. cnr. cn/native/city/20160218/t20160218_521410435. shtml.

后 记

近年来，各个系统陆续启动了纪念改革开放40周年准备工作。十三届全国政协常委、民进中央副主席朱永新教授筹划主编"当代中国教育改革与创新书系"，并商请由我们主编其中的"上海册"，内容限定在基础教育范畴。对区域基础教育改革情况进行大跨度专题梳理，是一件很有政策意义、研究意义和纪念意义的事，我们欣然答应。

本书取名《教育的突破：上海优质教育的关键》，在编撰思路和内容方面，以政策纪实为主，辅以适当的分析评论。通过客观回顾审视改革开放以来，上海基础教育在走向高位优质均衡的过程中，在全国带有突破性、开创性的改革思想、重大政策、关键事件，描述政策和事件内容，梳理背后因素，厘清纵向或（和）横向关系，进而分析揭示其中突破性价值和意义。本书总体仍属于学术研究范畴的成果，不同于官方志书或官方出版著作，不务求全，不务求大，不务求平衡。故考虑到丛书的总体范畴，本次没有纳入学前教育、特殊教育的内容，事实上，上海的学前教育与特殊教育改革发展同样在全国领先。

本书由前言和八章组成，由来自上海师范大学、上海市教育科学研究院、上海市教育考试院、上海市浦东教育发展研究院、上海市浦东新区人民政府教育督导室等单位的研究人员主笔完成。各部分执笔人分别是：前言，傅禄建；第一章，徐士强、吕叔阳；第二章，徐士强、崔春华、姜新杰；第三章，杨玉东、杨洁；第四章，王彬；第五章，徐士强、郭勤一、丁娴；第六章，方建锋、张歆；第七章，李军；第八章，刘朋。其中合作完成的各章由第一执笔人担任统稿工作。全书编辑工作由我牵头、上海市教育科学研究院徐士强协助主持推进，徐士强也担任了统稿工作，上海师范大学郭勤一协助了部分工作。

感谢丛书总主编朱永新教授，感谢中国人民大学出版社王雪颖等编辑，感谢我们的写作团队。在改革开放不断深化之际，本书付梓，权作我们教育人对祖国这一伟大创举的微薄献礼吧。

张民选

2019年5月

图书在版编目（CIP）数据

教育的突破：上海优质教育的关键/张民选，徐士强主编 .—北京：中国人民大学出版社，2020.1
（当代中国教育改革与创新书系/朱永新总主编）
ISBN 978-7-300-27594-9

Ⅰ.①教… Ⅱ.①张… ②徐… Ⅲ.①地方教育－教育改革－研究－上海 Ⅳ.①G527.51

中国版本图书馆 CIP 数据核字（2019）第 245943 号

国家出版基金项目
当代中国教育改革与创新书系
总主编　朱永新

教育的突破
上海优质教育的关键
张民选　徐士强　主编
Jiaoyu de Tupo

出版发行	中国人民大学出版社			
社　　址	北京中关村大街 31 号		邮政编码	100080
电　　话	010-62511242（总编室）		010-62511770（质管部）	
	010-82501766（邮购部）		010-62514148（门市部）	
	010-62515195（发行公司）		010-62515275（盗版举报）	
网　　址	http://www.crup.com.cn			
经　　销	新华书店			
印　　刷	天津中印联印务有限公司			
规　　格	170 mm×240 mm　16 开本		版　次	2020 年 1 月第 1 版
印　　张	16.5 插页 1		印　次	2020 年 1 月第 1 次印刷
字　　数	277 000		定　价	59.80 元

版权所有　侵权必究　印装差错　负责调换